大方
sight

50堂经典哲学思维课

郁喆隽
著

中信出版集团 | 北京

图书在版编目（CIP）数据

50堂经典哲学思维课 / 郁喆隽著. -- 北京：中信出版社，2022.1（2024.11重印）

ISBN 978-7-5217-3468-3

Ⅰ. ①5… Ⅱ. ①郁… Ⅲ. ①哲学—著作—介绍—西方国家 Ⅳ. ①B1

中国版本图书馆CIP数据核字（2021）第171232号

50堂经典哲学思维课

著　　者：郁喆隽
出版发行：中信出版集团股份有限公司
（北京市朝阳区东三环北路27号嘉铭中心　邮编　100020）
承 印 者：河北鹏润印刷有限公司

开　　本：670mm × 970mm　1/16　　印　　张：33　　字　　数：396千字
版　　次：2022年1月第1版　　印　　次：2024年11月第7次印刷
书　　号：ISBN 978-7-5217-3468-3
定　　价：99.00元

自序：生活为何有待审视？

公元前 399 年，雅典进行了一次并不轰动的审判。一个老人因为“亵渎神明”和“误导青年”而受到控告。这个老人就是古希腊哲学家苏格拉底。他平日里就喜欢在雅典的城市广场上向人发问。他提出的问题往往令人难堪，例如：问一个赚到很多钱的富商，财富是什么；问一个政客，正义是什么；问一个将领，勇敢是什么……

这些问题看似简单，但在连续发问之后，苏格拉底总能从对方自己的回答中推导出矛盾或者无法自圆其说的地方来。很多人感到羞愧，转而怨恨起苏格拉底。按照当时雅典的法律，要从男性公民中抽签选出 501 人的大陪审团来。第一轮投票用来确认被告是否有罪，如果被告被判定有罪，那么第二轮再来决定相应的刑罚。结果在第一轮投票中，陪审团以微弱的多数——仅仅相差 18 票——判定苏格拉底有罪。此时，苏格拉底自己走上法庭，为自己进行了一番辩护……

结果是，在苏格拉底为自己辩护之后的第二轮投票中，陪审团以压倒性的多数，判处苏格拉底死刑。换言之，苏格拉底的自辩起到了“作死”的效果。但他的这番辩护却被载入了哲学史。因为恰是在这番辩护中，苏格拉底讲了一句话：**“未经审视的生活是不值得过的。”**（A life which is unexamined is not worth living. *Apology*, 38a）此处的“审视”也可以被翻译为反思或者反省。

苏格拉底为何被控告？因为他遭人怨恨。他为何遭人怨恨？因为他提出了令人尴尬的问题。但是他的问题又为何令人尴尬呢？因为他提出的问题大多是所谓的“二阶问题”（second-order question）。那些被苏格拉底提问的人，按照现在的标准，多半是事业有成的成功人士——会赚钱的大商人、成功的政客和著名的将领等。也就是说，这些人原本的成就说明他们在“一阶问题”上一定是有所长的——如何赚钱、如何从政和如何作战等。不过，苏格拉底反其道而行之，转向了一个截然不同的发问方式：他的问题并不是“怎么赚钱”，而是“究竟什么才是财富”？即便是富甲一方的人，却也未必想过这样的二阶问题。

这是一个普遍性的发问，洞穿了此时此地。现代很多人，读过很多书，有很高的学历，赚了不少钱，也见多识广，却依然过不好这一生。问题很可能出在缺乏提出二阶问题的能力上。比如说，你问一个人：你愿意过幸福生活吗？我相信，几乎所有人都会回答愿意。但是如果你再追问一句：那么对你来说幸福意味着什么呢？我估计，少有人可以确切地回答幸福是什么。“幸福是什么”就是一个典型的二阶问题。这样的问题看似抽象而宏大，但对一些人来说恰恰是具体而切身的，也是无法回避的。

很多人可能相信，对于“何谓幸福”这样的问题，在特定的时代存在一个“标准答案”。然而，情况可能并非如此。很多时候，当一个人认为，可以按照唯一标准的模板来追求幸福时，恰恰可能是其不幸的开端。从小到大接受的教育方式，使得很多人过于迷信，认为这个世界上的所有问题都存在一个唯一正确的标准答案——真诚的人会意识到，对很多问题目前没有答案，即意识到“无解”；睿智的人则会看到，对另一些问题存在很多回答，没有哪一个比另一个更为正确，即意识到“多解”；除此之外，还有一些人相信，对于人生根本问题的回答可以“外包”——即找其他人和专家来代替自己回答。例如，一个人不懂法律问题，但是可以找律师咨询；

一个人不懂养生，可以找健身教练、膳食顾问和家庭医生……所谓的“外包”就是购买服务、诉诸专家。

然而，对于自己人生根本的问题是否都可以外包呢？是不是存在一些根本的问题，是别人无法代替你回答、因为不能代替你做出决定的呢？在此，消费主义的逻辑并非万能。因为在这世上，没有另一个人比你自己更了解自己，也没有另一个人可以完全接住你甩出去的锅。因此，哲学家苏格拉底又被称为“思想助产士”——通过诘问来帮助别人找到他自己对于二阶问题的回答。而诞下的婴儿并不属于助产士。

“未经审视的生活是不值得过的。”这句话仅仅是苏格拉底给自己的回答，你不必照单全收，完全可以给出自己的回答——对你而言，怎样的生活是值得过的？怎样的生活是不值得过的？倘若你自己可以给出一个能够说服自己的回答，并真诚地、与之相应的去生活，就已经非常不易了。不过，归根结底，这都需要他人无法代替的审视，即来自你自己的审视、反思和反省。就此意义而言，哲学本质上是一门“自助”的学问。

“自助”并不意味着轻松而随意。在一个互联网和数字化的时代，每个人都可以随时获得自己想要的信息——哲学书都在那里，很多课程、节目也算唾手可得。尽管如此，很多人面对满桌盛宴并不知道从何下手——先读什么以及怎么读。面对大众讲授哲学并不是一件简单的事情，搞不好就会落得苏格拉底的下场。

一般而言，大众对哲学的态度是敬而远之。艰涩的概念、诘屈聱牙的行文都会吓退绝大部分人。一般来说，在学院哲学的专业教育中，可以有大量的学时来保证讲授完整的哲学史、哲学流派和哲学家的思想背景。然而，在面对大众阅读者的时候，就不具备上述的条件。而且每个人都已经多少有了一些对哲学“先入为主”的看法。本书尝试用哲学家在其经典著作中的问题作为主题，简直就是舍近求远、吃力不讨好的做法了。不过，哲学之所以吸引人，可能就是源自深藏于几乎每个人心底的问题——在自己的童年、在人生的危急时刻、在重大抉择的关头提出的发问。能够复述历代哲学家们在其著作中的论证和思考，甚至是犹豫和自相矛盾，就好比把一步步的推导过程写在黑板上，接受众目睽睽的检验——重要的不是其结论，而是整个推导过程。也唯有这样，每个人才能学习作为一种思维方式（Denkweise）而非教条的哲学。因此，康德曾说："哲学是不能学的，人只能学习哲思(Philosphie kann man nicht lernen, man kann nur lernen zu philosophieren）。"为此，我尽力把自己摘出去，因为"我的"态度、立场并不相关。

此外还要提醒的是，本书的体量比较大，你完全不必从头至尾完整地阅读全书，而是可以找到你自己感兴趣的问题、章节，或者熟悉的哲学家和著作，有选择地进行阅读。如果你自己感觉心脏、头脑和发量还可以的话，不妨找一些"秃头指数"更高的章节挑战一下自己。毕竟有收获的阅读和交往都不会是全然让人舒适的，它必定伴随着不适甚至是痛苦。

本书最初源于 2017 年在喜马拉雅 FM 上线的音频课程"郁喆隽的复旦哲学课"。在那一年中，持续更新 200 期节目的确是个不小的挑战，但也使得我在网络上接触并结识了不少喜爱阅读和思考的朋友。该课程上线后的后台数据显示，午夜 12 点之后呈现出一个打开的高峰。对此的一种解释是，很多人喜欢在夜深人静之时听这样艰涩的课程；另一个解释是，这样的哲学课程真的很"催眠"。不过我个人觉得，如果一档音频课程能够在一个烦躁的社会里帮助大家入睡，也算功德一件。

在此后的几年时间里，有不少人不断"催更"，希望听到我推出更新的课程或节目。但我并没有"趁热打铁"，还是希望能够沉寂一段时间。这是因为在当下的市场中，类似的课程层出不穷，个人如果想学习，总能找到合适的书籍和在线课程。不过，我也发现类似节目有趋同的趋势，总是在抓住“大数”，而未能很好地让人“拾级而上”，乃至登堂入室。

《庄子·外物》中说：“筌者所以在鱼，得鱼而忘筌。”这里提到的“筌”是一种竹编的捕鱼工具。热爱思考的人一定也会有类似庄子这样的感受，目标是鱼，而在捉到鱼后，作为捕鱼工具的筌是可以被忘记的。本书在此意义上就是一个“筌”。大家在初步了解了一些哲学家的名字、流派、命题和大致思想之后，绕不开的一个目标就是去直接阅读原著原典。这样才能深入哲学家的思考脉络，来体会原汁原味的思辨，而不用再去接受二手、三手甚至 N 手的转介。然而，在普及课程和阅读原著之间，隔着很多道鸿沟。本书其实就想成为一把梯子，助你拾级而上，得意忘言，踏入哲学思辨的正殿。哲学经典的意义是无法替代的。人也不能一辈子只吃辅食。

本书能够得以出版，首先要感谢最初制作音频节目时喜马拉雅 FM 的团队成员叶骅、吴思瑜和朱莹莹等人。他们从最初的策划阶段开始，就提出了很多非常专业的建议，并在后续运营过程中给予了持续的关注。陈诗妤同学将原本的音频课程文案改写为出版稿，并修订了原稿中的一些差错，在此一并致谢。然后要感谢的是中信大方的出版编辑团队——蔡欣、赵瞳、夏明浩。他们专业而富有创造性的工作，给本书增色不少。插画师何梦元与 Pigone 给出了传神而切合主题的哲学家画像，使得全书多了不少活力。最后要感谢我的妻子沈奇岚。她一直鼓励我走出自己的舒适区，面对大众来讲授哲学，还在陷入创作瓶颈的时候承受了我的焦躁，给予我全方位的安慰、鼓励和支持，没有她的陪伴，本书的出版是无法想象的。

郁喆隽
2021 年 10 月
于光华楼

目　录

何为公平，何为幸福：我们理想中的幸福生活

回归内心，发现自我：我们每个人该如何生活

从哪里来，到哪里去：

我们对世界的终极追问

?

1

亚里士多德《形而上学》

万物背后的原因是什么？

阅读挑战

亚里士多德

求知是人类的本性。

——亚里士多德《形而上学》

引言

+ 人们常说，凡事“有果必有因”。一个原因造就一个结果，而这个结果可能就是下一个结果的原因。我们相信，世上没有无原因的事物和事情，万事万物因为因果而环环相扣。因果是宇宙中万事运行的基本原则。甚至，我自己就是这个链条中的一环。所以当我问原因是什么的时候，就是在问我为什么存在？为什么在这里？以及又为什么是这样的？当我问结果的时候，就是想知道自己的未来和最终的归宿……那么到底什么才是因果呢？原因只有一种吗？古希腊哲学家亚里士多德第一个系统地阐述了这个问题。

I 《雅典学园》的 C 位人物：柏拉图与亚里士多德

16 世纪初，文艺复兴巨匠拉斐尔受命装饰梵蒂冈的宗座宫而完成了一幅大型湿壁画。这就是举世闻名的《雅典学园》。拉斐尔采用透视法，让画面呈现出舞台效果，古希腊、古罗马和文艺复兴时期的意大利最杰出的哲学家、艺术家、科学家皆登台亮相。而处于舞台 C 位的，正是柏拉图和他的学生亚里士多德。柏拉图一手指天，表示他研究的是高高在上的理念；而亚里士多德一手指地，表示他的研究是从具体经验开始的。

亚里士多德（Aristotle，公元前 384—前 322）是一个典型的学院派学者，一生充实、荣耀，却也波澜不惊。亚里士多德曾跟随柏拉图学习了 20 年。他的名言“吾爱吾师，吾更爱真理”中的“吾师”指的就是柏拉图。亚里士多德还当过亚历山大大帝的老师，退休后他回到雅典定居，并在城市的东面建立了自己的学校——吕克昂学园。亚里士多德喜欢在学校的长廊和花园里一边散步一边讲课，和学生们讨论，他的学派因此得名“逍遥学派”。

柏拉图认为感觉对象都是偶然和可变的，而且一切变化者都要以某个不变者为前提，但亚里士多德对老师思想体系中最具代表性的“理念论”产生了直接的质疑。柏拉图给出了两个完全对立的世界：感性世界 / 殊相和理念世界 / 共相，感性世界中的具体事物都是“分有”了，或者“模仿”了理念而来。亚里士多德显然没有被自己的老师说服。在他看来，感觉世界才是真实研究的对象，而理念世界是被推导、抽象出来的东西。也正因如此，实体（substance）——让所有事物是其所是的本质——是不可能脱离个别事物而独立存在的，而共相也必须寓于殊相之中。

II 四因说

亚里士多德并不是第一个追问世界原因的哲学家。事实上，在他之前，希腊世界就已经存在不少自然哲学流派。当时，人们处理的基本问题有两个：世界的“本原”是什么？以及如何解释变动与不变？“本原”的意思就是“始基”，也就是世上万事万物最为基础的东西。

西方哲学历史上第一个有名有姓的哲学家泰勒斯，就认为水是万物的本原，大地浮在水上，万事万物都是水形成的。这种理论在我们现代人看来难免粗糙了些，但这毕竟是古人理解世界的起点。泰勒斯之后，他的学生阿那克西曼尼认为，将万物的本原看作风、火、水、土之类的理论都是错误的，世界的本原是“阿派朗”——通常被翻译为“无限”或者“无定”。它是不可见、不可感，没有边际，永恒存在且一直处于变化之中的。“阿派朗”内蕴含着相互对立的力量，例如冷与热，干燥与潮湿等，而万物就在这些对立力量的作用中诞生。而爱利亚学派的赫拉克利特提出，万物的本原是一团永恒的活火，按一定的尺度燃烧，按一定的尺度熄灭，这“尺度”之中还蕴含了他的逻各斯（logos）学说。爱利亚学派的另一个哲学家巴门尼德，他的观点和赫拉克利特恰好相反，他提出“无物运动”“一切皆一”，实在是不变的，亦是不可被感知的。

正是在这些五花八门的自然哲学基础上，亚里士多德才能发展出自己的形而上学。那么他怎么来解释变化与不变，以及变动背后的原因呢？在《形而上学》第五卷第二章中，亚里士多德提出著名的“四因说”，也就是关于四种原因的学说：质料因（material cause）、形式因（formal cause）、动力因（efficient/moving cause）和目的因（final cause）。

假如亚里士多德要建造一尊苏格拉底的雕像。为了雕琢这样一尊雕像，他选用的原材料可以有很多，比如木头、石膏、青铜或者大理石，这些材料在亚里士多德眼中就是第一种原因——质料因。既然这是一尊苏格拉底的雕像，首先它必须是一尊雕像而不是写字台，其次它要看起来像苏格拉底，一个宽鼻子、塌鼻梁、头顶秃秃、大腹便便的古希腊人，而不能变成米开朗琪罗的大卫像。不管用什么材料打造这尊雕像，它的形象都是确定的。这就是第二种原因——形式因。第三种原因是动力因，也就是变化和运动的推动者。一块木头或者大理石不会自动变成一尊雕像，而是需要雕塑家的雕琢打磨。最后是目的因。在亚里士多德看来，万事万物都有它的目的，就像打造一尊苏格拉底的雕像是为了缅怀这位伟大的哲学家。

四因说可以被分为两组。第一组是质料和形式，质料是可以不断变化的，而形式是不变的，它是万事万物“是其所是”的根据，决定了为什么 A 是 A 而不是 B。所以亚里士多德又称之为**“本质”**或者**“实在”**（substance）。第二组是动力和目的，它们使得质料趋向其本性、实现其形式。这里又涉及亚里士多德的一对重要概念——潜能（potentiality）与现实（actuality）。例如，一粒种子发芽的过程就是在实现本性的过程：种子在没有发芽之前，仅仅具有“成材”的潜能。阳光为它提供不断成长的动力；种子吸收的水分和养料成了植物的一部分，也就是质料，为的就是让种子长成一棵参天大树。

III 第一推动者：不动的动者

仔细琢磨一下四因说，其实不难发现，在“动力因”的内部蕴含着另一个推理：制造雕像需要雕塑家，种子发育需要外部的养料和阳光。以此类推，任何具体事物的动力因都不是自己，运动的东西都是被其他的东西推动的，A 被 B 推动，B 被 C 推动……因此，必然存在一个第一推动者（first mover）。这个第一推动者自身并不运动，却推动了宇宙中所有其他事物的运动，所以亚里士多德又称之为“不动的推动者”。

那么，这个不动的推动者在质料和形式上又是怎么样的呢？形式因决定了事物“是什么”的本质属性，而质料是指构成具体事物的物质性基质。以生物为例：假设从微观层面开始观察一个人，就会发现一个细胞由一些质料（如细胞膜、线粒体等）组成；再上一个层次，细胞就成为了器官，如肝脏、大脑等的质料，或者说是细胞帮助器官实现了其形式；再上一个层次，各器官又成为了整个人体的质料，来实现人体的形式。由此可见，高级事物是低级事物的形式，而低级事物是高级事物的质料。如果将这种逻辑推向极致，就会产生一个问题：没有任何一种具体的物质可以作为宇宙的第一推动者，否则就会存在更高一级的事物作为它的形式，那就会陷入无穷倒退（infinite regress）的逻辑谬误。因此唯一可能的结论就是，第一推动者是非物质的且是纯形式的，它是宇宙的最高形式。

世间万事万物都是质料先于形式，潜能先于现实，唯独第一推动者是形式先于质料，现实先于潜能的。所以在亚里士多德看来，只有第一推动者才能说是绝对完善的。有人认为纯粹的非物质的存在只能是精神或思想，古希腊人称之为努斯（nous）。数百年后的基督教的神学家一般将这个“第一推动者”解释为上帝。亚里士多德认为，如果没有第一推动者，所有的运动都不会发生。对此有一种形象的比喻：上帝对着宇宙踢了一脚，随后有如多米诺骨牌一样，万物处于普遍的运动之中。

IV 何谓“形而上学”？

在中学课本里，“形而上学”无疑是一个贬义词，是和辩证法对立的错误思想。然而，亚里士多德的“形而上学”和中学课本中“形而上学”的含义是不同的。那么哲学中的“形而上学”究竟是什么意思呢？英语中的形而上学是 metaphysics，是由两个词 meta 和 physics 组成的。meta 的意思是“在什么之后”，而 physics 就是物理学，连在一起就是“在物理学之后”的意思。Metaphysics 最初指的是亚里士多德的一本书，但是这个书名并不是亚里士多德自己起的。在公元 1 世纪的时候，亚里士多德作品的编纂者安德洛尼克斯起了这个书名，用来指“安排在《物理学》之后的那本书”。在亚里士多德的其他讲稿里，他关注的是自然世界里物体的运动变化，而在这部分讲稿里，他探讨的是比物理学更原初、更抽象的世界的基本原理。亚里士多德认为，形而上学研究的是“作为存在的存在”（being qua being），考察万物的本原或终极原因。他自己把这本书里的内容称为“第一哲学”，也就是最为根本的学科。形而上学在西方哲学史上是极为重要的一个分支，被誉为哲学王冠上最璀璨的那颗宝石。

中文里的“形而上学”这个词含义的转变比较复杂。《易经·系辞》中有一句话：“形而上者谓之道，形而下者谓之器。”日本明治时期著名哲学家井上哲次郎翻译 metaphysics 的时候化用了这句话，也就有了“形而上学”一词。晚清学者严复则采用了老子《道德经》中的一句话“玄之又玄，众妙之门”来翻译 metaphysics，即“玄学”，可见这门学问的晦涩难懂。

亚里士多德的思想在西方产生了一千多年的影响，直到近代经验科学的兴起才逐渐推翻了亚里士多德的一些基本观点。文艺复兴时期的意大利诗人但丁曾经赋予亚里士多德一个头衔“一切有识之士的老师”，亚里士多德当之无愧。

延伸阅读

1.［古希腊］亚里士多德：《形而上学》，吴寿彭译，北京：商务印书馆，1997 年。

2.［英］乔纳森·巴恩斯：《亚里士多德的世界》，史正永、韩守利译，南京：译林出版社，2010 年。

3.［美］克里斯托弗·希尔兹：《亚里士多德》，余友辉译，北京：华夏出版社，2014 年。

4.［英］大卫·罗斯：《亚里士多德的〈形而上学〉导论》，徐开来译，北京：商务印书馆，2017 年。

2

托马斯·阿奎那《神学大全》

可以理性地谈论信仰吗?

阅读挑战

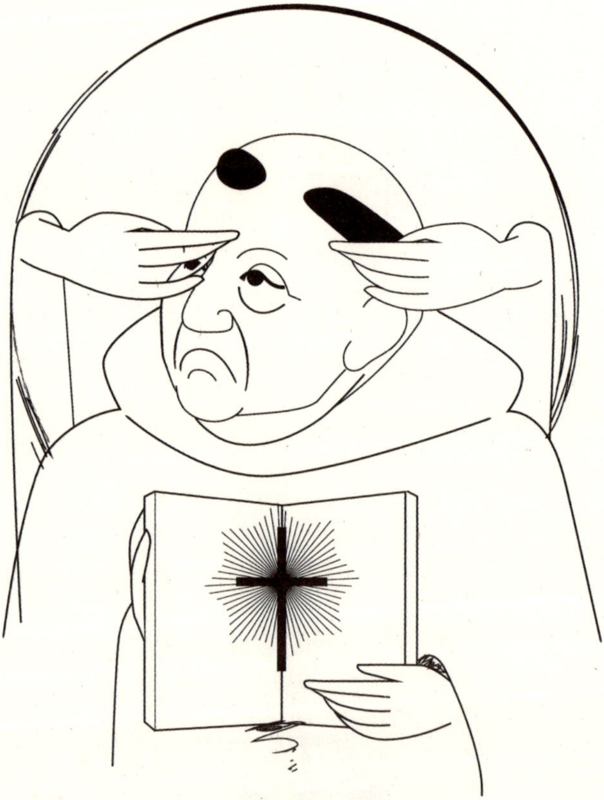

托马斯·阿奎那

万物相似于上帝，不是上帝相似于万物。

—— 傅乐安《托马斯·阿奎那传》

引言

+ 我们现代人都以理性自居，而且以此为傲。但是我们都知道在人类历史上，信仰占据了重要的位置，而说起信仰，我们很容易联想起狂热的信徒和新闻事件里的各种冲突。那么信仰和理性究竟是什么关系呢？两者是否完全冲突呢？

在西方的整个文明进程中，我们大致可以用两座城市分别来象征理性与信仰，那就是雅典和耶路撒冷。雅典是哲学的诞生地，众多哲学流派都发源于此；而耶路撒冷则被视为亚伯拉罕宗教——犹太教、基督宗教和伊斯兰教的圣城。雅典和耶路撒冷是理解西方文明的两条主线，缺一不可，不能偏废。最关键的是，它们并不是两条没有交集的平行线，而是彼此交织，有时雅典强一些，有时耶路撒冷占据上风。欧洲中世纪就是两者交织而无法分离的时代。中世纪并非像传统教科书定义的那样，是一个“黑暗时代”。中世纪的欧洲有一个学者，终其一生都在用理性的方式来思考信仰。他就是托马斯·阿奎那。他的思想体现在皇皇巨著《神学大全》里。

I 哑牛托马斯和《神学大全》

13 世纪中叶，在巴黎大学有一位年轻的神学教授。他平时非常沉默，为人温和，而且体型巨大，因此被人送了一个外号“哑牛”。他在很年轻的时候就已经崭露头角，成为了一位有名的神学家和哲学家。他就是托马斯·阿奎那（Thomas Aquinas）。

从哲学史来看，阿奎那隶属于中世纪“经院哲学”的传统。所谓经院哲学（scholaticism）就是指以修士为主的学者在修道院或类似的一些教会研究机构进行的哲学研究，它的主要目的是为了培养神职人员，为教义教理提供哲学基础。为此，学者们要接受良好的逻辑学、修辞学的教育。经院哲学在 12、13 世纪发展迅速，这与中世纪大学的建立密切相关——它们也是现代大学的雏形。中世纪大学一般设立四个学院：神学、法学、医学和哲学。神学的地位毫无疑问是最显赫的，而哲学在当时囊括了对自然科学的研究。阿奎那所在的巴黎大学就是欧洲历史上最早的大学之一，而阿奎那则象征着经院哲学的高峰。

公元 1259 年，阿奎那担任天主教廷的神学顾问，开始撰写《神学大全》。《神学大全》是阿奎那的代表作，也是中世纪经院哲学的集大成之作。阿奎那陆陆续续写了十多年，直到去世仍没有完成。《神学大全》的体量非常大，一共讨论了 613 个题目，有超过 3000 节的内容，全书超过 650 万字，几乎涵盖了神学和哲学的全部问题，可以说是一部百科全书式的作品。

《神学大全》的写作带有鲜明的经院哲学特色，有极强的论辩性质。它一般首先列出一个需要被讨论的论题，例如“天主是不是唯一的”“智是不是德性”，等等。接着，针对这一问题，阿奎那就像自己和自己打辩论赛一样展开论述。论述分为四个部分：第一部分是质疑，相当于反方陈词，提出对论题的反驳以及具体论证；第二部分是“反之”，相当于正方陈词，提出支持论题的证据和论证；第三部分是正解，也就是阿奎那正面表述他的意见和分析；第四部分是释疑，也就是逐条回应可能提出的反对意见。可以说，阿奎那对每一个论题的讨论都像是一场独立的精彩绝伦的辩论。

II 启示和自然：为科学开辟道路

阿奎那在《神学大全》中提出的第一个问题就是：除了哲学之外，是否还需要其他学科？这个问题对现代人来说简直就是不言自明的，但在阿奎那的时代，他提出这个问题本身就具有重要意义。

阿奎那认识到很多学科的认识方法是不一样的。例如关于“地球是圆的”这一命题，天文学家使用数学的方法来证明，而物理学家则用另一套办法。不同的方法有时候会产生一致的结论，有时候也会导致矛盾。于是，阿奎那把知识分为两种，一种来自上帝的启示，另一种则来自自然。按照神学的划分，一个是启示神学，另一个就是自然神学。阿奎那在《神学大全》里就提出，基督教中的基本教义，例如三位一体、道成肉身、原罪等，就是天启的信念而不是知识。自然神学仅仅依靠人的经验和理性反思就能证明上帝的存在，而不需要从任何宗教的经典或者启示中得出结论。这件事情对中世纪哲学来说是一件意义重大的转折。这意味着有一部分知识可以逐渐摆脱信仰，获得自己独立的地位。这也为近代西方自然科学的建立开辟了道路。

III 如何理性地论证上帝存在？

在基督宗教里，上帝具有三种至高无上的属性，即全知、全能、至善。许多人认为，上帝是信仰的对象，上帝的存在是一个自明的真理，无需证明。但在阿奎那眼中，上帝不仅仅是信仰的对象，更是理性的对象。这种想法看起来有一些离经叛道，理性对论证上帝的存在究竟能起到什么作用呢？换个角度考虑，如果人类通过理性都能证明上帝的存在，那么“上帝存在”便是确实无误的了。

阿奎那在《神学大全》第一部分中提出了对“上帝存在”的五种论证，后世称之为“五路论证”：

第一个论证来自亚里士多德的“不动的推动者”，即任何一个运动的物体必然受到另一个运动物体的推动。但是这不可能无限推论下去，因此必定存在一个“第一推动者”，那就是上帝。

第二个论证也是从亚里士多德那儿来的。根据四因说，任何东西都不是自己的动力因，也就是说，所有东西的运动都是被其他东西推动的，运动的动力因必定是其他东西。然而这样无法推到无穷，因此必然存在一个最初的动力因，也就是上帝。

第三个论证从偶然性出发。阿奎那说，很多事物都不是必然存在的，而是偶然存在的。但不可能所有事物都是偶然存在的，否则总有一个时刻，所有事物都不存在。因此，必然有一个事物是在任何情况和时刻下都存在的。这个必然的存在就是上帝。

第四个论证建立在万物性质的级别上。阿奎那说，事物之间总有高下优劣之分，任何性质都可以分出等级。等级制中必然有最高的一级，而最高级必然是导致其他等级的原因。因此，“完美”和“存在”的最高级必然也是导致一切完美和存在的原因，也就是上帝。

第五个论证被称为目的因论证，这个论证也是受到了亚里士多德的影响。在世界中万事万物总有一个目的，例如种子长成一朵花或一棵树。阿奎那说，这个世界中的东西虽然目的不同，却能和谐相处，具有秩序。这种和谐秩序一定是因为存在一个最高的目的，就是上帝。这个论证又可以被称为“设计论论证”。因为上帝就好像是一个异常智慧的设计师，设计好了世界上每一样东西、每一种生物存在的目的，并把它们和谐地组织起来。

不过，阿奎那的五种论证其实都是可以反驳的。例如第一个论证，牛顿力学的出现就否定了这一点。对其他论证的反驳，就交给读者们自己思考了。

IV 人为何要行善避恶？

阿奎那在《神学大全》第二部分中主要探讨的是伦理问题，这部分比其他部分都要长很多。阿奎那继承了亚里士多德的观点，认为人生的最高目标是幸福，但这种幸福不是快乐、富裕、荣誉或任何肉体的感受。幸福存在于理智和道德相互一致的活动中。阿奎那进一步认为，满足亚里士多德对幸福规定的是理智活动，而理智活动的最高形式是对上帝本质的沉思。从基督教信仰出发，阿奎那区分了自然德性（natural virtues）和神学德性（theological virtues），拥有自然德性的人追求的是此世中的善与幸福，即对真理的追求和对欲望的掌控；而神学美德，即基督宗教中的三圣德“信”“望”“爱”则是超验的，也是超越人之本性的，因此只有这种美德才能带来彼世的、属灵的幸福。

阿奎那伦理学的核心是“自然律”，他认为自然律是人类道德准则的来源。中世纪经院哲学所说的自然律并不是现在人所理解的自然规律，也不完全指人的本性，例如自我保存、趋利避害等。阿奎那所说的自然律是凭借理性的架构拾级而上的。根据亚里士多德的目的论，人总会趋向于一个最终的目的，一个至高的善，但这一过程总需要一个起点和最基本的前提。例如，人的理智之所以可以把握世界，是因为人会运用最基本的逻辑定律——同一律、矛盾律和排中律。阿奎那说的自然律就是实践理性和道德判断中的那些出发点和基本原则。其中，对于“善”的最基本定义就是让人能够成就自我的东西，而第一个最基本的实践判断就是“行善避恶”。自然律包含所有那些毋庸置疑的原则和判断，并将之应用到特定的生活场景中，包括饮食、家庭、社会等。阿奎那认为人是普遍向善的，而自然律则引导人们去实践伦理生活。

延伸阅读

1. [意] 圣多玛斯·阿奎那:《神学大全》，刘俊余、陈家华等译，台南：碧岳学社 / 中华道明会，2008 年。
2. [英] 切斯特顿:《方济各传 阿奎那传》，王雪迎译，北京：生活·读书·新知三联书店，2016 年。
3. [美] 凯利·克拉克、吴天岳、徐向东主编:《托马斯·阿奎那读本》，北京：北京大学出版社，2011 年。

3

克尔凯郭尔《恐惧与颤栗》

为什么说真理是主观的？

阅读挑战

克尔凯郭尔

唯有在无限的弃绝中，我才意识到我永恒的有效性，唯有通过信仰一个人才可以说把握了存在。

——克尔凯郭尔《恐惧与颤栗》

引言

在《圣经·旧约·创世纪》第二十二章中有这样一个故事：上帝耶和华要求亚伯拉罕牺牲自己的独子以撒。“牺牲”意味着杀死献祭，而亚伯拉罕得到这个儿子实属不易。在亚伯拉罕 75 岁时，耶和华应许亚伯拉罕一个后裔。但是亚伯拉罕直到 100 岁的时候，才得到了嫡子以撒。尽管得来这个孩子不易，但亚伯拉罕仍决定按照耶和华的话去做。就在亚伯拉罕准备动手杀死自己儿子的时候，上帝派来的天使出现并制止了亚伯拉罕。

如果你是亚伯拉罕，你会心甘情愿地献祭自己的儿子吗？

其实，这个问题和宗教信仰并无直接的关系，而涉及一个人对自己生命的认识。在一个人的生命中，总有一些让你感到焦虑甚至手足无措的时刻。例如，等待高考成绩或者人事任命，等待自己或者亲人的体检报告……这些生活场景有时的确会让人心惊肉跳。但有一种情形更为残酷，那就是非此即彼的选择——不论怎么选都极为艰难，不论选哪一个都没有十足把握。既然做出了选择，就要承担责任，这是生命之重。你经历过这样的时刻吗？

19 世纪的丹麦就出了这样一个哲学家——索伦·克尔凯郭尔。仿佛在他的字典里没有“皆大欢喜”，只有“鱼和熊掌不可兼得”，他的全部人生就在思考这样一个绝对的二选一的难题。

| 克尔凯郭尔是一个“渣男”吗？

1813年5月5日，克尔凯郭尔（Kierkegaard）出生在丹麦的哥本哈根。他的人生一直充满了阴郁的色彩。

克尔凯郭尔曾经和一个叫雷吉纳·奥尔森的姑娘订婚。当时，雷吉纳只有17岁，而克尔凯郭尔已经27岁，是一个前途光明的年轻人。如果不出意外，他将成为一个路德宗教会的牧师，并拥有一个年轻可人的妻子。但是在第二年的夏天，克尔凯郭尔突然提出要解除婚约。他写信给雷吉纳表示自己不能娶她，但没有说明原因，还把订婚的戒指还给了她。这并不是说克尔凯郭尔对雷吉纳没有感情了，事实上他躺在床上哭了好几天，却还是决绝地拒绝了雷吉纳的苦苦哀求。在那个年代的丹麦，以这样的方式结束一场婚约是让双方都非常难堪的事情，因为这涉及两个人的名誉问题。后来，雷吉纳与另一人结了婚。

克尔凯郭尔是个“渣男”吗？为什么爱一个人又要逃离和她的婚姻呢？这里面似乎另有隐情。克尔凯郭尔的心始终在雷吉纳身上，解除婚约后的他再也没有接近过女性。此外，他的绝大部分作品都是为雷吉纳而写。甚至在临终之际，他还把自己的全部财产留给了雷吉纳。可以说，克尔凯郭尔拒绝的不是雷吉纳而是婚姻。更深层次地说，他拒绝的是他自己。

1843年10月，《恐惧与颤栗》（*Fear and Trembling*）一书出版，这是克尔凯郭尔用笔名“沉默的约翰尼斯”发表的作品。无论是书的标题本身，还是这段话都让人感觉一惊。普通人都希望度过美好平稳的一生，那么还有什么会让人恐惧到浑身颤栗呢？在《恐惧与颤栗》的一开始，克尔凯郭尔就引用了引言中“亚伯拉罕献祭以撒”的故事。一般的解读认为，上帝这样做是为了考验亚伯拉罕是否顺服。但是在亚伯拉罕的角度来看，这个要求是多么让人困惑，多么让人煎熬。他可能会怀疑上帝的意图，也可能会为自己的儿子心痛，毕竟亚伯拉罕的上帝要求他做的是一件违背了伦理的事情，而克尔凯郭尔认为，《圣经》中的记载缺少了一个重要的心理感受，那就是恐惧。

克尔凯郭尔认为，每个人必须按照自己的信念生活。这意味着一个人要时刻准备做出牺牲。例如，他不得不在雷吉纳和上帝之间进行选择，而放弃了与雷吉纳的婚姻就是一种牺牲。对克尔凯郭尔来说，上帝-他和雷吉纳之间的关系，就类似上帝和亚伯拉罕-以撒的关系。真正的悖论在于，正是在真爱面前才能体现出对信仰的坚定和义无反顾的决绝。正是出于对雷吉纳的爱，他才需要离开她。同样，亚伯拉罕也正是出于对以撒的爱，才需要把他献祭。为什么这样说呢？因为如果以撒不是亚伯拉罕挚爱的儿子，耶和华就不会让他拿以撒献祭。同样，如果雷吉纳不是克尔凯郭尔的真爱，他也不会如此痛苦。

II 信仰骑士必须要奋不顾身地跳跃

克尔凯郭尔认为，他的时代是一个缺乏激情的时代。那个时代的人，大多是随波逐流的。每一个人都变成了传声筒，反复地讲述一些流俗意见，而不敢发出自己真正的声音。大众通过寻求没有个性的学说来获得安全感，却不愿意面对事实，也不愿意承担自己的责任。所以他说："没人，没有一个人，敢说我。"他把这种现象称为"腹语术"，以批评那个时代的平庸大众。他认为，只有那些准备为了自己的信念去牺牲生命的人，他们的话语才值得一读，因为这样的人才是真正承担自己生命全部重量的人，是真实地成为自己的人。在克尔凯郭尔眼中，只有个体才是真正有价值和意义的。

所以在《恐惧与颤栗》中，克尔凯郭尔把人的生存分为三个层面：审美的、伦理的和宗教的。简单来说，这三个层面代表了三种人生取向：为了自己、为了他人和为了上帝。克尔凯郭尔认为，这三个层面是相互排斥的，且有高下之分，审美的层面最低，伦理的层面居中，而宗教的层面最高。审美的人生就是为自己而活，典型代表就是“情圣”唐璜。对这样一个花花公子而言，他的生命体验是一个循环：当快乐被满足后陷入失落，失落后又需要寻找新的快乐，焦虑和绝望也会随之而来，因此这是一种“低级”的存在阶段。人必须进展到第二阶段，也就是伦理阶段。伦理的人生要求人在行动的时候不能只想着自己，而要考虑到其他人，使自己的行为符合普遍的、至高无上的道德律。这看似已经是一个很完美的阶段了，但是克尔凯郭尔认为，人实际上没有能力满足道德律的要求，甚至会故意违反道德律，就像年少时曾经在妓院放纵自己的克尔凯郭尔一样。因此，人必须再向前走一步，以努力克服自己的有限性。这就是第三阶段——宗教阶段。

宗教的人生意味着人要为上帝而活，所以克尔凯郭尔说“上帝要求绝对的爱”甚至胜过夫妻之爱、父子之爱。克尔凯郭尔在《恐惧与颤栗》中提出了这样一个问题：可以对合乎伦理的东西进行神学的怀疑吗？或者说，怎么处理人的伦理维度和信仰维度呢？为此，他对照了两种人：悲剧的英雄和信仰的骑士。悲剧的英雄，指的是古希腊悲剧中的阿伽门农王。他为了赢得战役而被迫献祭自己的女儿。这个故事与《圣经》中亚伯拉罕献祭以撒的故事非常类似，但是在克尔凯郭尔看来，两者有本质的区别。对阿伽门农而言，他对国家的义务压倒了他对自己女儿的义务，这依旧在伦理框架内。但是，在亚伯拉罕献祭以撒的故事中不存在任何伦理的目的。杀死自己的儿子是为了什么？除了证明自己信仰虔诚之外，没有任何目的。亚伯拉罕的故事包含了一种对伦理学的神学怀疑：亚伯拉罕要么是一个凶杀犯，要么是一个秉持信仰的人。在这两个身份之间存在一道巨大的鸿沟，因此信仰的骑士需要完成一次信仰的跳跃。这个跳跃是非常惊险的，要求人放弃自己的伦理考量，把自己完全交给上帝。无限弃绝的阶段就是信仰的最后阶段，克尔凯郭尔本人就是这样一个无限弃绝的骑士。

III 真理即主观

克尔凯郭尔给出了一个非常奇怪的命题：真理即主观，主观即实在。如何理解呢？这里就要提一下西方近代哲学的一个重要特征。从笛卡尔一直到康德，西方近代哲学里的主体一般都是一个置身事外、安安静静的旁观者。甚至在笛卡尔那里，这个静观者并不必然有肉身。但是克尔凯郭尔的主体有所不同，那是一个行动者。行动者不能只是安安静静地看着这个世界，而要有意识地参与生活。然而世界具有巨大的不确定性，每个人随时要准备冒一定的风险，也随时要为自己负责任。很多人都想逃避责任或者规避风险，其中常见的方式就是寻找客观性。这种客观性意味着让其他具有权威的人来指导如何解决问题。但在克尔凯郭尔看来，人们恰恰是在自己的选择当中将自己塑造出来的。"一个人若能真正地独自立于这个世界，只是听从自己良心的忠告，那么他就是一个英雄"，而在信仰问题上恰好体现出了这种个体性。正如克尔凯郭尔说的"信仰即是这样一种悖论，个体性比普遍性为高""将人类一切生活统为一体的是激情，而信仰就是激情"。

1843 年 2 月，就在克尔凯郭尔出版《恐惧与颤栗》之前，克尔凯郭尔出版了另一本书《非此即彼》(*Either/Or*)。这个标题就是为了直接反对当时欧洲大陆盛行的黑格尔哲学。在克尔凯郭尔看来，黑格尔的辩证法始终包含了正题—反题—合题三个环节。其中合题就是要把正题以及反题的内容包含在其中，所以黑格尔哲学的核心就是“既此又彼”（both, and）。但是克尔凯郭尔认为人生中不存在“既此又彼”，每个人都面对非此即彼的选择。人们的选择最终构成了他们自己的人生。对克尔凯郭尔来说，个人必须要知道“我”如何选择，在选择中，自我的存在才真切地体现。“生活中首要的事情，就是赢得自我，获得自我”，这个“我”并不是某个宏大而抽象精神的一部分，而是承担责任的活生生的主体。总有一些事情必须由“我”来承担，也只有“我”才是爱、恨、焦虑、恐惧、绝望等情感的主体。

延伸阅读

1.［丹麦］克尔凯郭尔：《恐惧与颤栗》，刘继译，贵州：贵州人民出版社，1994 年。

2.［英］帕特里克·加迪纳：《克尔凯郭尔》，刘玉红译，南京：译林出版社，2013 年。

3.［丹麦］克尔凯郭尔：《爱的作为》，京不特译，北京：中国社会科学出版社，2014 年。

4.［丹麦］克尔凯郭尔：《非此即彼：一个生命的残片》，京不特译，北京：中国社会科学出版社，2009 年。

4

奥古斯丁《忏悔录》

恶是什么？

阅读挑战

奥古斯丁

在我家葡萄园的附近有一株梨树，树上结的果实，形色香味并不可人。我们这一批年轻坏蛋习惯在街上游戏，甚至深夜；一次深夜，我们把树上的果子都摇下来，带着走了。我们带走了大批赃物，不是为了大嚼，而是拿去喂猪。虽则我们也尝了几只，但我们之所以如此做，是因为这勾当是不许可的。

—— 奥古斯丁《忏悔录》

引言

+ 在好莱坞电影里，好人和坏人、英雄和坏蛋总是阵营分明：超人、蝙蝠侠、蜘蛛侠是好人，而灭霸、小丑、洛基是坏人……善和恶几乎是一对不言自明的对立，就像黑白二分一样。所有的文化首先就要确立什么是善、什么是恶。几乎所有的父母都会要求自己的小孩做一个好孩子，长大之后做一个好人。如果让一个人自己选择，除非迫不得已，几乎人人都会想做好人而不想做坏人。

如果是这样的话，恶是从哪里来的呢？恶本身又是什么呢？这个问题在西方的基督教传统中更加突出。由于人们相信创造万事万物的上帝是全知、全能和至善的，这就会产生一个矛盾：如果上帝是至善的，那么他为什么要在这个世界上创造那么多恶呢？中世纪哲学家奥古斯丁面对这个问题，苦苦思索，写就了《忏悔录》一书。

I “恶”是一种实体吗?

从前有一个坏少年，他和一些朋友总是从邻居家的院子里偷葡萄。他的朋友们偷葡萄并不是为了自己吃，而是拿回去喂了猪。那个坏少年也偷了葡萄，他同样也不是为了自己享用，因为他把偷来的葡萄随手丢掉了。显然，他是“为偷而偷”，追求的是一种犯罪的刺激和乐趣。这是哲学家奥古斯丁（Augustinus）在《忏悔录》第二卷里，对自己青年时代的回忆。奥古斯丁虽然后来成为了著名的神学家，还被天主教会封为圣人，但是他少年时是一个十足的流氓和恶棍。因此，皈依信仰之后，什么是恶以及人为什么要作恶的问题一直困扰着他。奥古斯丁说，如果只有他一个人，他是没有胆量做这些事的，但是和很多人在一起就更加容易犯罪。人是很容易堕落的，罪恶无处不在，因此需要信仰的恩典。

善与恶在任何一种思想传统里都是一对被反复讨论的概念。善的观念从何而来？人为什么会作恶？它们之间存在怎样动态的关系？千百年来人们一直不断在追问这些问题。很多古代文明都将善与恶看作截然对立的两端，善有善的源头，恶有恶的源头，两者不可妥协。也有人将善恶看作两种截然不同的力量，最终善将战胜恶。就像在漫威电影中，复仇者联盟一定会战胜灭霸。不过这种二元论无法解释一些关键问题，比如为什么人会向善弃恶？为什么光明一定会战胜黑暗？

众所周知，基督宗教是一神教。《圣经·旧约·创世纪》就记述了世界是如何由全知、全能、至善的上帝创造的。虽然《圣经》中有对撒旦的记述，但是撒旦是由天使堕落而来的，并不具有和上帝平起平坐的地位。这就牵涉一个被称为**神义论**（theodicy，也称作神正论）的问题：既然世界由上帝创造，上帝又是至善的，那么为什么世界上会有那么多的邪恶与灾难？奥古斯丁在《忏悔录》中多次提到这个问题，他问“恶是什么”“恶从何来”，并在反复琢磨思考之后得出了一个结论：恶是善的匮乏。这一思想的源头是柏拉图的理念论。

对恶的讨论集中于《忏悔录》的第七卷。在第十六章，奥古斯丁说：“我探究恶究竟是什么，我发现恶并非实体，而是败坏的意志叛离了最高的本体，即是叛离了你天主，而自趋于下流。”万物由上帝所造，正如柏拉图意义上的“分有了理念”一样，就其本性（natura，或翻译为“自然”）而言都是善的。比如人在正常状态下都是健康的，而疾病作为一种暂时性的状态，是健康的匮乏。从本体论的高度讨论善与恶的关系，奥古斯丁认为，因为上帝是至善而不朽的，因此不会创造恶，恶不具备实体性，恶是一种背离或者缺乏善的状态。在奥古斯丁晚年所写的《教义手册》中，他具体区分了三种恶：物理的恶、认识的恶和伦理的恶。存在物理的恶，比如自然灾害或者身体的缺陷，是由于自然万物缺乏上帝本身的完善性；存在认识的恶，是由于人类理性的有限性，人不具备上帝的全知；伦理的恶与前两种不同，伦理的恶虽然也是对至善的背离，但这并不是上帝导致的，而是人自己选择的，换句话说，这是出于人的自由意志。

II 为善或者作恶，都是人自己选的

除了《忏悔录》，奥古斯丁的《论自由意志》以对话的形式更系统地论述了恶的来源，以及人道德败坏的缘由。奥古斯丁的对话者抛出了一个十分尖锐的问题：“既然是人凭借自由意志选择了作恶，那么为什么还要上帝赋予人自由意志呢？”奥古斯丁回答道，上帝赋予人自由意志，是希望人能选择向善，选择靠近上帝，而不是要人去作恶。正如上帝创造人类的双手，是希望人用双手去创造美、实践美德，而不是拿起

武器伤害他人。奥古斯丁说："正如你认可身体中的善，赞美赐它们的上帝而不顾人的错用，你也应承认自由意志——没有它无人能正当生活——是以神圣的善的赠予。你当谴责那些误用这善的人，而不当说上帝本不该将它赐予我们。"[1]同样，上帝自然能预知人会作恶，恶人也会得到应有的惩罚，但是人的恶行都来源于人自己的选择，而不是上帝的过错。上帝确实可以创造一个没有自由意志的世界，但如若如此，人的伦理生活也就不存在了。自由意志是一种"中等的善"，它既可以促使人培养美德、追求真理和智慧，又能纵容人沉溺于肉体的享乐，为自己的德行负责的最终还是人自身，上帝只会进行最终的审判。

III 信仰的意义

奥古斯丁本人皈依基督教的过程，可以说这是一个浪子回头、从恶到善的过程，而在此过程中，信仰起到了决定性的作用。

公元 354 年，奥古斯丁出生在当时罗马帝国阿非利加行省的塔加斯特城，也就是今天的阿尔及利亚的苏格艾赫拉斯。奥古斯丁一家人都是贝贝尔人，属于北非的部落，而不是现在意义上的欧洲白人。在皈依基督教之前，奥古斯丁可以说是一个不孝"渣男"。他在《忏悔录》中反思自己的青年时代，他自认这辈子很对不起两个人，一个是他的母亲，另一个是他的情人。就在 29 岁那一年，奥古斯丁动身前往罗马学习。他的母亲不愿意他离开，奥古斯丁不得不撒谎欺骗了自己的母亲。在《忏悔录》第九卷里，奥古斯丁回忆母亲去世的过程，痛彻心扉，情

1 奥古斯丁，《论自由意志》卷二第十八章第 48 节，选自奥古斯丁：《独语录》，成官泯译，上海：上海社会科学院出版社，1997 年。

真意切。此外，奥古斯丁还在19岁时爱上了一个迦太基的年轻妇人，并和她保持了超过15年的情人关系，这个妇人还为奥古斯丁生下了一个儿子。可是最终，因为奥古斯丁不愿意和她结婚，他的情人决定离开他，也发誓不再和任何男子交往，还把他们的儿子留给了奥古斯丁。

真正让奥古斯丁将自己全身心奉献给上帝的那个关键时刻，发生在公元386年的某一天。当时，奥古斯丁一个人独自在米兰寓所的花园中散步。他开始反思自己的过往，深知自己德行有亏，内心挣扎而纠结。他的心灵呼喊着："要等到何时呢？何不就在此刻，结束我污秽的过去？"这时他忽然听到花园里有一个声音传来："拿起来读，拿起来读。"于是，他就随手拿起了身边的《圣经》，映入眼帘的是使徒保罗所写的《罗马书》中的话："不可荒宴醉酒，不可好色邪荡，不可争竞忌妒；总要披戴主耶稣基督。不要为肉体安排，去放纵私欲。"奥古斯丁瞬间被这句经文击中。自此以后，他便归向上帝。第二年，奥古斯丁接受了洗礼。这段经历后来被称为"花园里的奇迹"。在找到了自己的信仰之后，奥古斯丁发生了彻底的改变，就像是一艘随波逐流的小舟，突然明确了自己的航向，开始扬帆远航。

"我背着光明，却面向着受光明照耀的东西，我的眼睛看见受光照的东西，自身却受不到光明的照耀。"在《忏悔录》第六卷中，奥古斯丁讲了一个乞丐的故事。他说，有一天他走过米兰的一条街道，看见一个贫穷的乞丐。这个乞丐大概喝了酒，非常开心，自得其乐。奥古斯丁就对身边的朋友说，他以往醉生梦死，在欲望的刺激下，费尽心机，但不幸的包袱却越来越沉重地压在他身上。他不禁感叹，他所求的不过是安稳的快乐，而眼前的乞丐已经获得了，他却仍然一无所得。皈依基督教之后的奥古斯丁对从前纵欲的、追求功名利禄的生活做出了深切的反省："我的学问并不给我快乐，不过是取悦于他人的一套伎俩，不是为了教育人们，只是讨人们的欢喜。”此时的他不再浑浑噩噩，而是充满了生气，因为认识上帝本身就是幸福的。上帝，对奥古斯丁而言，是生命全部的意义。

延伸阅读

1.［古罗马］奥古斯丁：《忏悔录》，周士良译，北京：商务印书馆，1963 年。

2.［古罗马］奥古斯丁：《论自由意志》，成官泯译，上海：上海人民出版社，2010 年。

3. 李猛主编：《奥古斯丁的新世界》，上海：上海三联书店，2016 年。

4.［美］沙伦 · M · 凯、保罗 · 汤姆森：《奥古斯丁》，周伟驰译，北京：中华书局，2014 年。

5.［美］汉娜 · 阿伦特：《爱与圣奥古斯丁》，王寅丽 译，桂林：漓江出版社，2019 年。

6.［意］罗伯托 · 罗西里尼：《希波主教奥古斯丁》（*Agostino d'Ippona*），电视电影，1972 年。

5

斯宾诺莎《知性改进论》《伦理学》

人如何追求“至善”？

阅读挑战

斯宾诺莎

人们很难想到在整个一生中他是多么有节制和朴素的……他一天只食用价值三个便士的用黄油做的泡在牛奶里的面包片和价值三个半便士的一瓶啤酒。在另外一天，除了吃了有葡萄干和奶油的麦片粥，他没有吃别的东西——菜肴花了他四个半便士……他就这样在他的最后一个房东的屋子里度过一生中最后的五年半多。

——莱昂·罗斯《斯宾诺莎》

引言

+ 《大学》里有一句话叫作“止于至善”。这句话对中国人来说是一个非常高的目标。因为至善代表了最高的价值，近乎于完美，所以“止于至善”意味着这是一个不断接近却永远无法企及的目标，任何自认为达到了至善的人，其实都是在远离至善本身。即便如此，至善依然是一个值得追求并且为之付出努力的目标。那么，人怎么追求“至善”呢?

在 17 世纪的欧洲大陆有一个叫作斯宾诺莎的哲学家，也思考了至善的问题。他在《知性改进论》和《伦理学》当中将至善当作人生的最高目标，并系统讨论了如何追求至善的问题。

I 财富、荣誉和感官快乐令人迷失

斯宾诺莎（Spinoza）一辈子孑然一身。他是一个出生在荷兰阿姆斯特丹的犹太人，本来有机会接管家族企业。但是他在 24 岁的时候，因为反对犹太会堂拉比的神学观念，而被开除教籍，逐出犹太社区。这在当时的社会里对任何人来说都是天大的事情。然而斯宾诺莎平静地接受了一切，他离开了阿姆斯特丹，来到了附近的莱茵斯堡，在那里度过了五年时光，写下了两本名著《知性改进论》和《伦理学》。

《知性改进论》大约写于 1661 年冬天至 1662 年春天，这是斯宾诺莎以拉丁文写就的关于哲学方法论和认识论的著作，它的副标题是“论最足以知道人达到对事物的真知识的途径”。虽然这是一部未完成的著作，但它依旧是一篇内容丰富、思想独立的论文，可以被当作他的代表作《伦理学》的导言。《伦理学》完成于 1665 年，却一直等到斯宾诺莎逝世后才问世。

斯宾诺莎在《知性改进论》的第一章中，就来谈哲学的目的。斯宾诺莎的哲学始终带着伦理学的向度，即便是就认识论问题进行讨论，他的脑海中始终都存有一个根本的问题——人的幸福。而且，他要寻找的幸福，是人人都可以享有的，且一经获得，人就能享有连续的、无上的快乐。

什么是大多数人眼中的幸福呢？斯宾诺莎也看得很明白，众人所求无非三样东西：财富、荣誉和感官快乐。但是，实际上扰乱人们心灵的，也正是这三样东西。当人们沉溺于感官快乐的时候，就不会想到其他的东西，但是当感官快乐一旦被满足，烦恼就立刻随之产生。同样，许多人把财富与荣誉当作追求的目的本身，但随之付出的代价也是很明确的：我们必须完全按照人们的意愿生活，追求人们追求的，规避人们规避的。若是如此，人同样会迷失自我。可见，这三样东西都不能带来斯宾诺莎所追求的那种连续的、无上的快乐。

那么，什么才是他眼中的“至善”（summum bonum）呢？简单来说，它是“人的心灵与整个自然相一致的知识”。也正因为如此，任何有理智的人都有可能达到这种品格，方法就是充分了解自然。对此，斯宾诺莎指出首先要想尽一切办法来医治并纯化人的知性，使得知性可以无误地、完善地认识事物。这甚至被斯宾诺莎认定为一切科学的最终目的。为此，斯宾诺莎提出了好生活的三条规则：第一，言语必须使众人可以了解。一切不妨碍达到我们目的的事情，都必须尽力去做。第二，享受快乐必须以能保持健康为限度。第三，对于金钱或任何其他物品的获得，必须以维持生命与健康为限度。对于不违反我们目标的一般习俗，都可以遵从。

II 知识和上帝

斯宾诺莎对至善的看法，和他对知识的分类以及他对上帝的看法紧密相连。

在《知性改进论》的第二章里，斯宾诺莎提出了四种类型的知识：

第一种知识是由传闻或者由某种任意提出的名称或符号等间接得来的知识，也就是基于权威、信仰的知识，比如人的生日和家世、上帝创造了世界等，但是正如黑格尔提出的“熟知非真知”，这些没有经过理智确认的知识是不可靠的。

第二种知识是由泛泛的经验得来的知识，但是这种知识还没有受到理智的规定。斯宾诺莎认为这种知识是无法否认的，如果没有相反的经验，也是无法反驳的。例如，人们根据经验得知，油能助火燃烧，水能灭火。但是，由经验得来的知识更多的是“只知其表，不知其里”，没有经过理性的论证和推演，因此没有逻辑的必然性。

第三种知识来自推理或者论证，即一件事物的本质自另一事物推出，是一种间接的理性认识。但是，这种获得知识的方式是以果求因，人们充其量只是认识了“因”的某一特质，对其本质依旧一无所知。例如，根据视觉原理，物体近大远小，由此推知，太阳要比我们眼睛看到的大。但是太阳到底有多大呢？我们依旧不清楚。

第四种知识是理性直接认识到事物的本性或者本质的知识，即“直观”。它就是笛卡尔所说的“清楚、分明地知道”的知识，是我们进行推论的根据。例如，三加二等于五；两条直线分别平行于第三条直线，这两条直线必定平行，等等。斯宾诺莎认为，哲学上最根本的命题是直观知识，具有必然性和永恒性。

斯宾诺莎对知识的分类绕不开前人的工作，他虽然认同笛卡尔的方法，但依旧不能忽视笛卡尔的身心二元论遗留下来的基本问题——物质与精神这两个完全不同的实体之间是如何互动的？于是，斯宾诺莎提出了一个惊人的、独一无二的本体论：只存在一个实体，那就是上帝。而此处的上帝绝非亚伯拉罕宗教意义上的人格化的神，斯宾诺莎对一切建制性宗教都保有警惕性。斯宾诺莎有一个著名的公式：上帝或自然（Deus sive Natura），意思是上帝和自然两个词可以互换。上帝即自然，上帝即宇宙。

在《伦理学》第一部分当中，斯宾诺莎对上帝的定义是这样的：“神是绝对无限的存在，也就是具有无限多属性的实体，其中每一种属性各表示永恒无限的本质。”实体概念的形成不依赖于任何别的事物的概念，也就是说，实体不具有来自它之外的原因，在它自身中有自身的原因。上帝是由无限多的属性构成的，但人类的知性有限，因此我们能理解的上帝的属性只有两种：思维和广延。广延这一属性对应的是所有关乎物体及其运动的规律，例如几何学和物理学；思维这一属性对应的是所有关乎思维的规律，例如逻辑学和心理学。这就回应了笛卡尔的二元论。在斯宾诺莎眼中，思维与广延并非两种独立的实体，而是单一实体活动的两种不同方式。

斯宾诺莎的上帝是无处不在的，存在于宇宙的每一个粒子当中。但是这个上帝，在某种意义上十分懒惰。他在创造了宇宙和宇宙中的基本规律之后，就什么都不管了。它不会听信徒的祷告，不会实现信徒的愿望，不会改变已经定下的规律，不会直接惩罚恶人。这里隐含了斯宾诺莎对人们以功利性的态度对待信仰的批判。

III 贤者的灵魂要防止“炽情”

上帝与自然在斯宾诺莎的体系中是可以互换的。但是斯宾诺莎的确区分了自然的两个方面：“创造自然的自然”（natura naturans）与“被自然创造的自然”（natura naturata）。乍一看，你肯定会以为斯宾诺莎在唱饶舌，其实这两个概念并不复杂。前者是指自然（上帝）中能动的原则，它能通过各种属性的活动而产生变化；后者指的是一切已经在自然中产生的东西，包括具体的实物和抽象的自然规律。

世界由上帝属性的活动而产生。斯宾诺莎由此得出：世界上的每件事物都是按照必然性而活动的，包括人本身的活动。斯宾诺莎是一个坚定的决定论者。他写道：“在事物的本性中没有什么可以被承认是偶然的，一切事物都由神的本性的必然性所决定，从而按照一定方式存在和发生作用。”斯宾诺莎看待“人的行动和欲望就像处理线、面、体那样精确”，他是“自由意志”的反对者。

这就会产生一个伦理问题：如果人没有自由意志，那么道德何以可能呢？在处理道德问题的时候，斯宾诺莎是一个斯多葛主义者。他的原则就是：我们不能改变自然加诸我们的规则，但是我们能掌控自己的态度，尤其是以理性控制欲望的能力。斯宾诺莎提出，精神如果产生了不适当的观念，那就是炽情。这可能来源于我们对某些虚幻的东西过分的爱好，也可能来源于我们理智机能的不完善。不同的炽情之间可能会起冲突，但是遵从理性的人会学会协调它们。斯宾诺莎在《伦理学》的结尾处写道："贤达者，只要他被认为是贤达者，其灵魂绝少扰动，他却按照某种永恒的必然性知自身，知神，知物，绝不停止存在，而永远保持灵魂的真正怡然自得。"斯宾诺莎也说"对上帝的爱"，但是这并非对一个神圣人格的敬畏或爱戴，而更类似于我们领会一条数学公式或者从事科学研究时感受到的精神上的愉悦和满足。这就是斯宾诺莎所说的，持久的、无上的幸福。

斯宾诺莎是一个知行合一的人。他后半生一直住在海牙，终身未婚，白天以磨光学仪器的镜片为生，晚上在家里抽烟斗，沉浸于哲思中。斯宾诺莎有几个好朋友和仰慕者一直想在经济上接济他，这样他就可以全身心投入哲学研究，可是都被他拒绝了。他说："大自然只需要一点点就能满足，如果大自然如此，我也如此。"因为工作的地方狭小，磨镜片会产生大量粉尘，如此这般日复一日，最终斯宾诺莎患上了肺痨。1677 年 2 月 20 日，斯宾诺莎病逝，年仅 44 岁。

延伸阅读

1. [英] 史蒂文·纳德勒:《斯宾诺莎传》，冯炳昆译，北京：商务印书馆，2011 年。

2. [英] 莱昂·罗斯:《斯宾诺莎》，谭鑫田、傅有德译，桂林：广西师范大学出版社，2018 年。

3. [荷兰] 斯宾诺莎:《斯宾诺莎书信集》，洪汉鼎译，北京：商务印书馆，1997 年。

6

莱布尼茨《单子论》

铁皮人如何获得自己的心？

阅读挑战

$$(uv)^{(n)} = \sum_{k=0}^{n} C_n^k u^{(n-k)} v^{(k)}$$

莱布尼茨

他（指莱布尼茨）的单子学说，认为在代表中国生活的三大派——老子、孔子及中国佛学所表示的“道”概念，有惊人一致的地方……莱布尼茨与孔子都认为宗教的精义（包括基督教），在于实际生活……宗教的目的，在于教育群众。使他们的举动符合社会的利益……二人都认为品德就表示快乐，为善最乐，亦即一切思想的崇高目的。

—— 利奇温《十八世纪中国与欧洲文化的接触》

引言

+ 大家有没有看过一部小说或者动画片，叫《绿野仙踪》？这是根据美国作家弗兰克·鲍姆的作品《奇妙的奥兹男巫》改编而成的。最为经典的版本是1939年米高梅的电影。这个故事非常有意思：一阵龙卷风把小女孩多萝西从黑白的乡间小屋吹到一个彩色的梦幻世界——一个叫奥兹的矮人国度。矮人们告诉多萝西，只有翡翠城的魔法师，才能帮助她找到回家的路。于是，多萝西决定前往翡翠城。在路上，她遇到了三个小伙伴——铁皮人、稻草人和懦弱狮子。这三个小伙伴都有各自的问题和烦恼：铁皮人没有“心”，稻草人没有“脑子”，而狮子看上去威风凛凛却没有“胆子”，所以他们要在随后的冒险中学会如何培养内涵、智慧和勇气。其中的铁皮人，又叫锡人（tin man），他的身体由白铁皮制成，头像个水壶，手里还提着一把斧子。铁皮人非常怕水，因为担心生锈不能动，他的关节经常需要加机油。铁皮人认为自己没有心，需要一颗心。这里的心，不仅仅指生理性的器官——一颗心脏，还是一种感知、情绪，喜怒哀乐的能力，和精神性的能力。

铁皮人提出的需求包含了一个哲学问题：铁皮人的身体是铁皮打出来的，而铁皮是物质性的。一个全部是物质性的身体，如何获得精神性的心呢？铁皮人的困惑，也是笛卡尔哲学的困惑。即便铁皮人获得了一颗心，也就是精神性的心灵，它又如何与物质性的铁皮身体沟通呢？如何沟通物质和精神世界，是笛卡尔二元论遗留的一个问题。

17 世纪的德国有一位叫作莱布尼茨的哲学家尝试用一个天才的想法来解决这个问题，那就是单子论。

I 从原子论到单子论

大陆理性主义哲学的接力棒经过了笛卡尔、斯宾诺莎之手后，交到了一位德国人手里。他的名字叫戈特弗里德·莱布尼茨（Gottfried Leibniz）。他是一位少年天才，也是难得的通才，被誉为17世纪的亚里士多德。至于他和牛顿究竟是谁先发明了微积分，到现在还没有定论。费尔巴哈有这样一个评价："斯宾诺莎的哲学是把遥远的看不见的事物映入人们眼帘的望远镜；莱布尼茨的哲学是把细小的看不见的事物变成可以看得见事物的显微镜。"这里所说的"看不见的事物"是指什么呢？这些看不见的事物，被莱布尼茨称为"单子"。

《单子论》这本书是莱布尼茨于1712年至1714年在维也纳完成的。《单子论》最初用法语写成，后由另一位哲学家科勒翻译为德语，最终在1720年出版。需要明确的是，莱布尼茨的单子论与古希腊哲学家们的原子论是两码事。德谟克利特和毕达哥拉斯都曾经提到过原子论。他们将世界分为充满和虚空两个部分，充满的部分就是原子组成的。莱布尼茨的单子论则完全不同，它拒斥了原始物质的观念。

莱布尼茨是这样阐释的："复合实体是单子的集合。单子（Monas）是一个希腊词，它代表单一体，或者那种作为一的东西……简单实体、生命、灵魂、精神都是单一体。"单子没有广延，没有形状，也没有部分，是一个最后的不可分的点，不能组合或分解。单子不能被理解为实体，恰恰相反，莱布尼茨的单子是一种非三维性的力或者能，不需要依靠外力的作用，单子自身的力就是它活动的原因。莱布尼茨借用了亚里士多德哲学的概念，来表述这种力——隐德莱希（entelecheia）。隐德莱希就是一种自我的发动者，就是生命。对莱布尼茨来说，单子是有欲求、有感知的，且彼此独立、彼此不同。单子是灵魂，是无形体的自动机，它的产生和消灭只能由上帝的意志决定。可以说，单子论创造了一个带有物活论色彩的世界。莱布尼茨在《单子论》中写过这样一段充满诗意，甚至是有些玄妙的话：“每一部分的自然都可以被看成是一个遍地长满植物的花园和水中游鱼攒动的池塘，而植物的每个枝杈，动物的每个肢体，它的每一滴汁液都又是这样一个花园和这样一个池塘。”“虽然在花园植物之间的泥土和空气，或者在池塘游鱼之间的水既非植物，也不是鱼，但它们会重又包含着这些东西的，只是大多具有为我们所不可能把握的精妙而已。”

莱布尼茨的单子论不仅仅要克服笛卡尔二元论遗留的难题，还要超越斯宾诺莎的“上帝即自然”显现出的局限性：将一切实在性都归结为上帝 / 自然这个单一实体，无法解释自然中各种不同要素之间的差异。单子论突破了这种局限，因为单子只有质的多样性，没有量的多样性。按照单子论的看法，自然界中没有两样东西是完全一样的，它们的差异都得以被关照。所以后来的物理学家认为，莱布尼茨的单子论包含了一个思想：物质微粒就是能量的一种形式。

II 前定和谐说

虽然莱布尼茨用单子论的一元来克服笛卡尔的二元论，但单子论也会引发一个问题：按照莱布尼茨的规定，单子是没有缝隙的，没有任何东西可以进入或者出去，而且单子是彼此独立、互不影响的，每个单子都有自己活动的原则和力。那么它们是如何发生相互作用的呢？这显然和我们对世界的朴素认识是相反的。世界上的万事万物都在发生着关系，更不用说人与人之间复杂的爱恨情仇。莱布尼茨对此的解释是：单子是通过上帝而共存的，这就是著名的“前定和谐说”。大陆理性主义的哲学家们一向致力于处理上帝、自然与人的关系，莱布尼茨也不例外。只不过与斯宾诺莎将上帝与自然等同的做法不一样，莱布尼茨将上帝与自然区隔得很清楚。上帝是莱布尼茨哲学体系的出发点和基石。一个单子对另一个单子的作用，是通过上帝的中介来完成的。对莱布尼茨来说，上帝好像是宇宙的一个设计师和立法者，他已经确定了宇宙的和谐，并且制订了每个单子的计划。

莱布尼茨和斯宾诺莎一样，也是一个决定论者。那么相同的问题也依然存在：人的自由该如何解释？莱布尼茨认为，人的自由并不意味着“任意选择”的意志自决，而是意味着能够顺应自身发展的方向，无阻碍地实现自我，成为自己注定要成为的人的能力。一个人在多大程度上意识到自己要做什么，成就什么，就在多大程度上是自由的。

“前定和谐说”看似有些让人费解，甚至有些荒谬。但是从今天的计算机科学来看，宇宙以及宇宙之中的精神性存在，会不会是一个更高心灵模拟出来的呢？人类自己的心灵，会不会是一台超级计算机所创造出来的“单子”呢？

III 可能世界中的最好世界

莱布尼茨在 1676 年，访问了居住在海牙的斯宾诺莎。他们两个人讨论的核心话题就是上帝。斯宾诺莎本人是一个自然神论者，而莱布尼茨却是一个隐秘的天主教徒。莱布尼茨认为，上帝在创造世界之前，已经思考了无限的可能性，就像是复仇者联盟中的奇异博士一样，看遍了各种“可能世界”的情况。但是在现实中真实发生的状态，仅仅是那无数种可能性中的一个。在《单子论》第 53 节中，莱布尼茨提出，上帝在创造世界的时候，已经决定要造出可能世界中最好的一个。在他的另一部著作《神义论》第一部分第八章中，莱布尼茨也提出，上帝具有最高的智慧，也有无限的善，所以上帝不能不选择最好的。既然如此，为什么这个世界上还有诸多的恶存在呢？莱布尼茨如此理解“最好”的世界：任何被创造出来的世界，必须使得其中的事件和物体相互兼容，而在最好的世界中，善的可能是最大的。然而这个世界不可能是完美的，“因为上帝不可能把一切都给被造物，除非他把被造物变成上帝”，这个世界的恶不源于上帝，而是源于被造物的局限性，这里能够看出奥古斯丁思想的影子。但是，莱布尼茨认为，现存世界中善超过恶的比例，远远高于任何其他可能世界，因此是最好的。后人把莱布尼茨的这种想法称为“乐观主义”。

归根到底，莱布尼茨认为存在两种可能性。一种可能性是，存在一些罪恶的自由的世界；另一种可能性是，既没有自由，也没有罪恶的世界。如果要在这两个世界中进行选择，莱布尼茨选择前者，也就是存在恶、但有自由的世界。因为一些恶本身就是一种动力，它让人们产生出勇气来对抗恶，这是走向善的必要步骤和过程。

Ⅳ 莱布尼茨与《周易》

莱布尼茨对中国有着异乎寻常的兴趣。这和莱布尼茨本人的研究，还有哲学思想有关。莱布尼茨提出要创造一种“普遍文字”，也就是用一些通用的、可计算的、如数字一般精准的符号来表达思想。可以说，如果这种普遍文字能够成为现实，那么就能打破上帝阻隔人类所造的巴别塔，全世界的人都能明白这种文字的意义。莱布尼茨自己把这个体系称为“演算哲学”。他还设想了一种“万能算学”，即用计算的方式进行思考。“有了这种东西，我们对形而上学和道德问题就能够几乎像在几何学和数学分析中一样进行推论。”“万一发生争论，正好像两个会计员之间无需有辩论，两个哲学家也不需要辩论，因为他们只要拿起石笔，在石板前坐下来，彼此说一声：‘我们来算算’，也就行了。”

毫无疑问，莱布尼茨的这些想法极为超前，他不仅用二进制为计算机奠定了运算的基础，还几乎预言了计算机的应用前景。

延伸阅读

1.［德］莱布尼茨：《神义论 附单子论》，朱雁冰译，北京：生活·读书·新知三联书店，2007年。
2.［德］莱布尼茨：《人类理智新论》，陈修斋译，北京：商务印书馆，1982年。
3.［德］莱布尼茨：《中国近事》，杨保筠译，郑州：大象出版社，2005年。
4.［英］玛利亚·罗莎·安托内萨：《莱布尼茨传》，宋斌译，北京：中国人民大学出版社，2015年。

认识自己，认识世界：我们看世界的不同方式

?

7

笛卡尔《第一哲学沉思集》

“我思故我在”，什么才是无可怀疑的？

阅读挑战

笛卡尔

这本书从形式上看是一篇日记，虚构的连续六天智识静修的经历……六天的每一天对应于一篇“沉思”……在《第一沉思》里，笛卡尔迫使自己怀疑，他的一切想法是否都有客观对应的存在物。他抛弃了对一切物质客体的信任，甚至不再相信纯物质简单本质的存在。

—— 汤姆・索雷尔《笛卡尔》

引言

+ 中国有句古话："耳听为虚，眼见为实。"但人真的能完全依赖自己的感觉吗？一方面，人必须依赖感官，这是我们和外部世界打交道的唯一方式；另一方面，人的感知力不但有限，还总在出差错。因此，若要建立一套精确的知识体系，就要从审视人的感觉做起：思维与感知，大脑与身体，它们之间是如何互动的？我们如何判定真实与虚幻，正确与谬误？假设退一万步，人不再相信自己的任何感觉，又有什么是确定无疑的呢？

17 世纪的欧洲，有一位哲学家躺在床上思考这些问题，提出了最为激进的怀疑，也得出了最为彻底的回答——那就是法国哲学家笛卡尔在《第一哲学沉思集》中提出的著名命题"我思故我在"。

I 为何要普遍怀疑?

1596 年，勒内·笛卡尔（René Descartes）出身于一个法国贵族家庭，父亲是布勒丹省法院的法官。笛卡尔从小就被送到耶稣会的学校接受优质的教育。由于生下来就体质很弱，所以上学的时候笛卡尔被免去了早操，于是他养成了躺在床上想问题的习惯。他的很多著作就是躺在温暖的被窝里写出来的。他的一些哲学思考也受到了梦境的刺激——他从自己的梦境中惊醒，于是就问自己：如何区分梦境和现实？如果我们不能区分梦境和现实，那么真假也就无从谈起了。所以，笛卡尔试图怀疑一切未经过人的反思和检查就被盲目接受的教条和传统。他要将知识建立在绝对可靠的出发点上，使人类获取知识的路径能拥有数学般的明晰性。

《第一哲学沉思集》（*The Meditations on First Philosophy*，以下简称《沉思集》）是笛卡尔用拉丁语写成的，出版于 1641 年。书中详尽地展示了笛卡尔的形而上学系统。笛卡尔曾在另一本著作《哲学原理》中写道："整个哲学好像是一棵大树，树根是形而上学，树干是物理学，从这树干上发出的枝条是各种其他科学，主要分为三门，就是医学、力学和道德学。"在笛卡尔看来，形而上学就是第一哲学。笛卡尔意义上的形而上学旨在研究关于知识的知识。例如，人的思维如何获取知识？什么是判定真理的标准？现实的确切本质是什么？

笛卡尔的总体目标就是要为知识大厦奠定一个坚实的基础，而他所采取的方法被称为"普遍怀疑"或者"系统怀疑"。换句话说，就是怀疑一切，直到找到那个不可被怀疑的基点。笛卡尔之所以采取如此极端的方法，是因为在他看来当时的哲学与神学虽然都通过一系列复杂的逻辑进行论证，但前提都是不可靠的。前提不可靠，推论出来的结果自然也就成问题了。对此，笛卡尔在他的第一本书《谈谈方法》里就说："由于我们在长大成人之前当过儿童，对呈现在我们感官面前的事物做过各种各样的判断，而那时我们还没有充分运用自己的理性，所以有很多先入的偏见阻碍我们认识真理，因此我们要挣脱这些偏见的束缚，就必须要一生中又一次对一切稍有可疑之处的事情统统加以怀疑。"

这样的怀疑不是为了否定一切，笛卡尔的怀疑只是一种方法，他需要对以往的知识做一次总的检查、总的清算。就好比在一只麻袋中发现了一个烂了的土豆，就一定要把整袋的土豆都倒出来一一检查。针对知识，笛卡尔也要去伪存真。他有一句格言："一切都无法确定"，这句话也可以被翻译为"万物皆可怀疑"。知识不能建立在流沙之上。

II 用"我思"来抵御感觉的恶魔

《沉思集》的第一沉思就是审查那些需要被怀疑的事物。笛卡尔首先怀疑的是自己的感官。比如，他能感觉到自己正坐在炉火旁边，穿着室内长袍，两只手上拿着一张纸。不过，每个人都做过梦，在梦境里，也有过非常相似的感觉。究竟要如何分辨现实和梦境呢？这就是笛卡尔提出的第一个怀疑。我们自觉真实的感知其实也有虚幻的一面，因此人的感知并不是绝对可靠的。

如果推而广之，那么人们其实能够怀疑经验中的一切感觉。笛卡尔想象出了一个和上帝一样本领强大却阴险狡诈的妖怪：人们所看到的天空、呼吸的空气、脚踏的大地，以及各种事物的颜色形状声音，都是妖怪用来骗人的假象。也就是说，人们再也不能依赖眼睛、四肢、鼻子、耳朵传递的感觉信息来感知这个世界了，因为它们都有可能是妖怪编织出来的幻境。可是如果是这样的话，岂不是连人们自己的身体都可能是假象吗？那么又有什么武器能去破除妖怪的魔障呢？笛卡尔回答道：那武器就是人们的思维本身，它是最纯粹、最根本的东西。就像永远无法被怀疑的二加三等于五，三角形内角之和等于 180 度等数学公理一样。作为数学家的笛卡尔对代数、几何研究的明确性深信不疑，即便物理学、天文学、医学这些复合型学科都可以被怀疑，但数学只牵涉包含于心灵中的真理。这些真理又被称为“天赋观念”，不论是在现实还是在梦境，它们都不会被扭曲、改变。

既然笛卡尔毅然决然选择了一条决绝的道路，将人的所有感知都置于怀疑之下，那么对于人自身而言，又有什么东西是确定无误、不必怀疑的呢？这里就要引出笛卡尔无人不晓的名言：“我思，故我在（拉丁语：Cogito ergo sum；英语：I think, therefore I am）。”这是笛卡尔在《谈谈方法》的第四部分中首先提出来的。完整的表达应该是：我怀疑，所以我思考，所以我存在。也就是说，我在怀疑的时候，我不能怀疑我自己的存在。这里的“我”就是一个纯粹的思维的主体，不包括感知，不包括肉身。在《谈谈方法》中，笛卡尔说：“我认识了，我就是一个本体，他的全部本质或本性只是思想。”在第二沉思中，笛卡尔也有类似的表述：“严格来说我只是一个在思维的东西，也就是说，一个精神，一个理智，或者一个理性……”这一思想构成了整个西方近代哲学的基石。

笛卡尔说：“假如我试图怀疑我自己心灵的存在，那么我就会发现，我所怀疑的正是我在怀疑。而如果我对我在怀疑进行怀疑，那么我实际上就必定在怀疑。”所以，“对于我在怀疑这一点，我是不能够怀疑的”。“对于我在思考这件事情，我是不会弄错的，因为我正在就思考进行思考这一事实本身，就已经证明了我在思考。”近代哲学从此走上了一条特殊的道路，理性、精神和理智成为了不可动摇的阿基米德之点。

III 身心二元论

笛卡尔提出，心灵和物质是两个相互独立的实体："每一个实体都有一种主要的属性，如思维（thought）就是人的心灵的属性，广延（extension，如长、宽、高、形状等）就是物体的属性。""我"清楚、分明地认识到"我"作为一个在思考的东西存在，而思考的东西并不需要肉体的存在，因此"我"的灵魂与肉体有所区别。灵魂，或者心灵是精神性的，而肉体则是物质性的，它具有广延，即占据一定的空间，有长、宽、高、大小、位置、形状，会发生运动。将心灵和身体分开思考，就是笛卡尔的身心二元论。

不过，笛卡尔也明确提出身体和灵魂是紧密联系的："我不仅住在我的肉体里，就像一个舵手住在他的船上一样，而且除此之外，我和它非常紧密地联结在一起，融合、掺和得像一个整体一样的同它结合在一起。"这个场景后来被哲学家赖尔称为"机器中的幽灵"。这种联系也正是身心二元论的症结所在：如果灵魂和身体是绝对不同的两样东西，那么身体和灵魂的联系是如何发生的？比如你不小心划破了手指，然后会感觉到疼痛。然而就是这么简单的一件事情，在笛卡尔那里却很难解释。因为，人是肉身受到了损害，却是心灵反映出了疼痛的感觉。这两者之间是如何发生关联的呢？由于当时的科学发展水平有限，笛卡尔把大脑中的松果腺当作沟通心灵和身体的中介。

身心二元论的症结也困扰了不少后世的哲学家们。笛卡尔将肉体与心灵完全区隔开，难免给人留下一种印象：思维者就像是一个个孤独的鲁滨孙，被困在自己的观念之岛中。虽然笛卡尔并没有完全否定肉身与感知的意义，但后世的哲学家依旧看出了一种极端的理性主义具有的潜在危机。因为人是充满感觉、欲望和激情的存在，不是吗？正是在感知世界的过程中，在体悟万般情感的过程中，生命才获得了无限的丰富性与可能性。

1650 年 2 月 11 日，笛卡尔去世，享年 54 岁。笛卡尔在临死前曾经写道：“我的灵魂啊，你被囚禁了那么久，到了摆脱肉体重负、离开这囚笼的时候了。你一定要鼓起勇气，快乐地接受这灵肉分离之痛。”

那么，究竟是什么困住了人，思维还是肉身？

延伸阅读

1. [法] 勒内 · 笛卡尔：《第一哲学沉思集》，庞景仁译，北京：商务印书馆，1986 年。
2. [英] 汤姆 · 索雷尔：《笛卡尔》，李永毅译，南京：译林出版社，2014 年。
3. [法] 皮埃尔 · 弗雷德里斯：《勒内 · 笛卡尔先生在他的时代》，管震湖译，北京：商务印书馆，1997 年。
4. [法] 笛卡尔：《谈谈方法》，王太庆译，北京：商务印书馆，2000 年。
5. [意] 罗伯托 · 罗西里尼：《笛卡尔》(*Cartesius*)，电视电影，1974 年。

8

贝克莱《人类知识原理》

存在就是被感知吗？

阅读挑战

贝克莱

他（指贝克莱）制订了一个在百慕大群岛建立学院的计划，抱这个目的去往美国……有一行闻名的诗句：帝国的路线取道向西方，作者便是他，为这个缘故，加利福尼亚州的贝克莱城是因他命名的。

—— 罗素《西方哲学史》

引言

+ 如果你闭上眼睛，这个世界还存在吗？你一定会说，怎么会不存在了呢？世界一定还是存在的，就算我消失了，世界也还是存在的。这个时候就有哲学家会问，那么你是怎么知道世界还存在的呢？是依靠单纯的推测，还是有别的理由呢？

哲学家通常会对常识产生怀疑：你之所以知道世界存在，是因为你感觉到了它。例如你用手触碰到桌子和书本，你用眼睛看见了手机，你用鼻子闻到了厨房里飘来的鸡汤香，你用舌头尝到了果汁的甘甜，诸如此类。换言之，离开了感觉，世界根本无从谈起。所以与其说我们是确认世界在那里，还不如说我们只有依赖于感官才能感觉到世界在哪里。

西方历史上有一位哲学家，将这个思路推向了极致，他提出一个著名的命题：存在就是被感知。这位哲学家就是乔治·贝克莱。有人为了讽刺他的这个命题，画了一幅漫画：一个人站在悬崖边缘，一脚迈向前，即将踩空，而他却双眼紧闭，面无惧色。漫画上还有一行字："只要闭上双眼，世界上就没有悬崖。"

I 贝克莱 battle 洛克

1685 年，乔治·贝克莱（George Berkeley）出生在爱尔兰，他青年时期学习神学，后来成为了一名牧师，还当上了主教。他在 1710 年出版了一本书，叫作《人类知识原理》，就是在这本书里他提出了“存在就是被感知”这个命题。这本书的全名其实很长：《人类知识原理，兼对科学中基于怀疑主义、无神论和反宗教思想的错误与困难的主要原因的考察》。从这一全名中就能看出，贝克莱是想要对他认为错误的思想重新检查，并提出自己对人类知识本质的看法。他最主要回应和反驳的对象是两位在当时颇具影响力的哲学家——法国理性主义者笛卡尔与英国经验主义者洛克。

那么，笛卡尔和洛克两个人遗留了什么样的问题，让贝克莱如此不满呢？我们主要从贝克莱对洛克的反驳说起。洛克是英国经验论的代表人物，他有一句名言：“心灵如白板。”洛克并不认同笛卡尔那样的理性主义者所说的，人拥有与生俱来的知识。他认为，所有人的知识都是通过后天经验获得的。那么，人又是如何获得对外部世界的观念的呢？洛克认为，人们最直接领会到的是外部世界在心中产生的观念，而物体所拥有的属性使得观念的产生成为可能。

洛克在《人类理解论》中曾经区分过物体的两种属性：第一属性就是那些“不可与物体完全分离的属性”，包括体积、广延、形状、运动与静止以及数量等；第二属性包括颜色、冷热、味道等。洛克认为，第二属性实际上不是对象本身所具有的某种特征，而是通过第一属性在人们身上产生的各种感觉。以一只红苹果为例，按照洛克的区分方法，这只苹果的大小、重量都属于它的第一属性。第一属性不会因观察不同而发生变化，大小、重量都可以通过测量获得客观数据，所以在洛克看来是真切的观念。但是，苹果的颜色、香味和酸甜度都是它的第二属性。第二属性的表达是因人而异、没有客观标准的，正如同样一只苹果，有人吃了觉得酸，有人却觉得甜。所以洛克认为，第一属性才是物体本身真正的属性，而第二属性只是从人们心灵中产生出来的某种感觉。

处理完了外物的属性，还有一个最紧要、最难以琢磨、最容易产生争议的问题有待解决：**实体 / 物质（substance）存在吗？**实体，又可以被翻译为“基质”，这是一个十分重要的哲学概念。根据洛克的说法，实体像大楼的地基一样支撑着我们所感受到的种种性质。如果不存在实体，那么物体的大小、软硬、轻重、颜色、气味等种种性质都会如漂浮的幽灵一般不能保持在一处。然而洛克只是推理出了实体的存在，事实上并没有人真正接触过所谓的“实体”。他承认世界是实在的，却无法言明实在为何物。此外，人们对世界的认识是通过外物在人们内心中表现出的观念而间接进行的，即人们不能直接认识外物。

然而，洛克的一系列规定和证明都似乎已经预设了一点：物质与人的感觉器官接触以后，能在人的心灵中产生观念。这恰恰是笛卡尔的身心二元论没有好好处理的问题。笛卡尔将物质与思维区分为两种不同的实体，这就导致完全不同的两种实体之间如何相互作用，成了一个无法解释的矛盾。如果不能解决这一根本性的疑难，那么在此基础上搭建的所有思想大厦都有动摇的危险。在此背景下，贝克莱才提出了那个乍一看让人摸不着头脑的理论——存在就是被感知。

II 存在就是被感知

在《人类知识原理》的“第一部”第 2 节末尾，贝克莱说：“因为一个观念的存在，正在于其被感知。”这被总结成了一个著名的命题：**存在**

就是被感知（拉丁语：esse est percipi；英语：to be is to be perceived）。这句话是存在歧义的，稍不留神就会曲解贝克莱的本意。很多人会误以为，贝克莱的意思是：只要人感知不到一样事物，这样事物就不存在，仿佛它就凭空消失了；就好像人只要感受不到悬崖的存在，那么人纵使纵身跃下，也能完好无损。这显然是有悖常理的，聪慧如贝克莱又怎会意识不到？实际上，贝克莱真正想说的是：我们确证物体的存在，当且仅当我们获得了对它的感受，而只要这一物体存在，任何一个人都会感受到它。贝克莱说："我说我写字用的这张桌子存在，只是因为我看见它，摸着它；我走出书房后，如果还说它存在过，我的意思就是说，如果我还在书房里，我原可以看见它。或者说，有别的精神当下就真的看着它。"例如，培根看到了他书房中的椅子，那么即使他离开了房间，作为他秘书的霍布斯也能看到这把椅子，而不会随着培根视觉的离开而消失。但是培根能感知到椅子的存在，仅仅是基于他视觉、触觉得来的感受。

事实上，贝克莱的创举在于，他比洛克走得更远。在处理"实体"问题的时候，洛克只是保持了一种不可知的态度，但贝克莱却说：实体是无，唯有感觉存在。贝克莱在《人类知识原理》想要做一件事情：那就是要消除洛克提出的第一属性和第二属性的区别。他说：例如像长度和高度、体积那样的属性其实并不是纯粹客观的。因为在很小的生物看来，一颗灰尘都是巨大的。第一属性其实也是我们心灵的产物，而不是独立于心灵之外的。由此，在贝克莱看来，区分第一和第二属性是没有道理的，因为一切都是第二属性——当然，自我和上帝这两个概念例外。他说"看不起感官的人是愚蠢的。没有感官，心灵就根本不可能有认识，不可能有思想""我们所感知的只是我们的感觉"。贝克莱从未否认外物的存在，他真正否认的是"实体"的存在，因为在他看来，事物就是它被感受到的性质的总和。

III 贝克莱的“死穴”：上帝如何被感知?

贝克莱在《人类知识原理》第 6 节中写道:“宇宙中所含的一切物体，在人的心灵以外都无独立的存在。它们的存在就在于其为人心灵所感知、所认识，因此它们如果不为我所感知，不真存在于我的心中，或其他被造物精神的心中，则它们便完全不能存在，否则就是存在于一种永恒精神的心中。”永恒精神是指什么呢？当然指的是上帝！在贝克莱看来，物体之所以能持续存在而不消失，是因为上帝时时刻刻都在关注着万事万物。就好像上一节中提及的椅子，老师的椅子之所以不会随着他自己或学生视线的离开而消失，是因为上帝时刻的关照。因此，贝克莱称上帝为“永恒的精神”。

贝克莱还认为，上帝是唯一的实体，人的所有感知都来自上帝。换言之，恰是因为上帝存在，人才具有感知，感知是上帝用来引导人们体验万物的明灯。不过，如果严格按照贝克莱自己的思路来推导，会发现一个大问题：上帝可以被感知吗？这似乎是贝克莱的死穴，上帝的确没有给人们任何感知，因为上帝不存在于任何可以观察的物理对象中。不过，作为神职人员的贝克莱是坚信上帝的。对于贝克莱来说，科学研究就是对上帝作品的研究，就是阅读神的手稿。换言之，科学家的工作都是面向上帝的，因为上帝把规律放入了万事万物之中。因此，科学研究的本质就是发现观念序列中的规律性。

贝克莱当时的通信好友——英国作家塞缪尔·约翰逊（Samuel Johnson）提出了一种简单粗暴的反驳方法。约翰逊狠狠踢向一块石头，然后说:“我这样反驳它！”他似乎想要表达的是：人的脚踢了石头，一定会感到痛啊！但这种行为艺术式的反驳方式依旧不能撼动贝克莱的理论：人仅仅感觉到了痛，但并没有感觉到石头啊。石头坚硬无比只是人们体会到的感觉，但不能证明这一感觉之下一定有“实体”的支撑。

还有一种反驳是让贝克莱解释，人为何会产生错觉？如果一切都是人的感觉，那么就无法区分错觉和感觉了。例如，有人看见插进水里的吸管发生了弯曲，但是实际上吸管还是如原初般笔直。贝克莱似乎并没有好好处理过感官之间出现矛盾的问题。换句话说，贝克莱没有系统地给出人的心灵总括这些感觉的方式。

法国哲学家狄德罗曾经把贝克莱比作一架“会发疯的钢琴”。他说：“在一个发疯的时刻，有感觉的钢琴曾以为自己是世界上存在的唯一钢琴，宇宙的全部和谐都发生在它身上。”然而，狄德罗也承认贝克莱提出了“反对物体存在的那个不可克服的困难”“这种体系，说来真是人心和哲学的耻辱，虽然荒谬绝伦，可是最难驳斥”。

延伸阅读

1.［英］贝克莱：《人类知识原理》，关文运译，北京：商务印书馆，2011 年。

2.［英］贝克莱：《海拉斯与斐洛诺斯对话三篇》，关文运译，北京：商务印书馆，2017 年。

3.［英］贝克莱：《视觉新论》，关文运译，北京：商务印书馆，2017 年。

9

休谟《人性论》

明天早上太阳一定会升起吗?

阅读挑战

休谟

心灵是一个舞台，各种知觉在这个舞台上不断出现。

—— 休谟《人性论》

引言

我们最近几年可能会经常听到一个词，叫“黑天鹅事件”。这个词语最初是在政治或经济领域中，用来指代一些未能预料到但造成了重大后果的事情。“黑天鹅事件”其实涉及一个重要的认识论问题。在地理大发现时代之前，欧洲人在欧亚非三个大陆见到的第一只、第二只……直到第 N 只天鹅都是白色的，于是他们得出结论，所有的天鹅都是白色的。有一天，一名欧洲人来到了澳洲，在那里第一次发现了黑色的天鹅，这让欧洲人对天鹅的认知彻底崩塌了。这说明归纳法是靠不住的，从特称或者单称的命题（一个或者一些天鹅是白色的）到全称命题（所有天鹅都是白色的），这二者之间的衔接不是必然的。换句话说，就算你已经看过了现存的所有天鹅，也不能保证未来出现的天鹅一定都是白色的。那么同样的，人类的祖先从有记忆开始，就看到太阳每天从东方升起，但这能够保证太阳以后每天都会照常升起吗？这样的问题在哲学上叫作怀疑论。

I 为何怀疑：知识从何而来？

哲学家为什么要对常识提出怀疑呢？是为了语不惊人死不休吗？哲学家们的存在似乎有两种作用：有的人寥寥数语就能解人困惑，给人以醍醐灌顶之感；有的人却能立刻颠覆人的三观，激发了人们去思考自己知识的可靠性。大卫·休谟（David Hume）更符合后者。才 26 岁的他就在《人性论》（*A Treatise of Human Nature*，1736 年）一书中系统地提出了黑天鹅式怀疑论问题，对人类的知识来源进行质疑。后来德国哲学家康德承认，正是休谟让他从“独断论的迷梦”中惊醒。

休谟在哲学传统上，无疑是属于经验主义的。他认同洛克、贝克莱的传统，认为人类的一切知识都来自经验。休谟把人类的知识分为两个部分，后人很形象地称之为“休谟之叉”（Hume’s Fork）。在休谟看来，人类认识的对象可以分为两类：一类是“观念之间的关系”（relation of ideas）；另一类是“事实”（matters of fact）。换句话说，“观念之间的关系”指的是包括直观、数学和逻辑演绎的知识，它们具有直观性和逻辑必然性，因而是先验的（a priori），即对它们的真假判断不依赖于人的经验。但是，另一类知识就不能单靠闭着眼睛想，而需要依靠经验才能做出判断，这就是关于事实的知识。这种知识既可能是真的，也可能是假的，必须经过经验验证才能确定。例如，上衣的口袋里有没有一张车票，需要伸手摸一下，或者仔细看一下上衣的口袋，才能清楚口袋里到底有没有一张车票。

II 因果是心灵的习惯

休谟对知识分类的方法，会产生一个问题：人们如此坚信的因果律

（例如太阳每天都从东方升起）属于哪一种知识呢？它属于先验的观念间的联系吗？我们说万物生长靠太阳，这绝对不是像“一加一等于二”一样可以独立于人的感觉经验推导出来的。因此休谟给出了唯一的结论：因果律属于后一类知识，也就是关于“事实”的知识。

在日常生活中经常会有这样一些场景：打台球的时候，一个球撞击另外一个球，被撞的球的位置就会发生改变；用一枚大头针去戳一个气球，气球就会破；等等。每一次做相同的事情都能得到相同的结果，人们就会下意识地认为，第一个事件是原因，第二个事件是结果，它们之间存在必然的因果联系。休谟拒绝接受这一结论。休谟认为，万事万物之间只存在着恒常的联系（constant conjuction），而没有所谓的因果联系。他将因果联系归为“关于事实的知识”这一范畴，就否定了它同先验的知识一样，具有独立于经验的必然性。这也意味着，作为“关于事实的知识”的因果联系也有可能被证伪。休谟认为，人们其实没有充分的证据来证明，那些一直重复发生的事情总会那样发生，只是假定“我们所没有经验过的例子，必然类似于我们所经验过的例子，而自然的进程是永远一致地继续同一不变的”，却无法为之提供证明。这一假定后来也被称为“一律性”或者“一致性”原则。

还是用台球的例子——其实台球是休谟最爱用的例子——例如，你已经打了十年的台球，在这十年里，你无一例外地发现，当一个球撞击另一个球时，前者会导致后者运动。休谟则会说，你其实并没有从中看到任何因果联系。按照休谟的定义，你熟悉的都是球在运动的印象。有没有可能，你用一个球撞击另一个球，而后者巍然不动？同样，人类一直都相信太阳每天都会升起，那仅仅是因为古往今来人们看到太阳每天都会升起。在休谟看来，这种循环往复的事件给人们的心灵造成了一种“习惯”。但这只是一种习惯，不能保证任何东西。这就是休谟的怀疑论。

III 自我是一束感觉

休谟在《人性论》中写道：“有些哲学家认为，我们每一刹那都真切地意识到所谓我们的自我……但是当我真切地体会我所谓的我自己时，我总是碰到这样那样的特殊知觉，例如冷或热、明或暗、爱或恨、痛苦或快乐等。任何时候，我总不是能抓住一个没有知觉的我自己，而且我也不能观察到任何事物，只能观察到一个知觉。”这是很要命的，休谟把怀疑的方法推到极致，甚至连“我”的存在都要怀疑一下。

自笛卡尔以来，“我”从来都被认为是不容置疑的起点。“我”是一个认识主体，这是近代哲学的基石。休谟却说：“我”在反思“我”的时候，除了感觉到一系列的知觉之外，别无其他。既然如此，为什么一定要保留一个实体性的“我”呢？所以休谟说：“心灵是一种舞台；各种知觉在这个舞台上接续不断地相继出现。……只有接续出现的知觉构成心灵。”所谓的“我”仅仅是一系列连续出现的知觉而已。

IV 理性是激情的奴隶

休谟在《人性论》中有一句名言：“理性仅仅是情感的奴隶，除了服务和服从于情感之外，再也不能有其他的职务。”休谟在这里用“passion”一词来表示情感。“passion”一般会被译为“激情”，但它的意思其实非常丰富，涵盖了人的各种情绪，如欲望、情欲、喜好、厌恶、恐惧等。

“理性”虽然是整个18世纪的关键词，但是休谟对理性保持了一种谨慎的态度。他认为，在人的激情和理性之间，激情通常占据了优势。人们在绝大多数情况下是根据自己的感觉做出判断或者选择的，很少是依据推理。即便有推理，也是在感觉之后提出一些佐证而已。在当今这个资本时代，这是再清楚不过的了。每当到了“双十一”购物节，或者是看到电视里有明星代言的广告，我们都会抑制不住掏钱包的冲动，甚至挖空心思找出理由来“证明”，买这样东西是有道理的。所以，很多时候真正推动我们行动的是**欲望**。

虽然18世纪是一个推崇理性的时代，但是这些哲学家们是否会高估了理性的能力呢？在休谟看来，理性仅仅是一种温和的、不激烈的激情而已。他甚至说过一句更为极端的话：“我宁愿毁灭世界也不愿划伤自己的手指，这与理性并不冲突。”换句话说，阻止我毁灭世界的力量，和不让我划伤自己手指的力量，都不是理性而是我的激情，仅仅是因为世界毁灭或者划伤手指，引发了我心理上厌恶或不快的感受而已。

在《人性论》第三卷中，休谟还讨论了道德的问题，他反对所谓的道德理性主义。他的立场后来被称为道德的情感主义或者主观主义。休谟认为，道德判断不仅仅是凭借理性形成的，更多是受到了主观情感的影响。道德属于实践科学，而不是思辨科学，因此道德不属于理性的对象。休谟说：“理性对于我们的情感和行为没有影响，那么我们妄称道德只是被理性的推论所发现的，那完全是白费的……理性是完全没有主动力的（inert），永远不能阻止或产生任何行为或感情。”理性的作用是发现真或伪，但是我们的情感、意志并不完全关乎真假，或者符不符合事实的问题。例如，我看见一个人被另一个人殴打。休谟会说，我们可以判断一个人殴打另一个人这件事情有没有发生，但是一个人是否应该殴打另一个人，则是另一个层面的问题。从“是”当中无法推出“应该”，因为前者是事实判断，后者是价值判断。这就是著名的“休谟法则”。

所以休谟认为，所谓的善恶都是人的主观感受：“当你宣称某种行为或品质是恶的时候，你的意思只是说，出于你本性的构造，你对它的沉思产生一种责备的感觉或者情绪。因此，恶和善可以与声音、颜色、冷热相比较，根据近代哲学，这些都不是客体中的属性，而是头脑中的感觉。”提供道德判断的是所谓的“道德感”，而不是理性，它让我们做令人愉快的事，规避引起痛苦的事。在道德问题中，会引起人内心愉悦或痛苦的就是同情心，是人“感同身受”的本性。这样的解释同样会产生问题：如果我们扶老奶奶过马路的动机，是因为我们想获得助人为乐的快感，那么做好人好事不就是一种纯粹自利的行为吗？休谟否认了这一假设。他认为，触发了我们对道德赞同的情感的，不是自私的心态，而是人身上的德性：判断力、谨慎、进取心、勤劳、节俭、机智、精明和洞察力。人们不是为了获得惬意或者满足而行道德之事，而是人们本身就有这些德性，道德的行为才能让人们愉悦。

延伸阅读

1.［英］休谟：《人性论》，关文运译，北京：商务印书馆，1997 年。

2.［英］休谟：《道德原则研究》，曾晓平译，北京：商务印书馆，2001 年。

3.［英］休谟：《休谟政治论文选》，张若衡译，北京：商务印书馆，2010 年。

4.［英］休谟：《人类理解研究》，关文运译，北京：商务印书馆，1997 年。

5.［英］休谟：《自然宗教对话录》，陈修斋、曹棉之译，北京：商务印书馆，2002 年。

6.［美］欧内斯特・C・莫斯纳：《大卫・休谟传》，周保巍译，杭州：浙江大学出版社，2017 年。

10

康德《纯粹理性批判》

为什么说客观性来自“我”？

阅读挑战

康德

1782 年的《哥达学术报》……（认为）这本书……“是人类高贵而细致的理性的典范”，但它的内容“对绝大多数的读者而言将是难以理解”。

—— 曼弗雷德 · 库恩《康德传》

引言

+ 我们经常听到一句话，叫“戴着有色眼镜看世界”。这样戴着有色眼镜看世界的做法，一般被称为主观的。这个说法暗含着一个假设，那就是我们可以把有色眼镜摘下来。这样就可以看到一个本来的、客观的世界了。但是，我们可以不用自己的肉眼看世界吗？似乎是不行的。因为看，就包含了用肉眼看的意思。那么问题就来了，有没有什么有色眼镜是我们人类所共有的呢？也就是说，是不是存在一副我们没法摘下来的有色眼镜呢？

面对这些终极问题，德国哲学家康德在其划时代的著作《纯粹理性批判》（*Kritik der reinen Vernunft*）中给出了超凡的回答。康德时常被刻画成一个老宅男。他活了 80 岁，几乎从来没有离开过柯尼斯堡，也终身未婚。他的生活方式如钟表一般精准。他一天的典型安排是这样的：每天清晨 4 点 55 分，康德的仆人会把他从被窝里叫起来。起床后，康德抽烟、喝茶，然后就开始备课。7 点到 9 点是康德上课的时间，12 点 45 分吃午饭。康德喜欢和朋友一起吃午饭，这是他一天之中的唯一一顿正餐。他会用午餐时间进行社交活动，和朋友见面聊天。不过，和康德吃饭是有规矩的，人数不得少于 3 个，也不得多于 9 个。不仅如此，连流程都得像一个正规的学术讨论会。首先讨论一下最近发生的时事，然后对这些事情进行反思性的讨论，最后进行总结。下午 4 点半，康德要在柯尼斯堡城里散步，在主街上走八个来回，这在柯尼斯堡人尽皆知。城里的妇女都能根据康德出现的时间来对表。有一次，康德因为被卢梭的《爱弥儿》吸引而沉溺于书中无法自拔，以至于错过了散步的时间，城里的太太们反而以为教堂的钟坏掉了。晚上 10 点，康德会准时上床，把自己包裹得严严实实，反复念叨西塞罗这个名字，据说这样可以让他很快入睡。

I 什么是先天综合判断？

康德（Kant）所处的时代主要有两大哲学传统：大陆唯理论和英国经验论。唯理论以莱布尼茨为代表，是建立在数学模式上的哲学，强调的是观念之间确定、必然的相互关系。在他们眼里，数学一般明晰的先天知识就是万能的灵丹妙药。康德所接受的大学教育就是属于这一传统的。另一个传统是英国经验论，以洛克、贝克莱、休谟为主，更关注事物的实际情况，以及事物之间而非观念之间的联系。他们当然不否认先验知识的重要性，但是强调新知识必须通过人的经验才能获得。打个比方来形容一下这两个阵营的对立：经验论者好比是一群乞丐，对于世界的所有认识都要向外部世界乞讨得来；而唯理论者像是纨绔子弟，他们会说："我们怎么可能需要向外部世界乞讨呢？我们自己生下来就含着'先验知识'这把金钥匙啊！"

康德的任务就是要调和经验论者和唯理论者之间的思想矛盾。"没有理念的经验是虚，没有经验的理念是空"是康德的著名论断。康德研究专家沃尔什曾总结康德的哲学意图：坚持科学的权威，并维护道德的自治。或者用康德自己的话说：限制理性，为信仰留下地盘。如何理解这句话呢？这就需要我们整体地来看康德的三大批判。康德在《纯粹理性批判》（简称《纯批》）的一开头提出，哲学研究要关心三个问题：我能知道什么？我应该做什么？我可以期望什么？三大批判就是分别来回答这三个问题的，而这些都是为了回答第四个问题"人是什么"做准备。批判就是要对人的理性能力做出明确的认识，弄清楚什么是理性能处理的，什么是不能处理的，将能处理的说清楚，对不能处理的不要妄动。

《纯批》要解决一个什么问题呢？那就是"先天综合判断"何以可

能。换句话说，就是科学知识何以可能。康德对判断做出了区分：首先是我们熟悉的先天判断和后天判断，这是近代哲学对知识进行区分时经常采用的归类方式。与“一加一等于二”这样的先天判断不同，后天判断都是经验性命题，例如“苹果是红色的”。但除此之外，康德还做出了一个极为重要的区分：分析判断和综合判断。

什么是分析判断呢？用康德自己的话来说，就是谓词包含在主词之中。例如，物体是有体积的，因此我们无法想象一个没有体积、没有广延的物体；“人是有朽的”，因此我们无法想象一个长生不老的人，否则人就是神了。如此看来，分析判断之所以是真的，是因为主词（物体 / 人）和谓词（有体积 / 有朽）之间存在逻辑关系，否认一个分析判断意味着陷入逻辑矛盾。最典型的例子就是“圆是方的”。反过来，在综合判断中，主词和谓词之间不存在逻辑关系，谓词的含义并没有包含在主词当中。只有通过经验，我们才知道，“苹果是红的”“地球的自转周期是 24 小时”。所以康德说，凡是经验判断都是一种综合判断。

因为分析判断都是有逻辑必然性的，所以康德又将判断分成三种类别：先天分析判断、后天综合判断和先天综合判断。其中，康德最关心的是“先天综合判断”。问题来了，如何能说这种基于经验的判断是先天的呢？先天难道不正暗示了它是独立于经验的吗？康德指出，在数学、物理学、伦理学和形而上学中，确实存在着一些不但是先天的，而且是综合的判断。例如“五加七等于十二”就是一个先天综合判断。毫无疑问，这是先天的，而且我们无法单纯从对“五”和“七”的分析中得出两者相加等于十二的结论。几何学里的命题“两点之间直线距离最短”也是一个先天综合判断，这是一个通过直观获得的公理。

在《纯批》中，康德分别考察了三种类型的先天综合判断：纯粹数学的、自然科学的和形而上学的。所有的理论科学中都有先天综合判断，甚至在形而上学中也有这样的判断，例如“人类可以自由做出选择”就是一个例子，否则人的自由意志就没有一个坚实可靠的保证。

II 哥白尼式的革命：客观性来自“我”

康德说明了先天综合判断是广泛存在的。紧接着，我们就要问：先天综合判断究竟是如何可能的呢？这就涉及人的心灵与对象的关系，而康德对这一关系的解释是革命性的。在此之前，休谟的理论仅仅解释了，我们实际经验到的事物的观念是有效的。比如通过观察，我们知道太阳是圆的。但是休谟对因果律的怀疑否定了经验知识的恒常性和必然性，这会导致一个灾难性的后果——科学知识是不牢靠的。这显然不成立，牛顿就是绝佳的反例。人的心灵如果真的像休谟所相信的那样，只能被动接受信息，那么人只能获得一个个独立的、不连贯的、对特定对象的认识，不可能形成普遍的科学理论。因此康德认为，休谟在“心灵与对象”关系上的处理是有问题的。

康德反其道而行之，他不认为“我们的一切知识都必须符合对象”，而应该假定“我们的对象必须符合我们的知识”。也就是说，我们认识外部事物最基本的前提，就是把它们置于时间与空间之下。换句话说，时间和空间并不是感官经验中的材料，也不是任何对象的属性，而是我们认知的框架。我们人类是不可能脱离了时间和空间来看待世界的。康德把时间和空间称为“感性直观纯形式”。除此之外，康德以亚里士多德的逻辑学为基础，按照量、质、关系、模态将思想范畴分类，他一共提出了十二个范畴，把它们分成四组，每组包含三个。这些范畴就像是我们心灵固有的模式或者能力，将感性材料组织起来。由此我们可以认识事物的数量、事物间的关系，它是可能的还是不可能的，等等。其中因果关系就是十二范畴中的一种。

康德给出的理性思想的机构就像是人们与生俱来的有色眼镜，我们都必然地透过这副眼镜来认识世界，心灵将自己认识对象的方式加在对象之上，而且人人皆是如此，所以我们做出的一些经验性判断是普遍的。所谓的客观性并非来自外部世界，而恰恰来自内部，来自我们自己这个认知主体。康德这种处理心灵与对象的方式被称为“哥白尼式的革命”。太阳不再围绕着地球旋转，心灵也不再围绕着对象打转，而是对象转而对应心灵的结构。

III 无法触及的物自体

既然对象是符合人的心灵才被人认识的，那么就意味着我们认识的都是经心灵处理过的对象，我们一直是通过一副有色眼镜看世界的。那么，世界真实的颜色是什么样的？对于这个问题，康德摇头了。

康德把世界分为两个领域：一个是所谓的物自体（德语：das Ding an sich；英语：thing-in-itself），另一个是现象。康德认为，我们人类只能认识到现象，而永远无法认识物自体。物自体，又可以被称为“自在之物”。它属于超验的领域，是时间、空间和知性范畴无法加以运用的对象。我们必须通过经验才能认识世界，而这仅仅局限在现象领域，无法抵达物自体。

康德为什么要区分现象和物自体呢？他其实在做一件非常重要的事情，那就是为人的认识划界。人的知性只能在经验中认识现象。如果人试图用这些范畴处理感性世界以外的东西，例如认识超验的上帝，就会出问题。

康德的厉害之处就在于他的批判性，而批判就意味着找到根据，并为之划界。他认为以往甚至以后的很多人，其实都在说一些无意义的废话。这样的废话并不是因为说话的人是话痨，而是人类的理性超出了有效使用的范围。康德死于 1804 年，他的墓碑上刻着一句话："世界上有两样东西能够深深地震撼人们的心灵，一是我们头顶上灿烂的星空，二是我们心中崇高的道德准则。"

延伸阅读

1.［德］康德：《纯粹理性批判》，邓晓芒译，杨祖陶校，北京：人民出版社，2004 年。
2.［德］康德：《未来形而上学导论》，李秋零译，北京：中国人民大学出版社，2013 年。
3. 邓晓芒：《〈纯粹理性批判〉讲演录》，北京：商务印书馆，2013 年。
4.［美］曼弗雷德·库恩：《康德传》，黄添盛译，上海：上海人民出版社，2008 年。

11

黑格尔《精神现象学》

存在即合理吗？

阅读挑战

黑格尔

黑格尔的《精神现象学》追踪了意识的不同形式，就好像从内部考察每一种形式，并且表明较为有限的意识形式是如何必然发展成更完善的形式的。黑格尔本人则把他的任务称为“对作为一种现象的知识的阐述”。

—— 彼得·辛格《黑格尔》

引言

在中国，人们最熟悉的哲学命题大概就是“存在即合理”了。这句话出自德国古典哲学家黑格尔。然而，绝大多数人引用这句话的时候，却是在以讹传讹。他们会认为，这句话就是对存在的一切现象的辩护，认为所有现存的事物都是对的，是道德上可以被接受的。所以即便有再多不合理之处，你都要接受。这是一种莫大的误解，也是对黑格尔的侮辱。

其实，这个命题是黑格尔于 1820 年在《法哲学原理》这本书里提出来的：“凡是现实的东西都是合乎理性的，凡是合乎理性的东西都是现实的。（德语：Was vernünftig ist, das ist wirklich; und was wirklich ist, das ist vernünftig. 英语：What is rational is actual and what is actual is rational.）” 这里的“现实”不能理解为通常意义上的“存在着的东西”，而是要理解为精神外化自身、建立自身、实现自身的“过程”。“合理”（rational）是“合乎理性”的意思，而不是道德上正当或者准确的意思。黑格尔的这句话是在强调“思维与存在同一”。他是在说，历史的现实进程中充满了理性展开自身辩证运动的过程，具体表现为人对自由的追求。总而言之，黑格尔要说明的是绝对精神的发展过程，而不是任何一个具体的人的行为。

之所以绝大多数人误解了黑格尔，不仅是因为对哲学命题的望文生义，更在于根本不了解黑格尔哲学体系的出发点，也就是他的名著《精神现象学》(*Phäenomenologie des Geistes*)。

Ⅰ 正反合：不断运动的“体系”

黑格尔（Hegel）从1805年冬天开始撰写《精神现象学》，于1806年10月13日耶拿大战前夕完成。马克思说过这样一句话：“试看一看黑格尔的体系，我们必须从黑格尔的《精神现象学》开始，《精神现象学》是黑格尔哲学真正的诞生地和秘密。”这个判断是十分准确到位的。黑格尔用了毕生精力，来创立一个包罗万象的哲学体系。黑格尔的著作，除了《精神现象学》之外，还有《逻辑学》《哲学全书》和《法哲学原理》。其他一些著作，比如《历史哲学》《美学》和《宗教哲学》等，都是由后人根据他本人的讲稿、学生的笔记整理出版的。

在黑格尔的哲学体系中，人类思维被看成是从低级向高级发展的过程。黑格尔的《哲学全书》分成三大部分：逻辑学、自然哲学和精神哲学。在第一部分“逻辑学”中，黑格尔要处理存在、本质和概念问题。我们千万不能把黑格尔的逻辑学理解为形式逻辑。在黑格尔这里，逻辑学与形而上学是一致的，因为黑格尔哲学的核心观点就是：思维与存在是同一的，主观与客观在理念中被统一。

在第二部分“自然哲学”中，黑格尔要处理力学、物理和有机学的问题。但是黑格尔不是要取代科学家的工作，而是要讨论理念和自然的辩证关系。在黑格尔看来，自然没有独立意义，它只是精神发展的一个环节，而精神是自由的，它必然要摆脱自然的桎梏，重新回到自身。

于是必然进入第三阶段，即“精神哲学”。这一阶段也分为三个部分：主观精神、客观精神和绝对精神。主观精神异化出一个外在于自己的客观世界。这个客观世界不是物质的自然，而是精神、文化的世界，即法律、道德、国家。随后精神又扬弃自身的异化，返回自身，这就是绝对精神，即艺术、宗教、哲学。

也许“三”是黑格尔最喜欢的数字，因为他的辩证法也是以三个环节构成：正题、反题以及合题。如果一定要用一个通俗易懂的例子来说明“正反合”的话，我们可以想象这样一个场景：妈妈对儿子说：“你一定要吃蛋黄。”而儿子说：“我不喜欢吃蛋黄，只喜欢吃蛋白。”两人谁都不肯让步，眼看着饭就要吃不成了，这个时候外婆想出个办法：“我给你做一碗蒸蛋羹吧。”在这个场景里，妈妈让儿子吃蛋黄是正题，儿子拒绝是反题，而外婆的解决方法就是合题。最终，小朋友既不是在吃蛋黄，也不是在吃蛋白，而是另外一种综合了蛋白与蛋黄，形态味道又完全不一样的蛋羹。

黑格尔的辩证法被融合进他哲学的每一部分，这在《精神现象学》中体现得十分明显。这本书表明了从最低意识到绝对知识要经过一个漫长曲折的过程，因此可以把《精神现象学》看作黑格尔哲学体系的导言和序幕。以往的学者在解读《精神现象学》的时候，都不约而同地提出：读这本书，就像是在看一个人精神成熟的过程。或者说，《精神现象学》描述的就是精神本身的发展逻辑和内在结构，而这样一个逻辑和结构，最终要体现为它在历史中的展开，正如黑格尔历史哲学所展现出来的那样。

II 实体即主体

如果用一句话来概括黑格尔在《精神现象学》里到底干了什么？可以说，黑格尔是在向我们展现整个人类的意识发展史，或者说是精神发展史。通过辩证法，黑格尔要展示意识经过矛盾发展过程，达到现象和本质的同一。

不过要明确的是，黑格尔所使用的意识和精神这两个词，意义相差很大，而且都有狭义和广义的区别。广义的意识包括一切人类的活动，自我意识、理性、精神、绝对精神都可以说是意识的各个环节。同样，最为广义的精神，则包括意识，自我意识、社会意识和绝对精神各个环节。黑格尔在《精神现象学》序言“论科学认识”中提出了一个非常重要的观点：“一切问题的关键在于：不仅把真实的东西或真理理解和表达为实体，而且同样理解和表达为主体。”概括成一句话就是“实体即主体”，或者又被翻译为“绝对即主体”。

“实体”这个概念在近代西方哲学中被哲学家们无数次加以阐释。一言以蔽之，实体就是真正实在的东西。黑格尔反对实体和思维的对立。他相信实在的内在本质是人类理性可以达到的，因为联结实体、自然、精神的就是思想自身，而且人的思想一直处在辩证运动的过程中。由此，黑格尔将实体囊括进思维之中。不仅如此，实体不是静止不动的，而是活的，它在自然中外化自身，并且重建自身的同一性。换句话说，实体是现实的（wirklich），是能够在现实世界中展开自身、获得丰富内容的。

要理解这一点必须先了解黑格尔的辩证法。以往人们不知道辩证法是用来做什么的，这其实与黑格尔如何理解运动和变化有关系：黑格尔反对用浪漫主义的方式来理解变化。当时，德国浪漫主义和神秘主义都认为，世界的终极变化是非理性的，因此无法用逻辑的方式表达出来，甚至无法用语言传递，而要诉诸神秘体验，或者神的启示。用语言无法表达的东西就不能成为对所有人开放的知识，所以黑格尔坚决反对这种所谓启示的知识。他要用非常形式化的语言来描述变化。这种高度形式化的语言和叙述方式，黑格尔后来把它称作“逻辑学”。黑格尔的辩证逻辑区别于形式逻辑，它是对整体的一种把握。

黑格尔为什么要用辩证逻辑呢？这要从形式逻辑的特点说起。形式逻辑有三个基本定律：同一律、矛盾律和排中律，它们也可简化为三个公式：A=A，A 不是非 A，A 与非 A。这三个定律中必有一个为真。在形式逻辑中，一个对象，例如 A，要保持一定的恒定性，也就是说，一个对象始终就是它自己。但是问题是，形式逻辑不太能处理变化问题。例如，一颗种子变成一棵树。按照形式逻辑，如果说原来的种子是 A，从它长出来的树一定不是 A，但其实两者是有关联的，它体现的是运动的不同环节。这里涉及黑格尔哲学中的一个重要概念——**扬弃（德语：Aufheben；英语：sublation）**。扬弃，既是消灭，也是保留，它使得辩证法中的"合题"成为可能。一颗种子发芽，长成了一棵树，原来那颗种子是不是没有了？种子是消失了，但是种子变成了大树。它不是被消灭了，它以往的所有要素都包含在这棵树里面。反过来，如果种子没有抛弃自己原来的形态，没有进行自我否定，就不会有后来的参天大树。需要说明的是，辩证逻辑是用来说明精神活动的内在动力，以及人类历史的整体发展的，所以很难直接运用每个具体的事件上。就好像，黑格尔发明了一把大刀来解剖人类历史，你现在却想用来绣花，显然是不合适的。

III 主奴辩证法

整部《精神现象学》最有名的部分可能就是第四章中的著名概念：主奴辩证法。这也是黑格尔辩证逻辑应用的一个经典例子。

黑格尔在第四章中探讨的是自我意识（self-consciousness）。黑格尔认为，人要确立自我意识只能通过有异于自身的外物反观自身。换句话说，一个人如果一出生就生活在空无一物的房间里，完全不接触任何人或事物，那么他 / 她是无法建立自己的自我意识的。此外，自我意识的建立还有一个重要环节，那就是得到另一个自我意识的确认，而这种承认往往是相互的。那么是否可能只存在固定的承认者和被承认者，或者说，这种对自我意识的承认是否可能只是单向的?

黑格尔给出了一个假设：在原始社会里发生了一场战争，其中战败的一方自愿当奴隶，来保全自己的性命，获胜的一方也欣然成为了主人。其实，奴隶与主人是相互成就的，如果主人失去了奴隶，那么他就一无所有。但是主人的地位是获得奴隶承认的，而奴隶却不能得到主人的任何承认。长此以往，主人习惯了发号施令，坐享其成；而奴隶从事劳动，对外物“加工改造”，创造财富供主人享受。就在对外物进行改造的过程中，奴隶渐渐具有了自我意识。他开始在自己的创造物中认识到了自己。相反，主人完全依赖奴隶生活，奴隶不但创造财富、支配财富，也进而逐渐支配主人。最后，主人和奴隶的关系颠倒了过来，主人成了奴隶，奴隶成了主人。通过主奴辩证法，黑格尔也证明了，其实任何事物在发展过程中，由于自身内在的矛盾运动都要变成自己的对立面。

黑格尔认为，哲学在他那里终结了。他是最后一个百科全书式的思想家，也是最后一个体系哲学家。之后的马克思与存在主义哲学都深受黑格尔哲学的影响。黑格尔成为了现代哲学绕不过的一座高山。

延伸阅读

1.［德］黑格尔：《精神现象学》，贺麟、王玖兴译，上海：上海人民出版社 / 世纪文景，2013 年。

2.［英］斯蒂芬·霍尔盖特：《黑格尔导论》，丁三东译，北京：商务印书馆 / 三辉图书，2013 年。

3.［澳］彼得·辛格：《黑格尔》，张卜天译，南京：译林出版社，2015 年。

4.［美］弗雷德里克·拜塞尔：《黑格尔》，王志宏、蒋佑福译，北京：华夏出版社，2019 年。

5.［德］黑格尔：《法哲学原理》，张企泰、范扬译，北京：商务印书馆，1997 年。

12

黑格尔《历史哲学》

历史有规律和目标吗？

阅读挑战

黑格尔

在《历史哲学》的导言中，黑格尔清晰阐述了他所认为的整个人类历史的方向和目标："世界历史不过是自由意识的进步罢了。"这句话为全书设定了主题。

—— 彼得·辛格《黑格尔》

引言

+ BBC 曾做过一个调查，询问受访者，如果可能的话，你愿意回到西方历史上的哪一个时代？我们中国人似乎总是有“梦回大唐”的情结，而 BBC 的调查结果显示，西方人最愿意回到提香生活的威尼斯。西方人认为那个时代虽然没有大一统的帝国，但是威尼斯人生活安乐富足，物质和文化生活都非常丰富。那么古人真的比我们生活得更幸福吗？我们对过去的想象总是被理想化了。单纯从生活质量看，我们现在的普通百姓生活得也比古代帝王要好。

这里涉及了一个基本哲学问题：人类一直在进步吗？我们人类作为一个物种存在有五六万年了，但是人类的所有文明几乎都是在过去一万年里出现的。尤其是在过去的一百年间，人类的物质生活发生了翻天覆地的变化，但我们同样要问，过去一个世纪中的两次世界大战、奥斯维辛集中营、中东战乱、环境恶化等触目惊心的现实又在何种意义上表达了“进步”？

哲学家对人类是否在进步有截然不同的看法。柏拉图在《理想国》中描述了一个希腊人的退步历史观，他认为人类从黄金时代不断退化成白银时代，然后是青铜时代，最后是黑铁时代；马克思则提出了完全相反的观点，他给出了人类社会发展的五阶段论：原始社会、奴隶社会、封建社会、资本主义社会、社会主义社会。

其实这些问题都属于哲学中的一个分支——历史哲学——的核心问题。历史哲学还要继续提问，历史是必然的还是偶然的？推动历史前进的是个人还是集体？我们能从历史中看出什么普遍的原则吗？又是什么力量在推动人类历史进程？如果德国古典哲学家黑格尔活过来，他一定会说，历史是有规律和目标的。他在《历史哲学》中对这些问题的回答，可能对今天的人们仍然具有启发意义。

I 辩证的历史哲学

黑格尔属于典型的思辨历史哲学的代表。在他的历史哲学中始终贯穿了正题—反题—合题“三段式”，这是精神在历史中展开自身又认识自身、回归自身的循环。这同样是一个“扬弃”的过程。在黑格尔眼中，历史奔向的目的地是人类对自由的普遍认知和自由的普遍实现。

黑格尔的历史哲学主要体现在他的历史哲学讲演中。《历史哲学讲演录》是他从 1822 年开始在柏林大学讲授历史哲学课程时使用的底稿。黑格尔思想的一个重要特征就是逻辑与历史的统一，所以黑格尔的历史哲学是进入他宏大思想的一条路径。历史哲学能够让我们看到，在摆脱了历史偶然性之后，那种纯粹的精神发展的过程。对于人类而言，这种精神就是自由，而人类的历史进程其实就是认识自由并实现自由的过程。最终，“自由”这一概念将彻底成为现实，精神在世界中实现自身。

黑格尔把一般说的历史分为三类。第一类是原始的历史，也就是对史实的真实记录，西方历史学家希罗多德、修昔底德就是其中的杰出代表。第二类是反思的历史，历史学家要从自己的立场和需要出发，去统合历史。这也是人们现在看到的大多数历史著作的形式。第三类是哲学的历史，这是历史哲学对世界历史的思想考察。用黑格尔自己的话来说就是：“历史哲学不外是对历史的思维的考察罢了。”甚至有学者说，黑格尔的哲学全部都是精神哲学，也全部都是历史哲学。两者是相辅相成的。

II 世界历史进程的时期

在黑格尔看来，人类整体的历史像绝对精神的展开、演进一样，是有内在环节与阶段的，而精神的核心就是自由。黑格尔将整个世界历史划分为三个时期，这些不同阶段是“世界历史展现了精神的、自由意识的，以及那种自由随之而实现的发展过程”。

第一个时期是专制时期。当时东方各国——包括中国、印度、波斯和埃及——是世界历史的起点。所谓的专制时期有一个特征：除了专制君主之外，所有人都是绝对不自由的。人们当时根本认识不到“自由”为何物，而君主看似自由的状态也是非理性的自由，正如黑格尔所说：“这一个人的自由只是放纵、粗野以及热情的兽性冲动。”在东方专制时期，臣民对君主的关系是绝对信仰和服从，主体意识尚未觉醒，个人并不知道自己拥有独立自主的意识和判断。安排生活的原则都是基于习俗，因此法律和道德是不加区分的。

世界历史的第二个时期是古希腊和古罗马时期。当时人们采用了民主政体和贵族政体，使得拥有公民权利的少部分人看似是自由的。但是在黑格尔看来，这依旧不是真正意义上的自由。古希腊城邦中的公民虽然能够自由地参与公共事务，但这并不是源于一种抽象的自由原则而产生的自由意识，而是源于对习俗的尊崇。不论是古希腊人还是古罗马人依旧会依靠外部的力量——神谕——来决定自己的行动。但是人们不能忘记，古希腊也是哲学的诞生地。德尔菲神庙的神谕“认识你自己”在苏格拉底的眼中就是对批判意识和反思意识的召唤，这是自由的开端。

第三个时期是日耳曼世界的君主政体时代。黑格尔很奇怪地把中世纪以来的历史阶段统称为“日耳曼世界”。这其实是因为黑格尔把重点放在了马丁·路德的宗教改革上。宗教改革倡导“个人独自面对上帝”，才使主体自由意识的普遍觉醒在接下来的三个世纪中成为可能。在黑格尔看来，那时德国就处在世界历史发展的终点和最高峰。

在这个浩浩荡荡、目标明确的世界历史大道上，各个民族好像在进行一场追逐接力赛跑。人们也可以把世界历史的各个时期类比为人生：东方的专制时期是童年，古希腊的民主时期是青年，古罗马的贵族制度时期是成年，而日耳曼世界的君主政体时期则是老年。如果人类确实是在进步，那也是在“自由之实现”这一角度上而言的。

III 时势造英雄，还是英雄造时势？

历史上经常会思考这样一个问题：究竟是时势造英雄，还是英雄造时势呢？黑格尔对此的基本观点是：个人被理性所利用，去实现世界历史的使命。好像冥冥之中，理性自有其安排。这就是著名的“理性的狡计”（List der Vernunft）——人的自私，是推动历史的无意识动因，而“这种理性的狡计，驱使激情来为它自己工作”。黑格尔在《精神现象学》中就提出了“狡计”这个概念。1817 年，他在《小逻辑》中明确提出了“理性的狡计”这个关键词：“理性是有机巧的，同时也是有威力的。理性的机巧，一般来说，表现在一种利用工具的活动里。这种理性的活动一方面让事物按照它们自己的本性，彼此互相影响、互相削弱，而它自己并不直接干预其过程，但同时却正好实现了它自己的目的。”后来黑格尔在《历史哲学》中进一步充实了这个观念。普遍的理念好像一个高明的导演，他虽然不直接介入剧情的发展，却让每个演员在实现自己意图的过程中，在无意中实现了他的大意图。

黑格尔认为，历史的现实主体只有两类人：一类是盲目的个人，也就是普通群众；另一类是少数的世界历史个人。普通群众都是为自己的私利所主导的。他们大多比较短视，只能看见自己短期内的利益，所思所想也无非是怎样让自己过得更舒心快活。黑格尔还有一句名言：奴仆眼中无英雄。这不是因为英雄不是英雄，而是因为奴仆只不过是奴仆。

世界历史个人，例如拿破仑那样的一代枭雄，本质上也并非圣人，但与普罗大众不同，他们的激情往往要超过一般人，所以他们能够不惜个人牺牲，愿意放弃自己的幸福和快乐，在历史的关键时刻发挥作用。他们把握了世界历史运动的脉搏，或者说，他们对激情的发挥刚好和时代的进步趋势吻合。在黑格尔看来，理性恰恰利用了人的激情，来实现它自己的目的。而反过来，如果没有在历史大潮中的个人，历史本身也是缺乏动力的。

总体而言，在黑格尔看来，英雄和时势相互造就，但它们的背后都有一个伟大而隐秘的绝对精神在起作用。法国哲学家科耶夫甚至提出，黑格尔才是拿破仑的自我意识。

黑格尔在《法哲学原理》中写下一段十分著名的文字："哲学是对世界的思考，只能出现在现实结束其形成过程，成为过去之后。哲学史告诉我们：唯有现实完全成熟之后，观念之物才能变为现实的对立物……密涅瓦的猫头鹰唯有到黄昏方能起飞。"[1]历史是理性自我发展过程中不可避免地达到精神自觉的过程，或者说是精神理解自身的过程。对黑格尔来说，历史好像一张被折成一团的纸，如果不把它彻底展开，就只能看到它的局部，这样就没法彻底理解历史的完整意义。历史不是偶然事件的叠加，也绝对不是一个毫无目标的过程，它朝着自由的方向进展。黑格尔就像是站在高山之巅注视着这一切。

黑格尔是最后一个体系哲学家，或许他创建的哲学体系也是哲学史上最为庞大的。巨人倒下之后，他的身躯化为众多后来的批评者和继承者。这些人中包括尼采、克尔凯郭尔、马克思、德里达、福柯等著名哲

1 密涅瓦是罗马人的智慧女神，在古希腊时代被称为雅典娜。这个女神身边总有一只猫头鹰伴随，是智慧的象征。

学家，而黑格尔的死亡也成为了一个界碑式的事件，西方哲学也逐渐从近代进入现代。

延伸阅读

1. [德] 黑格尔:《历史哲学》，王造时译，上海：上海书店出版社，2006 年。

2. [美] 特里·平卡德:《黑格尔传》，朱进东、朱天幸译，北京：商务印书馆，2015 年。

3. 李秋零:《德国哲人视野中的历史》，北京：中国人民大学出版社，2011 年。

13

罗素《逻辑与知识》

“当今法国国王是秃头”这句话有什么问题？

阅读挑战

罗素

讨论当今法国国王是否是秃子。我们（指与怀海特）发现，许多复杂的不同因素都与这个有趣的问题相关，这让我们大吃一惊。我们后来认为，尽管当今法国国王没长头发，他却不是秃子。有经验的人可能推知，他戴着假发，但是这样的推论是错误的。

—— 瑞·蒙克《罗素传》

引言

+ 我们说的每一句话里都包含了一些词汇。有些语词指向的对象往往是看得见、摸得着的，但有些词汇所指的对象却纯属虚构，比如圣诞老人、伏地魔等。有的时候，相同的语词对不同的人而言具有不同的含义，甚至一个区域的人所习惯的表述在另一个区域却无人能懂。这里就出现了一个基本的哲学问题：语词、句子和世界是怎样的关系？语言能否做到精确，不产生歧义？

这个难题在英国哲学家罗素眼中就聚焦于这样一句话：当今法国国王是秃头。从语法上来说，这句话毫无语病，但是我们似乎也不能说这句话是对的，因为我们知道现在的法国是一个共和国，并没有国王，所以这句话好像什么都没有说。那么如何才能走出这个怪圈呢？罗素执着地要解决这个难题，甚至为此写了一本书。为了帮助大家理解这个略微有点烧脑的难题，我们需要从 20 世纪的语言学转向开始谈起。

I 语言学转向的开端：晨星就是昏星吗？

以前的哲学都忽视了语言本身，然而人的思想是通过语言来表达的，语言是人沟通和联系外部世界的桥梁，因此一些 20 世纪的哲学家认为，人们以往因为忽视了语言的逻辑形式本身，造成了很多语言的“误用”，产生了不少没有意义的讨论。为了能够继续有意义地进行哲学工作，人们要对语言本身进行检查。就好像在工作之前，对自己的工具进行检查一样。这个发生在 20 世纪哲学界的重要转变，后来被称为“语言学转向”（linguistic turn）。

一般来说，语言哲学家分为两类：一类是逻辑分析派；另一类是日常分析派。逻辑分析派认为，最重要的是要找到语言中的逻辑形式。他们中的一些人甚至有一个激进的想法：放弃我们日常使用的语言，构造出一种类似计算机语言那样精确无误的人工语言。伯特兰·罗素（Bertrand Russell）就是逻辑分析派的代表人物。日常分析派的看法与之相反。他们认为，语言只是被哲学家们当作了游戏的玩具，本身并不存在什么问题。

在进入罗素的思维世界之前，我们需要做一点铺垫，介绍一下被誉为“数理逻辑和分析哲学奠基人”的德国哲学家**弗雷格**。弗雷格最为关心的是逻辑问题。对逻辑学来说，最根本的任务就是要判断一个句子的真假，而要判断一个句子的真假，首先需要明白句子的含义，而要明白句子的含义，最基本的就是要明白每个词的意思。

1892 年，弗雷格发表了一篇重要的论文《意义与指称》（德语：*Über Sinn und Bedeutung*；英语：*Sense and Reference*）。这篇论文可以说是石破天惊，拉开了 20 世纪语言学转向的序幕。为什么这么说呢？首先要明确，弗雷格所说的“意义”和“指称”分别是什么意思。在这篇论文里，弗雷格引入了一个天文学的例子——“晨星”和“昏星”。晨星，就是早上出现在地平线上的一颗星，而昏星则是傍晚时最早出现的一颗星。我们现在知道它们所指的其实都是金星，但是古人并不知道，他们认为在早晨和傍晚出现的是两颗不同的星星。在这个例子里，“晨星”和“昏星”这两个词，就是弗雷格所说的“意义”，也可以叫作含义或者内涵。这两个词指向的对象，也就是金星，是它们的指称，也可以叫作外延。在弗雷格之前，人们普遍认为一个词的意义就是它的指称。也就是说，大家并没有把一个词的内涵和外延进行严格的区分，认为它们就是一回事儿。弗雷格却说，虽然晨星和昏星的指称是一样的，但它们的意义显然是不一样的。

弗雷格用了一个比喻来说明意义和指称之间的差异。比如，一个人用望远镜观察月亮。月亮本身就是指称，也就是对象，但是月亮投射在望远镜镜片和观察者视网膜上的图像显然不是月亮本身，而这些图像就好比是人们使用的内涵。不过弗雷格认为，我们在使用语词的时候，已经预设了语词指向的对象存在。或者说，一个语词要有意义，它要有它指向的对象。于是，当我们说出“金山”“独角兽”“圣诞老人”的时候，都预设了它们是存在的。但是后来，罗素明确反对了这个观点。

II 摹状词理论：法国国王是秃头吗？

罗素的哲学立场被称为“逻辑原子主义”。罗素早年在剑桥求学的时候就发现，历史上一些伟大的哲学家常常会让人们陷入语言的迷魂阵，有时候他自己也不清楚自己在说什么，所以他要回到由数理逻辑支配的常识领域里去。罗素设想了一种原子主义的理想语言。在这种语言中，语词和对象是一一对应的。也就是说，一个简单对象，只能有一个对应词，它们像原子一样是彼此独立，不可还原的。比如“苏格拉底”这样的主语、“红”这样的谓词都不能再被进一步分析。当我们在陈述例如“一只红苹果”这样最简单的事实之时，这个事实就被称为“原子事实”，陈述原子事实的命题就被称为“原子命题”。除此之外，在这套语言中，还需要一些逻辑词汇（例如“和”“或者”“不”“如果”等）来搭建最基本的语言结构。罗素看到，我们日常使用的语言是含糊的、不准确的，所以他和很多逻辑学家一样，试图建立一种精确、不会产生误解的语言。这样不仅人和人之间的沟通不会再产生误会，语言的意思甚至可以用计算机进行运算。

罗素的一大贡献就是区分了日常语言中的专名和摹状词。这是他在1905年的一篇论文《论指称》当中提出来的。什么是专名，什么是摹状词呢？专名（proper name）也就是独一无二的名称，它只指向唯一的对象。例如，“卡尔·马克思”“唐纳德·特朗普”或者“郁喆隽”，这些名称都指向特定的一个人，因此它们都是专名。摹状词（description）不是一个特有的名字，而是对一些属性的描述。例如“金山”这个词就表示两个属性的叠加：既要是一座山，又必须是由金子构成的。金山虽然是可以想象的，但在现实中，我们还没有发现过这样一座金山。还有一些摹状词，不仅在经验中不存在，而且是你根本无法想象的，例如“方的圆”。

我们的日常语言经常把专名和摹状词混淆起来。对此，罗素提出了那个著名的例子：“当今的法国国王是秃子。”“当今的法国国王”就是一个限定摹状词，而不是一个专名。但是很多人，错把这样的摹状词当成了专名，好像“当今的法国国王”这个短语能够指向某一个特定的对象，但在罗素的时代法国早就没有国王了，这个限定摹状词指向的对象是空的。换句话说，限定摹状词是可以没有指称的，可人们一旦把它误认为是专名，就会自然而然预设它有所指的对象。“当今的法国国王是秃子”这句话的否定命题，并不是“当今的法国国王不是秃子”。事实上这句话有两种否定形式。第一种是“不存在一个现在的国王”；第二种是“如果法国现在有国王的话，他不是秃子”。罗素建议，把“当今的法国国王是秃子”这句话，改写为一个命题涵项：有这样一个个别对象，比如说 C，它使得：1）有一个对象是现在的法国国王；2）有且只有一个对象与 C 等同；3）C 是秃子，这三个条件能同时得到满足，就不会造成任何误解了。由此，罗素认为限定摹状词“造成了大量含混，成为诸多谬误哲学的根源。之所以出现这种混乱局面，是因为人们被语法引入了歧途”。

III 亲知和摹状知识

罗素把人类的知识分为两类：第一类他称之为“亲知”，就是我们直接觉察到的东西，是直接的知识。亲知既不需要推理，也不需要其他的媒介。例如，我吃了一粒糖，感觉到它的甜味，这个就是亲知。罗素认为，除了感觉材料之外，人的回忆和内省归根溯源也都是来自亲知。在这一点上，罗素显然受到了英国经验主义的影响。第二类是摹状知识。所谓摹状知识，就是一种语言表达式。罗素将摹状词区分为模糊的和限定的。例如，“一只猫”是模糊摹状词，它并没有明确的指向，而“这只猫”就是限定摹状词。

罗素有一个基本信念：一个命题只要是可理解的，就必须包含亲知的成分。因为，我们只有通过亲知，才能建立起和事物的直接接触。例如，21 世纪的人一定没有亲自见过秦始皇，我们关于秦始皇的知识全都是从史书中来。几乎所有的历史记载都是罗素所说的摹状词。但是，如果我们一直向前追溯，去找这些摹状词的根源，一定会找到秦始皇的近臣、宫廷侍卫、负责记录的史官等人对秦始皇的亲知。换句话说，摹状词传递的都是间接知识，但是一个摹状词是否有意义，取决于它是否建立在直接通过亲知认识的感觉材料上。然而，一些罗素称之为“逻辑专名”的专名是无法被摹状词表达出来的。比如专门用于指涉对象的“这”“那”就是如此。

罗素对知识的二分，其实本质上是要建立起一条有效的知识链条。摹状词就好像是一条环环相扣的链子。这条链子可以很长，但是如果你不断往上寻找，这条链子的开端一定是亲知。换言之，间接知识必然要建立在直接知识上，这样知识大厦的根基才是稳固的。

罗素说过这样一段话：“对爱情的渴望，对真理的追求，和对人类苦难不可遏制的同情心，这三种简单而又强烈的感情支配了我的一生。”对罗素而言，语言其实就是对真理的追求过程中，最重要的部分。

延伸阅读

1.［英］伯特兰·罗素：《逻辑与知识》，苑莉均译，北京：商务印书馆，1996 年。

2.［英］瑞·蒙克：《罗素传》，严忠志、欧阳亚丽译，杭州：浙江大学出版社，2016 年。

3.［英］罗素：《中国问题》，秦悦译，上海：学林出版社，1999 年。

4.［英］罗素：《幸福之路》，吴默朗、金剑译，北京：中央编译出版社，2009 年。

14

弗洛伊德《梦的解析》

做梦意味着什么?

阅读挑战

弗洛伊德

这是《梦的解析》出版后不久，弗洛伊德在一封寄给朋友的信中所作的评论："你认为某一天一块刻着如下字样的大理石碑会被放置在房子中吗：

1895 年 7 月 24 日，在这所房子中
西格蒙德・弗洛伊德博士
揭示了梦的秘密

但目前看起来似乎没有什么希望。"

—— 乔纳森・里尔《弗洛伊德》

引言

+ 每个人都做过梦，有些是让人恐惧的噩梦，有些则是令人陶醉的美梦。这也是做梦的一个特点：只有当你从梦中醒来的时候，你才会意识到刚才是在做梦。梦中的一切似乎都是那么缺乏逻辑，离奇混乱，但又充满欲望……因此，很多人将梦作为人类非理性能力的代表，认为梦境是无意义的，而且避之唯恐不及，希望自己快一点从梦中醒来。

19 世纪中后期，距离启蒙运动如火如荼的时代已经过去了百余年。欧洲人高举着理性的大纛，在机械有规律的轰鸣声和科学家们精巧的推演数算中，愈加确证，自己是命运的掌控者。直到一个人的出现，他将长久以来人们用理性编织而成的认知图景撕开了一道裂口。他作为一名医生，一个理性的个体，却宣称：人在本质上是受深层欲望驱动的非理性存在。这个人就是奥地利心理学家西格蒙德·弗洛伊德。他的《梦的解析》成为继哥白尼和达尔文之后，发动人类思想史上第三次革命的契机。

I 弗洛伊德的夏夜之梦

1895 年的一个夏夜，在一座能俯瞰维也纳城的小山丘上，西格蒙德・弗洛伊德（Sigmund Freud）即将揭开人类梦境的奥秘。他做了一场梦，梦境中的主人公是他正在治疗的一位女病人伊玛。这个病人比较棘手，倒不是因为伊玛得了什么疑难杂症，而是因为伊玛的家族和弗洛伊德的家族是故交，所以弗洛伊德倍感压力。一段时间后，伊玛的病并没有获得理想的治疗效果，治疗便终止了。有一天，弗洛伊德的同事奥多在拜访了这位女病人后说："她看起来好一些了，但仍然没有多大的起色。"弗洛伊德觉得他好像话中有话，似乎是在指责自己是个庸医，故而心情不佳。他虽然嘴上对奥多没有说什么，但是当晚他就把对伊玛的治疗过程写了一封长信，寄给了另一位同行 M，想让这位同行知道，他的治疗方法没有什么不妥之处。

没过多久，弗洛伊德就做了一场梦：他站在一个大厅里接待很多客人，伊玛也在其中。弗洛伊德一开始抱怨伊玛没有按照他的方案接受治疗，接着又为她检查了口腔，发现有一块块白斑，于是弗洛伊德又叫来了 M 医生，让他重新为伊玛检查。M 医生得出的诊断结果是，伊玛身上的异常是由细菌感染导致的，而细菌感染的原因竟是奥多用不够干净的针筒给伊玛打过一针。

醒来之后，弗洛伊德立刻把自己的梦记录了下来，并进行了自我剖析。他发现，那场梦其实是前几天所思所想的变形和补偿。因为对奥多那一句"弦外之音"耿耿于怀，他内心非常想把没有治好伊玛的责任归咎到奥多身上。于是在梦中，弗洛伊德把责任转嫁给了奥多，为自己开脱，实施了梦境中的报复。正是对自己梦境的分析，使得弗洛伊德意识到梦是具有意义的，而且绝不是一般作者所说的，梦只是脑细胞不完整的活动产品。相反，一旦释梦的工作能够完全做到，就会发现梦代表了一种愿望的达成。

II 意识是一座三层楼房

1900年，旷世奇作《梦的解析》（*The Interpretation of Dreams, Die Traumdeutung*）德文初版问世。在弗洛伊德以前，人们一直都认为梦境与超自然力量间有剪不断、理还乱的关系，或说梦境的内容来源于鬼神，或说梦境是对未来的预兆，在中国民间也经常能听到"托梦"的说法。弗洛伊德却试图对光怪陆离的梦境做出分析。《梦的解析》扉页上有一句题词，是来自维吉尔《艾乃伊特漂泊咏》叙事诗第七卷第312行的诗句："假如我不能上撼天堂，我将下震地狱。"然而弗洛伊德引用这句话，和宗教中的天堂或地狱没有关系，这里的天堂和地狱指的是人的意识结构以及意识的压抑作用。

精神分析的大厦就建立在弗洛伊德的一个伟大发现之上：人类的意识中存在压抑现象，压抑的对象就是原欲。所谓原欲也就是大家耳熟能详的力比多（libido）。人们常常对力比多有一个过于狭隘的理解，以为力比多所指的仅仅是性欲，然而性欲是力比多的核心，但绝非全部。一方面，力比多被认为具有特定的数量，它的运作也是符合一定规律的；另一方面，力比多来源于"生之本能"（life drive），这种本能不单单指满足口腹之欲或者性欲的本能，还指涉人与人之间相爱、相互联结以及繁衍的本能。或许你会问，既然力比多源自生之本能，是人类行为的驱动力，那么我们为何要压制它呢？因为力比多最大的特性就在于无所顾忌，永不知足。在现实生活中，人怎么可能每时每刻只想着满足自己的欲望呢？显然，任何一个具有正常社会功能的人，他的力比多都处于被压制的状态。

为了更好地表述他的意识结构理论，弗洛伊德给出了一个非常形象的比喻。人的意识好比是一幢三层楼的房屋。最高一层住着人类意识中最安静、最守秩序、最高尚的一家人；住在二层的是前意识一家，也同样是安静本分的一家人；最底层住的却是非常闹腾的潜意识一家，他们异常粗鲁、没有文化教养，容易冲动，而且经常吵闹不安。不过，在一层通往二层的楼梯上有一个看门人，他的主要任务就是防止潜意识跑到楼上去打扰意识。但是，这个看门人有时会因为比较劳累，就放松了警惕，让潜意识有了可乘之机；潜意识有时还会将自己乔装打扮一番，便可以骗过看门人跑上楼了。这个看门人被弗洛伊德叫作“压制作用”。

为了理论的完整性，弗洛伊德将意识结构同他著名的人格结构一一对应：这三层楼就分别对应超我、自我和本我。对应着前意识的自我（ego）逐渐形成于一个人的童年时期，是精神运行的结构。通过自我的规范，人才能不脱离于社会现实。在最底下一层的是本我（id）。力比多就包含于本我之中，因而本我包含着极为不合理、荒谬的成分。在最上面一层的是超我（superego），它代表了社会规范、伦理道德、价值观念等，像是孩子们心中的严父。弗洛伊德有这样一个著名的比喻：“自我和本我的关系可以比作骑手和马的关系。马提供运动的动力，而骑手有权决定目标并引导强大动物的运动。但在自我与本我之间却常常产生以下不大理想的情况：骑手被迫按照马想走的方向前进。”

III 梦是愿望的达成

了解了弗洛伊德的基本理论就会明白，梦境其实是一种“无意识观念”，它们具有当事人并不知晓的意义。弗洛伊德在《梦的解析》第三章里说：“梦，并不是空穴来风，不是毫无意义的，不是荒谬的，也不是部分昏睡、部分清醒的意义的产物，它完全是有意义的精神现象。实际上，它是一种愿望的达成，它可以说是一种清醒状态精神活动的延续，它是高度错综复杂的理智活动的产物。”在梦境中，被压抑许久的潜意识好不容易逮到机会绕过看门人，放肆了一回，这就是弗洛伊德所说的：“一个梦是一个被压迫的愿望之假装的满足，它是被压制的冲动与自我的检查力的阻挠之间的一种妥协。”

事实上，弗洛伊德是通过自己的体验，得出这个结论的。他在当医生的时候，工作非常繁忙，所以一直想能够多睡一会儿。就是在那个时候，他经常梦见自己已经起床梳洗，不再因为没有起床而焦急，也因此能继续酣睡。他说：“梦形成的动机往往是一个想要获得满足的愿望；而它们不被认为是一种愿望的原因及其具有的很多特点以及荒谬性，都是缘于在梦的形成过程里受到精神审查作用的影响。”这个原则被称为“梦是愿望的达成”。

IV 欲望不得满足才会有文明

通过压制作用，弗洛伊德推导出了一个令当时的人们大跌眼镜的结论：儿童是具有性意识的存在。他还进一步提出了一个重要假设：人的性欲始于婴幼儿时期，只不过儿童的意识与无意识还尚未分开。随着孩子接受父母的教化，他们的性心理也相应进入了不同的阶段，那就是弗洛伊德的性心理五阶段模型：口唇期、肛门期、性器期、潜伏期和生殖期。性器期标志着儿童的性本能从无目标性（即没有具体对象）发展到稳定地指向一个外在事物，也正是在这一阶段开始出现俄狄浦斯情结

(Oedipus complex)。借用古希腊俄狄浦斯王的神话原型，弗洛伊德描述了这一阶段男孩爱恋母亲、嫉恨父亲，以至于想弑父并取而代之的欲望。出于对父亲的强力的恐惧——阉割焦虑，男孩只能压抑对母亲的性欲，并将父亲内化为超我的一部分。

如果用弗洛伊德的理论来看人类的文明，会得出很多有意思的观点。例如，弗洛伊德认为，没有得到满足的欲望，在升华后就产生了艺术和文学。艺术家将他们婴儿期的性欲，以一种不是本能的方式加以使用和释放。以往被认为十分高大上的艺术，例如音乐、雕塑和绘画，在弗洛伊德看来，它们的基本动力依然来自原欲。仔细想想，弗洛伊德的观点也不无道理，因为真正天才的艺术家正是在用图像、音乐去表达人类用语言无法表达的内容。弗洛伊德的最后一部著作《摩西与一神教》提出了一种宗教起源的理论。他认为，宗教起源于人类的无助感。人在面对无助的时候，会自然地从父亲的形象那里寻找保护和帮助。正是因为这种深层次的心理需求，人类才会创造出宗教中神的形象。

延伸阅读

1.［奥］弗洛伊德：《释梦》，孙名之译，北京：商务印书馆，1996年。

2.［奥］弗洛伊德：《精神分析引论》，高觉敷译，北京：商务印书馆，1984年。

3.［奥］弗洛伊德：《精神分析引论新编》，高觉敷译，北京：商务印书馆，1987年。

4.［奥］弗洛伊德：《摩西与一神教》，张敦福译，北京：北京大学出版社，2015年。

5.［奥］弗洛伊德：《一种幻想的未来 文明及其不满》，严志军、张沫译，上海：上海人民出版社，2007年。

6.［美］乔纳森·里尔：《弗洛伊德》，邵晓波译，北京：华夏出版社，2013年。

7.［英］厄内斯特·琼斯：《弗洛伊德传》，张洪量译，北京：中央编译出版社，2018年。

8.［美］彼得·盖伊：《弗洛伊德传》，龚卓君、高志仁、梁永安译，北京：商务印书馆，2015年。

9.［英］安东尼·斯托尔：《弗洛伊德与精神分析》，尹莉译，北京：外语教学与研究出版社，2008年。

10.［英］贝特妮·休斯：《当代圣贤》第三集，BBC，纪录片，2016年。

15

维特根斯坦

《逻辑哲学论》《哲学研究》

好好说话为什么这么难？

阅读挑战

维特根斯坦

“学哲学有什么用，”维特根斯坦问道，“如果它给予你的一切，就是使你能够就深奥的逻辑问题谈论一些似是而非的道理，如果它不能使你更好地解决日常生活的重要问题的话？”

—— 瑞·蒙克《维特根斯坦传》

引言

马三立先生讲过一段著名的相声“逗你玩儿”。有一户人家，只有妈妈和小孩在家。小孩年纪不大，也就是 5 岁的样子。妈妈对小孩说：“我在屋子里干活，如果外边有人来，你就问他叫什么名字，然后来告诉我。”小孩说：“诶，我知道了。”有一天家里来了一个小偷，到院子里偷晾着的衣服，被小孩儿看见了。小孩儿就问他：“你叫什么名字？”贼回答说：“我叫‘逗你玩儿’。”于是，孩子跑进屋子里告诉妈妈：“院子里有个人。”妈妈问是谁，小孩儿回答说：“逗你玩儿。”妈妈以为孩子真的在和她闹着玩，就没当回事儿。等过了一会儿，妈妈来院子里收衣服时，才发现贼已经跑了，衣服也已经被偷走了。

这段相声的核心是语言和理解。语言在我们的生活中无处不在，但是很少有人深入思考过语言的本质和功能。我们经常会词不达意，也容易掉入语言的陷阱。那么，语言对我们而言意味着什么呢？它仅仅是一种沟通的工具吗？语言除了描述对象之外是否还有别的功能？语言是否有边界？在 20 世纪，奥地利哲学家维特根斯坦大概是对这个问题思考得最为深入的哲学家。

I 《逻辑哲学论》和语言图像论

路德维希·维特根斯坦（Ludwig Wittgenstein）可谓是20世纪哲学史上的传奇人物：他出身于奥地利钢铁大王之家，小学时和希特勒同班；第一次世界大战后他继承了巨额遗产，但又全部送人；他师从著名英国哲学家罗素，在论文答辩会上嘲笑罗素不懂他的论文，最终却轻松获得博士学位；他一直在思考自杀的问题，当过乡村小学教师、园丁、看门人，还有一段时间逃离人群，独自隐居了起来……

维特根斯坦生前只出版过一本学术专著，那就是首次发表于1921年的《逻辑哲学论》（*Tractatus Logico-Philosophicus*）。这本书中的大部分是维特根斯坦在战壕里写成的，全书的篇幅很小，只有两万多字，中文的翻译本也只有薄薄的几十页。但就是这么一本小书，凝结了维特根斯坦一生的心血。他一辈子都试图穿越语言的迷宫。他意识到人是无法脱离语言来思考的，或者说，语言就是我们思维的边界。

《逻辑哲学论》的主要思想被概括为"语言图像论"。整本书都在回答一个基本的问题：语言是什么？维特根斯坦的答案是：语言是对一件事情图像式的描摹。那么，维特根斯坦为什么会得出这样一个答案呢？据说，有一天维特根斯坦在读报纸。报纸上说，法庭用模型汽车来重现交通事故发生的过程。例如，用一辆模型卡车和一辆模型自行车来表示两者相撞。在这个模拟过程中有两组对应关系。首先，模型对应现实中的对象，即模型卡车对应现实中的卡车，模型自行车对应现实中的自行车；其次，模型之间的关系对应现实事件中的关系，即模型卡车撞倒模型自行车对应卡车撞倒自行车。维特根斯坦由此想到，这里模型所呈现出来的图像就等于是语言中的命题。命题中的各个部分和图像中的每个部分一一对应。换句话说，维特根斯坦认识到，语言、思想和世界三者之间具有同构性。因为具有相同的结构，所以语言才能用来描绘世界和思想。

不过维特根斯坦的思考不仅仅局限于简单的描绘，他还考虑到了逻辑中的可能世界。维特根斯坦区分了“事态”（Sachverhalt）和“事实”（Tatsache）。在他看来，任何一个图像仅仅是世界中的一种可能性。命题可能组合起来的方式（即事态）要远远多于现实发生的情况（即事实）。事态构成了一个逻辑空间，里面装着所有可能发生的事件，那是一个思想的世界，而事实才构成了一个现实的世界。我们还是用法庭上模型的例子来加以说明。例如，卡车可能撞倒了自行车，也可能没有撞倒自行车。但在现实中，两者必居其一。假使卡车撞倒了自行车，我们依然可以设想一个与事实相反的情况。我们同样也能想象其他可能的情况，例如，卡车上装了一辆自行车，或者卡车拖着自行车。不过，我们无法想象“卡车欺骗了一辆自行车”这句话的图像。由此，维特根斯坦给出了一种完全不同的本体论：世界的本质不是物，也不是精神，而是“事态”，也就是对象之间的关系连接。

维特根斯坦认为，语言是事态的图像，而不是语词所指的对象的图像。因此，基本的意义存在于图像之中，也就是在命题之中。我们之所以能与他人沟通，正是因为他人也能在脑海中“看到”我们用语言呈现的图像。人与人之间之所以会产生误会，或许就是因为他人没有办法理解我们语言所呈现的图像，这也有可能是“过分解读”所致。在“逗你玩儿”的相声中，小孩传达出了语词，但是没有传达出那个图像来，因此造成了妈妈的误解。

II 可说的和不可说的

正如人虽然无时无刻不在呼吸，却常常注意不到空气的存在，我们在日常交流的过程中也甚少关注语言本身，以至于忽略了一个重要的事实：语言本身是有其逻辑结构的。语言是我们理解、描绘世界，并与他人相处的工具，甚至可以说是唯一的工具。对此，维特根斯坦提出了另一个基本问题：语言的边界在哪里？作为对这个问题的回答，他在《逻辑哲学论》里区分了"可说的"和"不可说的"。他在全书的前言中写道："对可以说的，要说清楚；对不可说的，要保持沉默。"而全书的第七个命题就是：对于不可说的东西，我们必须要保持沉默。（Wovon man nicht sprechen kann, darüber muss man schweigen.）那么究竟什么才是"可以说的"而要说清楚的呢？维特根斯坦在《逻辑哲学论》中设想了一种排除了所有无意义的废话和逻辑错误的语言。只有这种语言才能够被描述为事态或事实的，才能被称之为"可以说的"语言。

那么什么又是"不可说的"而必须保持沉默的呢？维特根斯坦为此区分了"说"（saying）和"显示"（showing）这两个概念，他认为，被显示的都是不可说的，换句话说，一切不能呈现其图像的只能被显示。第一类不可说的，是命题本身的逻辑形式。我们可以用逻辑词联结语词，组成一句完整的话，这句话可以呈现对应的图像，但是逻辑形式本身不能呈现任何图像。我们的一切语言和思想都离不开逻辑的组织，因此逻辑就成为了语言的界限，也为人的世界划定了边界。另一些不可说的包括：伦理、美学和宗教的观念。因为在这些领域中，语言不是在描述事态，而是在进行评价、给出规范，以及对生活给出意义和目标。维特根斯坦并不是认为这些领域不重要，只是在强调我们的语言不能对它们产生有效的图像而已。

维特根斯坦说："我语言的界限，就是世界的界限。"他甚至说过："世界的意义是在世界之外的。"在《逻辑哲学论》的结尾处，他也有类似的表达："即使一切可能的科学问题都已得到解答，我们的生命问题还是完全没有触及。"因此，很多哲学家认为，维特根斯坦的哲学中带有大量的神秘主义元素。

对于维特根斯坦来说，哲学不是一套学说而是一种活动。在他看来，哲学的根本任务是使得思想清晰，为思想本身划定界限。但是在维特根斯坦的后期作品《哲学研究》中，他彻底颠覆了自己的这种看法。

III 《哲学研究》和语言游戏

维特根斯坦的《逻辑哲学论》出版后，当时的很多哲学家对他采取了顶礼膜拜的态度。然而那时的维特根斯坦早已隐居乡间，一些逻辑实证主义的学者千方百计要找到他一问究竟。但就在这个时候，维特根斯坦突然否定了自己前期的思想，他意识到他对语言的思考犯下了巨大的错误。这要回到维特根斯坦还在剑桥的日子。有一次，剑桥的一位意大利经济学家在和维特根斯坦讨论哲学的时候，突然向他竖起了中指，然后问道："你说，这个手势的逻辑结构是什么？"维特根斯坦顿时无言以对。他后来回忆时说，那一刻他感觉自己像是一棵被砍光了枝条的树。他突然意识到，他先前仅仅关注到了语言的一个功能，那就是用来描述世界，但是忽略了并不是所有的语言都有明确的逻辑结构。语言其实还有另一个重要的功能，那就是"做事情"。在"逗你玩儿"的例子中，小偷恰恰利用语言"做事情"的功能，故意用"逗你玩儿"作为名字来误导小孩和他的妈妈。

在《哲学研究》中，维特根斯坦提出了著名的"语言游戏"(language game）概念。要理解一场游戏，就必须要理解它的规则。例如，我们了解象棋中的马是什么，就是要明白它的规则和用法。语言也是如此。语言和语词的意义取决于在一定语境中的用法和规则。西方语言中的"游戏"意义比较宽泛，像打牌、下象棋、跳格子、躲猫猫等都是游戏。语言不是一个统一的意义系统，正如游戏一样，它的形式也是极为多样的。“语言的用法包括，演戏、唱歌、猜谜、开玩笑、讲故事、翻译、请求、感谢、谩骂、打招呼、祈祷等——并不都是命题，也没有一致的本质。”维特根斯坦已经看到了先前设想的“理想语言”的局限，并在《哲学研究》中向对日常语言的研究过渡。因为他明白，语言的言说乃是某种行动的一部分，或者某种生活形式的一部分，“言语即行为”。

维特根斯坦还提出，语言的用法“没有一致的本质”，这又要怎么理解呢？对此，维特根斯坦提出了“家族相似”概念。如果我们仔细观察一大家子，就会发现他们一定有一些相似的特征，例如他们都有鹰钩鼻，或者有线条轮廓相似的下巴，但是我们很难说，这一大家子的人共有某种特征。维特根斯坦试图用这个比喻表明，在语言极为广泛的用途中会有许多的相似之处，否则我们不能将它们都归结为“语言”。但是我们不能认为所有语言本质上都拥有同样的规则、功能和意义。由此，维特根斯坦才提出了这样一种反对本质主义的看法。

大家现在知道我们每天都在说的话，在哲学家眼中是多么复杂了吧。你以后还会“好好”说话吗？

延伸阅读

1.［奥］维特根斯坦：《逻辑哲学论》，韩林合译，北京：商务印书馆，2013 年。

2.［奥］维特根斯坦：《哲学研究》，李步楼译，北京：商务印书馆，2000 年。

3.［美］诺尔曼·马尔康姆：《回忆维特根斯坦》，李步楼、贺绍甲译，北京：商务印书馆，1984 年。

4.［英］瑞·蒙克：《维特根斯坦传》，王宇光译，杭州：浙江大学出版社，2011 年。

5.［英］罗杰·M·怀特：《导读维特根斯坦〈逻辑哲学论〉》，张晓川译，重庆：重庆大学出版社，2018 年。

6. Christopher Sykes, *A Wonderful Life*, Christopher Sykes Productions, Documentary, 1989.

16

托马斯·库恩

《科学革命的结构》

科学为何也会发生革命？

阅读挑战

托马斯·库恩

在革命之后，科学家们所面对的是一个不同的世界。

——托马斯·库恩《科学革命的结构》

引言

+ 水星是太阳系八大行星中距离太阳最近的行星，它的公转速度最快，轨道也最扁。1859 年，法国天文学家勒威耶发现了一个奇怪的现象，叫作“水星近日点进动”——水星的近日点并不是固定的，而是在不断移动。但是，天文学家通过望远镜观察到的水星近日点进动，要比根据牛顿力学算得的理论值每世纪快 38 角秒。当时的科学家认为，小到微粒、大到星体，它们的运动规律都能依靠牛顿力学解释，因此勒威耶认为牛顿是不会错的，于是他猜想一定存在一个比水星更近的行星，是它引起了水星轨道的变化。勒威耶还把这个看不到的行星命名为“火神星”。全世界的天文学家都瞪大了眼睛，观察了很多年，但都没有发现这颗传说中的星球。

1916 年，爱因斯坦发表了著名的广义相对论。按照他的理论，太阳因为质量很大，所以附近的空间会发生弯曲，因此水星实际上是在一个略带弯曲的空间中运动的。按照相对论的预测，水星近日点要比根据牛顿力学算得的理论值每世纪快 43 角秒，这个计算和实际观察的结果十分接近。1919 年年底，英国皇家学会宣布，在巴西北部和非洲西部沿海的普林西比岛进行考查的几队英国天文学家观察到，3 月 29 日的日食表明，光线接近太阳时的弯度和爱因斯坦预测的完全一样。从此，爱因斯坦的相对论战胜牛顿力学，登上了科学的舞台。

牛顿力学是科学，爱因斯坦的相对论也是科学。在很多人心目中，科学就代表了真理，而这段历史提出了一个难题：难道人们坚信了几个世纪的牛顿力学是错的？科学史难道也是一部成王败寇的历史吗？20世纪哲学家托马斯·库恩的《科学革命的结构》就能够很好地说明科学史上的这种“王朝更替”。他认为，科学的发展史并不是堆积知识的仓库，单纯“量”的堆积并不能必然促成科学的飞跃。科学的进步需要积累，更需要“阶段性的革命”。

| 托马斯·库恩：从理科男到科学哲学家

库恩（Kuhn）出生在美国俄亥俄州辛辛那提。他最开始是一个正儿八经的“理科男”，从 17 岁起进入哈佛大学学习物理学后，又顺利获得了物理学硕士和博士学位。但是在一个偶然的契机下，库恩开始“由理转文”。

他在哈佛大学攻读博士期间，教授给了他一项任务，要他讲授 17 世纪力学起源的问题。为了完成这个任务，库恩开始学习科学史，后来又研究了亚里士多德和中世纪的物理学。对于一个 20 世纪的物理学者来说，他们接受的是牛顿和爱因斯坦的理论，而亚里士多德的物理学更接近于玄想或者巫术这类“前科学”的假说，几乎称不上是科学。但是，在阅读了亚里士多德的著作之后，库恩突然觉得，亚里士多德说得很有道理。他意识到，亚里士多德的那些概念，例如运动、质量等，和牛顿的基本概念截然不同。但亚里士多德的物理学并不是“坏的”物理学，而是与牛顿不同的物理学。人们以往认为，科学是一个不断积累的过程。但是，库恩却认为这种看法不对，科学史中出现更多的是“断裂”。亚里士多德的力学体系与牛顿的体系之间关系是如此，牛顿体系同爱因斯坦的体系的关系亦是如此。于是，他开始投身于科学哲学和科学史的研究。

库恩从事的研究是哲学的一个重要分支——科学哲学。生活中很多人言必称科学，常把“你这个说法很科学”“这很不科学”挂在嘴边。那么到底什么是科学呢？我们还会遇到这样的人，他们宣称自己的研究解决了人类有史以来所有重要的问题。那么我们又如何能够知道，他们的研究是有价值的，有方法论保障的呢？科学哲学就要解决这些问题：究竟什么才是科学？科学的基本标准是什么？换句话说，究竟是什么，使得科学成为了科学？科学与非科学，例如科学与宗教、哲学、艺术的差异，究竟在什么地方？为什么你会认为科学比其他东西（例如算命、星象）更可靠？

II 科学中也会发生“革命”

1962 年，库恩的《科学革命的结构》（*The Structure of Scientific Revolution*）由芝加哥大学出版社首次出版。全书只有十万字，却成为有史以来引用率最高的著作之一。库恩在《科学革命的结构》中批判性地吸收了归纳主义和证伪主义的思想。他认为，科学在人类历史中的发展并不是线性的，而是经历了“阶段革命”，即一种理论结构对另一种理论结构的彻底替代。简单来说，库恩认为科学经历了几个阶段：前科学—常态科学—危机—革命—新的常态科学，然后再次经历新的危机，有如历史上王朝更替一般循环往复。

库恩提出，“科学共同体”要有一套被所有人都接受的信念，他把科学共同体一开始共同遵守的规范和信念，叫作“范式”（paradigm）。当科学家们在这套范式里做出共同的预设，用共同的方式一起从事的研究，就是“常态科学”（normal science）。能不能为研究提供一个“范式”，是科学区别于前科学的标志。换句话说，取得一种范式，是一门科学领域发展成熟的标志，例如牛顿的力学、麦克斯韦的电磁学，都曾经提供过这样的范式。相比之下，非科学，例如巫术、星象，就不能提供一套范式。库恩认为，没有范式也就没有科学，“科学家不能一面拒斥范式，一面仍然是科学家”。一旦有了一套范式，这门学科便可以进行“跑马圈地”的活动，例如，建立系科、创建刊物、争取科研经费、开设课程、建立学会，等等。这个时候，大家一致认为，不必再为这个科学的一些基本概念和规范辩护了。

按照库恩的范式论，科学史上可以区分出两个不同的阶段：一个阶段是常态的或者普通的科学；另一个阶段是革命的科学。如果说一个领域里面所有人都认为，某种形而上学和研究方法是合适的、不必怀疑的，那么这个领域的人们从事的就是常态的科学。他们所要做的就是按照已经确定的范式继续研究下去。正如在牛顿体系建立之后，伯努利和欧拉等人建立起流体力学，拉格朗日发展了分析力学，等等。一般来说，在常态阶段，科学发展会比较顺利，用库恩自己的话来说，就是“把自然界塞进范式的盒子”。

在革命阶段，人们开始对该领域内的范式产生怀疑，甚至要提出挑战。“一种范式通过革命向另一种范式的过渡，就是成熟科学通常的发展模式。”先前提到的对水星近日点偏移的研究，就可以说是爱因斯坦相对论范式击败牛顿力学范式的一场关键战役。但是库恩的一个核心观点是，从一个老的范式到一个新的范式，两者之间的转换、过渡不能用传统的理性主义来加以说明。那么我们该如何解释出现在常态科学中的革命呢?

III “科学革命”起于反常

按照库恩的理论，任何一个范式里面都会出现一些难题，库恩称之为“反常”(anomaly)。出现反常，并不一定意味着需要抛弃或者否定整个范式，但是如若一个范式无法解决的问题太多，人们对这一范式的信心也就会开始动摇。库恩认为这种信任危机一旦产生，就会导致三种结果。第一种结果是，常规科学最终能够解决危机，然后一起回归常态；第二种结果是，问题无法解决，科学界只好把问题记录下来，搁置在一边，等待日后解决；第三种结果是，新范式和老范式并存，它们相互竞争，进入所谓的“范式战争”。例如，在拉瓦锡之前，人们提出“燃素说”来解释燃烧的原理。后来拉瓦锡用氧化来说明燃烧，根本就不需要借助对“燃素”的假设；在牛顿力学出现之前，人们认为力的作用只有通过接触才能发生，但是牛顿的万有引力定律告诉我们，物体和物体并不需要直接接触，也能相互之间产生引力。

简言之，科学革命就是通过“范式转换”（paradigm shift）而得以实现的。库恩把这种范式转换叫作“格式塔转换”。按照库恩的说法，新范式并不是逐渐出现的，而是“一下子突现出来的，有时是在午夜，在一个深深的陷入危机的人头脑中”。也正因为它的出现会显得有些离经叛道，所以坚持着原先范式的科学家们往往会以“正统”自诩，抗拒新范式的出现。没有一定的胆量、勇气和执着的探索精神，后人是很难打破旧有的框架的。有人会把库恩放入后现代的思想阵营里面去，因为库恩对“科学是线性发展的，是持续和累积的”这样的观点持深深的怀疑态度。相反，在库恩眼中，科学的进展是不连续的、不可通约的，也不是统一的。

爱因斯坦曾经把科学家分为三种类型：痴迷型、表现型和蜜蜂型。痴迷型的科学家，把科学当作自己的信仰，他们有狂热的献身精神；表现型的科学家，好像是在参加一场运动会，他们从事科学研究，是为了证明自己的聪明才智，科学研究对他们来说是一场高级的智力游戏；而蜜蜂型的科学家觉得，科学不过是一种职业，一种谋生手段，他们只是在勤勤恳恳地埋头苦干。按照库恩的理论，在常态科学中，大部分科学家可能都是蜜蜂型的，但是在革命阶段，痴迷型和表现型的科学家就更可能大放异彩。

无论你是否赞成库恩的观点，他的一些术语，例如范式转换，已经成为被广泛使用的概念。仔细想来，有时科学历史上真正引人入胜，甚至是激动人心的时刻，就是科学家们惊呼“啊，我想到了”的时刻。

延伸阅读

1. [美] 托马斯·库恩：《科学革命的结构》，金吾伦、胡新和译，北京：北京大学出版社，2012 年。
2. [英] 萨米尔·奥卡沙：《科学哲学》，韩广忠译，南京：译林出版社，2013 年。
3. [德] H. 赖欣巴哈：《科学哲学的兴起》，伯尼译，北京：商务印书馆，1983 年。
4. [美] 托马斯·库恩：《结构之后的路》，邱慧译，北京：北京大学出版社，2012 年。

17

约翰·塞尔

《心灵、大脑与程序》

人工智能为何无法取代人？

阅读挑战

约翰·塞尔

我并不认为我们是生活在精神的和物理的两个世界之中，更不认为我们是生活在三个世界——精神的、物理的和文化的世界——之中。我相信我们是生活在一个世界之中，而且，我打算对这一个世界的诸多组成部分中的某些部分之间的关系进行描述。

—— 塞尔《心灵、语言和社会》

引言

+ 2016年，人工智能程序AlphaGo以绝对优势战胜了韩国围棋九段李世石。很多人惊呼，人类在智力上的高峰被人工智能超越了。我们日常生活中越来越多的活动其实都和人工智能有关，例如手机上的语音指令、导航软件，等等。那么人工智能对人类而言是祸是福？

有不少人担心，虽然人工智能的能力有限，只能在特定领域中按照人设定的程序完成一些工作，但是终有一天会出现所谓的"强人工智能"，甚至会出现像神一般绝对碾压人类的超级智能。于是，斯蒂芬·霍金、艾伦·马斯克和比尔·盖茨都提醒大众，要警惕超级智能出现的那个时刻——奇点。但是反对的观点认为，虽然可以想象未来的对话程序会越来越"聪明"，但它们真的具有智能，甚至和我们人类一样拥有心灵和意识吗？人工智能真的会像在电影《终结者》和《我，机器人》中那样，反奴为主，反过来控制人类吗？倘若那时真的到来，我们还能有效地区分人和人工智能吗？

对于这个问题最有发言权的当然是人工智能领域的从业者，但是哲学家也进行过思考。美国哲学家约翰·塞尔就坚定地站在反方。他认为，人工智能再聪明也不可能获得意识，或者说心灵。

I 模仿游戏和图灵测试

17 世纪的法国哲学家笛卡尔认为，语言是人类特有的能力，任何机械装置都无法对人提出的问题做出恰当的回答。然而近四个世纪后，当人们拿着自己的手机，通过语音指令和它互动的时候，似乎对笛卡尔的这个看法就没有那么确定了。这一切的进展都要归功于英国数学家，被誉为“人工智能之父”的艾伦·图灵（Alan Turing）。

图灵曾经给“智能”设置了一个重要的检测标准，那就是著名“图灵测试”。图灵发明这一测试，也是为了回答这样一个问题：机器能够思维吗？1950 年，在一篇名为《计算机器与智能》的论文中，图灵提出了这样一个思想实验：一个男人、一个女人和一个提问者共同做一个游戏。提问者待在一间房间里，和男人、女人分隔开来。提问者在游戏中的任务是，要确定另外两个人，哪一个是男人，哪一个是女人。为了不让提问者通过对方的声音进行判断，他们之间的对话是通过电传打印机来进行的。图灵让我们设想，如果我们在这个游戏中用一台机器，也就是我们现在所说的计算机，来代替男人或女人中的一个，那么提问者不仅无法区分对方的性别，甚至连对方是人还是机器都分不清，这是否就意味着，这个机器以假乱真了呢？然而图灵同时也意识到，要让机器完全代替一个人说话，似乎要求过高了。

1952 年，图灵在接受 BBC 访谈的时候，降低了标准：如果超过 30% 的人类裁判，误以为在和自己说话的是人而非计算机，那就算作测试成功。从此之后，很多从事软件开发的人，都想突破图灵测试。2014 年 6 月 7 日，一款叫作“尤金·古斯特曼”（Eugene Goostman）的聊天程序据称已经通过了图灵测试。那么它是否已经具有和人一样的智能了呢？

II 中文屋思想实验

1980 年，美国哲学家约翰·塞尔（John Searle）发表了一篇论文。塞尔是美国加州大学伯克利分校的哲学教授，研究专长是语言哲学。他在牛津大学求学时，曾师从哲学家约翰·奥斯丁。塞尔这篇论文的题目是《心灵、大脑与程序》。在这篇论文里，他提出了一个著名的思想实验——“中文屋论证”（Chinese room argument），对人工智能提出了一个有趣的质疑。

塞尔在文章一开始就区分了两种人工智能。第一种人工智能称为“弱 AI”。弱 AI 可以在心灵研究中为我们提供一个强有力的工具。例如，它能够使我们以更严格、更精确的方式对一些假设进行系统的阐述和检验。第二种人工智能称为“强 AI”。持“强 AI”立场的学者就主张，经过恰当编程的计算机其实就是一个心灵，可以被认为具有理解和其他认知能力。这种观点在当时美国的人工智能研究者中占据主流。塞尔的中文屋论证，其实就是要反驳强 AI 的观点。

塞尔假设他自己被锁在一间房间里，房间中有一些中文文本，而塞尔本人其实对中文一窍不通。对他来说，中文文字就是一些非常有趣的线条。他接着假设，房间外面的人又给了他第二批中文文本，以及一些用英文写的规则。这些规则可以让塞尔把第一批中文文本和第二批中文文本联系起来。简单来说，这就是一些中英、英中词典及其使用方法。接着外面的人又给了他第三批中文的符号和英文规则，使得他把第三批中文和前两批联系起来。大家可以发现，塞尔能够理解的仅仅是用英文写的指令，纵使他能够根据规则将这些文字排列成一段通畅的文字，他依旧不懂这些文字是什么意思。例如，塞尔可以根据规则，在“恭喜发财”的文字下搭配“红包拿来”，但他并不能明白这些字代表了什么意思，以及为什么要这样搭配。但是房间外面的人可能会误以为里面的人懂得中文，所以才能给出恰当的回答。

塞尔想要通过中文屋论证来说明，就算一台安装了恰当程序的计算机能够按照一定的指令和程序来恰当地完成一些工作，我们依然不能说这台计算机理解了一门语言，换言之，不能说计算机拥有了心灵或者意识。塞尔的这篇论文发表之后，引起了广泛的讨论。有学者把这篇论文称为“25 年以来对认知科学和人工智能影响最大的论文”，当然在赞美声中也不乏激烈的反驳。

III 对塞尔中文屋论证的反驳

伯克利的“系统的回答”对塞尔的中文屋论证做出了一个强有力的反驳。该反驳指出：被锁在房间里的塞尔的确不懂中文。但是，塞尔和这个房间，还有房间里的工具书，一起构成了一个系统，塞尔这个人只不过是这个系统的一部分。虽然塞尔不懂中文，但整个系统“明白了”或者说“理解了”中文。所以最终给出恰当回答的并不是塞尔，而是这个系统。

此外，人工智能哲学的研究者博登在另一篇论文《跳出中文屋》中反驳说，塞尔认为大脑的因果能力和神经蛋白的特性有关，而金属和硅则不具有这样的特性。塞尔这样做依然是在把大脑的思考还原到大脑的生物化学特性上。所以，博登指出，塞尔在这里犯了一个范畴错误：大脑应当是智能的因果基础，而不是因果的承担者。也就是说，如果人类能够研究清楚思维中因果机制运作的原理，那么我们即使是用金属，也能创造出一个与人脑拥有同样机能的大脑。

可以说，塞尔的中文屋论证在人工智能领域引起了很大的争议，有许多人并不买塞尔的账。在突破了图灵测试之后，他们想挑战更高的标准。

IV 意向性难题

在人工智能领域中，更高的标准意味着什么呢？塞尔曾经提出，到目前为止，只有人才具有意向性，而这个意向性（intentionality）就是更高的标准。什么是“意向性”呢？每当我们说出一个词的时候，我们的意识总是指向一个对象的，而当一台机器发出一个声音，甚至能模仿人说出“月亮”二字时，它并没有指向“月亮”这个对象。再比如说，我们在电脑的操作系统上修改一份文件的名字，虽然内容不曾改变，但是电脑就会认为这是两份不同的文件。而人类由于具有意向性，所以可以判断一个对象的同一性。意向性是欧洲中世纪经院哲学提出的一个概念，指意识所具有的某种指向性，或者说是相关性，它也是意识和心灵的根本特征。

这种意向性一定要以生物的特性为基础吗？一台在数钱的点钞机和一个在数钱的人又有什么差异呢？美国哲学家丹尼尔·丹尼特认为，点钞机不能进行真正的计算，它们只会转动齿轮。但是点钞机实际上也不能真的转动齿轮，它们只是在遵守物理规律。不过这个说法也同样适用于人类：或许人类并不能进行真正的计算，而只能操纵心理符号；然而人类实际上并不能真的操纵心理符号，只是能激活各种各样的神经元而已；更残酷的事实是人类并没有能力自行激活神经元，只能遵循物理学定律来激活神经元。丹尼特的这种立场完全不同于塞尔，是一种典型的自然主义。在他的理论中，人类的意识、智能和心灵很大程度上可能和机器没有本质的差异。

不管人类的意识与机器有多大差异，人工智能都已经和我们的生活息息相关了。在机器翻译、自动驾驶、人脸识别、股市的高频交易等领域，都有人工智能技术的应用。我们期待人工智能技术的发展能带来一个更美好的未来，而它的发展速度却已经超出了我们在伦理与法律领域对它的审查和限制。例如，2016 年 1 月，在中国河北发生了全球第一例特斯拉 Model S 自动驾驶导致的死亡事件。Model S 的自动驾驶软件没有能让车及时避让前方的一辆工程车。问题是，谁要为此负责呢？迄今为止还没有法律对此做出详细的规定。所以法院虽然已经开庭审理了案件，却迟迟不能宣判。我们还可以设想一个类似“电车难题”那样的场景：一辆由人工智能操控的汽车行驶在公路上，此时突然出现了五个小孩子。如果按照当时的车速已经不可能制动停车，而车内又正坐着一个妈妈和她刚出生的宝宝，自动驾驶软件应当首先考虑保护车内的人，还是车外的人呢？

所以说，围绕人工智能的讨论绝对不仅仅是一个技术问题，它还涉及人类生活的方方面面，甚至可以说关乎整个人类的未来。这就需要技术专家、科学家乃至社会科学家、法学家一同参与讨论。当然哲学家也不能缺席。

延伸阅读

1.［美］约翰·塞尔：《心灵、大脑与程序》，载《人工智能哲学》，上海：上海译文出版社，2006 年。

2.［美］约翰·塞尔：《心、脑与科学》，杨音莱译，上海：上海译文出版社，2015 年。

3.［美］约翰·塞尔：《心灵、语言和社会》，李步楼译，上海：上海译文出版社，2006 年。

4. 徐英瑾：《心智、语言和机器》，北京：人民出版社，2013 年。

18

丹尼尔·丹尼特《意识的解释》

你的头脑里有一个“小剧场”吗？

阅读挑战

丹尼尔·丹尼特

有些思想实验的小故事设计得令人感到心有灵犀、拍案叫绝，无论辩护的是哪个论题，人们看过都会觉得“是，当然，一定是这样！”我把这些思想实验称作“直觉泵”。我在第一次公开评论哲学家约翰·塞尔的思想实验“中文屋”时发明了这个术语。

——丹尼尔·丹尼特《直觉泵和其他思考工具》

引言

动画片里经常能看到这种场景：主人公的头脑中好像住着很多小人，他们分别负责一种情绪或者能力。一个勤奋的小人战胜了一个懒惰的小人，于是主人公决定离开温暖的被窝，老老实实去上学。也有可能是懒惰的小人最终战胜了勤奋的小人，所以主人公决定按掉闹钟，再睡一会儿回笼觉，结果不幸上班迟到。你的大脑里也曾有过这样一个内心小剧场吗？这样的假想会有什么问题吗？

20 世纪美国哲学家丹尼尔·丹尼特就曾经反驳过这种形象而又充满误导的类比。他在《意识的解释》一书中重新审视了人类的心灵和意识活动。他研究的领域是哲学中一个新兴而前沿的方向——心灵哲学（philosophy of mind）。“心灵”一词包含的内容很广泛，例如我们的感受，每时每刻的所思所想，情绪体验等，几乎包含了人脑经历的一切。当代的一些技术发展需要心灵哲学来处理一些棘手的问题。例如，虚拟实景技术对人来说意味着什么？人工智能是否也能获得类似人的心灵？这些问题依靠单纯的技术是无法被彻底解决的，所以需要心灵哲学的参与。

Ⅰ 你脑子里没有一个小剧场

《意识的解释》这本书出版于 1991 年，英语书名是 *Consciousness Explained*，直译过来就是意识问题都已经被解释清楚了，可见丹尼尔·丹尼特（Daniel Dennett）的自负。《意识的解释》这本书的写作思路可以被概括为“先破后立”。首先，丹尼特反驳了或者说推翻了一种意识问题研究中的模式。他认为，以往的研究把人的大脑设想成这样一套机制：大脑里有一个中心思考区，类似于电脑的 CPU，而人的知觉系统，例如眼睛、耳朵负责把外部的信息输入这个中心思考区，再由中心思考区把控制和指令提供给运动系统。除此之外，过去人们还相信，我们的各种记忆也存储在这个中心思考区里。丹尼特把这个中心思考区称为“笛卡尔剧场”。因为在 17 世纪的时候，笛卡尔曾经把这个中心设想为大脑中的松果腺。松果腺要处理来自外部的信息，而且要进行一种充满魔力的互动和转换，使得物质和精神能够发生关联。虽然解剖学在不断发展，人们逐渐认识到大脑不同部位承担的不同功能，但是“大脑有一个中心”的设想始终存在，只有通过这个中心，人才能体验到一个完整统一的，区别于外部世界的“我”。

丹尼特反对笛卡尔剧场的立场，认为它是导致很多误解和问题的根源。现代的生理学和脑神经科学研究发现，人脑当中并没有一个像 CPU 那样的中央处理器。与此相对，丹尼特提出了自己的“多重草稿模型”。丹尼特认为，各种各样的知觉能够在大脑中完成，靠的是平行的、多轨道的对感觉输入的诠释和细化过程。不论是视觉、嗅觉还是听觉，都有一套独立的机制，每一种感官都是一套独立的神经活动而已。也就是说，在我们大脑中，信息加工并不是以串联的方式进行的，而是并联、并行的。例如，你在看一部电影的时候，你的视觉和听觉同时工作，共同加工信息。不仅如此，视觉和听觉还在相互竞争。例如，你在听到一段电影台词时发现字幕打错了，但是这并不会影响你看电影。这说明，在眼睛和耳朵的竞争当中耳朵胜出了。

丹尼特的“多重草稿模型”强调，大脑的信息加工没有一个中心，也没有自我意识产生的时间，一切都是并行的、混乱的。在多重草稿模式当中，意识不断流动，很多记忆都会被迅速覆盖，随之消失。

II 斯大林模式和奥威尔模式

丹尼特为什么要反对笛卡尔剧场呢？他的理由又是什么？这可能还要从一个心理学的现象谈起。这个现象的英文名叫作 phi phenomenon，中文翻译为“飞现象”，又叫作“似动现象”。所谓的似动现象，就是人以为在动，但实际并没有动。这是德国心理学家马克思·韦特海默（Max Wertheimer）在 1912 年的一篇期刊文章中，所提出的知觉错觉现象。举个例子：如果有一个红点和一个绿点在你的眼前，分开 4 度，然后，这两个点交替闪烁。这两个闪烁的点的位置并没有发生任何变化，但你会感觉到，红点在向绿点靠近，而且红点在运动过程中居然变成了绿点。如果红点和绿点的物理位置并没有发生改变，那么人为什么好像看见了运动呢？那一定是因为人的大脑对外部的信号进行了加工。

丹尼特认为，按照笛卡尔剧场的解释，存在两种对外来信号进行加工的方式。他把它们分别命名为奥威尔式——名称来自反乌托邦小说《一九八四》的作者乔治·奥威尔——和斯大林式。奥威尔式的加工方式是指，大脑在意识已经形成之后修改了记忆，即大脑编造了一个中途改变颜色的过程。所以，每当你回忆起这个过程时，都会以为自己看到了一个红点向绿点移动并且变成了绿点的过程，但这其实是一段被修改的记忆，而且这一修改的动作是发生在意识之后的。斯大林式的加工方式则是指，大脑的编辑室发生了延迟。代表红色的画面 A 先到达，代表绿色的画面 B 后到达，而在编辑室的监察员可以制造一些中间画面。他们把红点变成绿点的画面插到了 A 和 B 中间，然后再进入意识当中。不过丹尼尔认为，我们是无法区分奥威尔模式和斯大林模式的。换句话说，笛卡尔剧场的根本问题在于，它无法对“前经验”的内容和“后经验”的内容进行区分。丹尼特提出的多重草稿模型则不用面对这样的问题。

丹尼特举过一个例子，来说明多重草稿模型的优势。你一定有这样的经验：同时做完两件事情后，却完全不记得其中一件事情是怎么完成的了。例如，你一边走路一边在和别人聊天。过了一段时间之后，你可能还记得和身边的人说了什么，却完全不记得刚才是怎么走过那段路的。按照笛卡尔剧场的解释，走路的过程完全是在无意识中进行的。但按照多重草稿模型的解释，人在走路的过程中一定是有意识的，只不过在同一个时间点上，我们的大脑当中有多个叙事草稿。很多意识流或者说叙事草稿，都被后来的意识覆盖了。

III 为何会出现“哲学家的僵尸”？

丹尼尔·丹尼特把自己的方法叫作“异现象学”（heterophenomenology）。传统的哲学都是以第一人称去研究一些内在体验，例如一个人对时间的体验，对音乐的感受等。也就是说，从“我”的视角来进行研究的，然后上升到第一人称复数，也就是“我们”。与此对立的是激进科学主义的立场。这个立场认为，第一人称是没有意义的，要对它彻底进行取消或者还原。

丹尼尔·丹尼特之所以要提出异现象学，是因为要对上述这两种方法进行批评，并为一种功能主义立场进行辩护。功能主义认为，心灵和意识本身没有什么神秘的地方，它们仅仅是我们生理活动的结果。丹尼特说："一个系统是由有机分子组成，还是由硅构成，这在原则上没有区别，只要它可以做同样的事情。""大脑可以说是一个机器，就像心脏、肺或肾是机器一样，这些器官的所有功能都可以有一个最终是机械的解释。"我们一般认为，在每一种行动背后都有一个有意识的心灵，否则就没有为这个行为负责的实在的行动者。仿佛我们发现了一个内在的我，而不是在说我的大脑。但是丹尼尔提出，我们要改变思路：以往的哲学家往往会问，我怎么会闻到臭鸡蛋的气味？但是异现象学要问，为什么一个人会说"我闻到了臭鸡蛋的气味"？为了回答这个问题，我们需要收集大量的信息，例如这个人所处的环境，他的生理状况，还有一系列的生化反应等。因为归根结底，意识只是一系列生理活动综合而成的。丹尼特提出"异现象学"就是要彻底改变现象学，用第三人称来研究人的意识问题。但是采用"第三人称"的立场并不是研究的全部，最终还是要迂回地获得关于第一人称的真相。

异现象学的方法无疑是富有创见的，但丹尼特意识到这种立场也会导致一个问题。他自己把这个问题叫作"哲学家的僵尸"。哲学家的僵尸和我们在影视作品里见到的身体僵直、行动迟缓的僵尸可能有点不一样。丹尼特假设有这样一种存在物，它在各个方面表现得和我们一样。它行动起来和我们一样敏捷、灵活；看悲情电影的时候也会落泪；见到旭日东升也会兴奋；吃冰淇淋时也会感到满足和快乐。但是它没有意识，或者说没有心灵。

丹尼特提出这样的假设，是为了提出一个更激进的看法。按照丹尼特的理论，我们人类所坚持的"我"，其实是一套在大脑这个硬件上运行的虚拟机，而这套虚拟机是在漫长的演化过程中产生出来的。反过来说，丹尼特认为，一个经过适当“编程”（用基于硅片组装的电脑）的机器人就应该具有意识。如果这一说法成立，那么创造一个拥有自我意识的机器人将成为可能。当然，很多人无法接受丹尼特的这个说法，提出了很多反驳，而丹尼特回应道：“不是你无法想象一个有意识的机器人，而是你无法想象一个机器人如何能有意识。”

延伸阅读

1. [美] 丹尼尔 · 丹尼特：《意识的解释》，苏德超、李涤非、陈虎平译，北京：北京理工大学出版社，2008 年。
2. [美] 丹尼尔 · 丹尼特：《直觉泵和其他思考工具》，冯文婧、傅金岳、徐韬译，杭州：浙江教育出版社，2018 年。
3. [美] 丹尼尔 · 丹尼特：《意识的错觉》（“Dangerous Memes”），TED，演讲视频，2002 年。
4. [美] 丹尼尔 · 丹尼特：《回应华里克》（“Responding to Pastor Rick Warren”），TED，演讲视频，2006 年。

何为公平，何为幸福：
我们理想中的幸福生活

19

柏拉图《理想国》

你想生活在什么样的城邦中?

阅读挑战

柏拉图

他说哲学家中的最优秀者对于世人没用，这话是对的；但同时也要对他说清楚，最优秀哲学家的无用，其责任并不在哲学本身，而在别人不用哲学家。

——柏拉图《理想国》

引言

+ 如果可以自由选择，你会选择生活在哪一个时代的什么地方呢？有人可能会说我想回到唐代的长安城，有人会说我想去南宋的临安……其实，问这个问题并不是想让大家穿越到历史里去，而是要问一个更为根本的问题：对任何一个地方和时代而言，最根本的是人与人的关系——谁来统治？一个人说了算，还是一群人说了算？有没有压迫和奴役？大家会追求财富还是荣誉？愿意和平还是到处征战？这在政治哲学中叫作“政制”。我们不仅要能够空想，还要能够在现实中持续，做到符合人性、长治久安。

西方哲学史上对这个问题最著名的思考，莫过于古希腊哲学家柏拉图的《理想国》了。他想为自己的祖国——希腊城邦雅典提供一个理想的政制蓝图。

I 在《理想国》中让苏格拉底活下去

20 世纪英国哲学家怀特海曾说："西方哲学只不过是柏拉图哲学的一系列注脚而已。"可以说，在西方历史上还没有一个哲学家享有这样高的评价。但这样的评价也可以说是中肯的，因为在柏拉图（Plato）的各篇对话录中，西方哲学的各种问题，例如本体论、认识论、政治哲学、道德哲学等均已被提出，后世的哲学家们不过都是在用自己的方式来回答那些问题而已。柏拉图最著名的一篇对话录就是《理想国》（*The Republic*，亦被译作《王制》《国家篇》），大致写于公元前 380 年，主要叙述理想城邦的形态和组织方式，其中涵盖了许多哲学、政治、外交、教育的根本问题。

那么柏拉图为什么要创作《理想国》呢？柏拉图对政制的思考首先出于他对雅典盛极而衰的命运的深切忧思。柏拉图出生时恰逢伯罗奔尼撒战争时期。这场战争在以雅典领导的提洛联盟与以斯巴达为首的伯罗奔尼撒联盟之间展开，从公元前 431 年起，持续了近三十年，可以说是当时的"世界大战"。最终，斯巴达战胜雅典，雅典也因此由盛转衰。紧接着出现的"三十僭主"制度又给了雅典致命一击。僭主实际上就是听命于斯巴达的傀儡政权，而持续了八个月的僭主统治彻底葬送了雅典民主，取而代之的豪权政治使人民大量流离逃亡。

另一项引起柏拉图对政制思考的事件便是恩师苏格拉底之死。公元前 399 年，苏格拉底接受雅典城邦的审判，最终被判处死刑，柏拉图见证了这个过程。这个事件可以说是雅典由盛转衰的一个缩影：城邦不再大度和宽容，而要刻意寻找一个"内部的敌人"。这些事件累积在一起，使得柏拉图对当时的雅典政治彻底绝望，于是他开始外出游学十余年，足迹遍布意大利半岛、西西里、埃及、昔兰尼加等地，最终于公元前 387 年返回雅典，开办学园，写成了《理想国》一书。柏拉图在《理想国》中尝试通过苏格拉底之口说出自己的想法，或者说他尝试在书中构建出一个不会让哲人牺牲的理想城邦，让苏格拉底继续活在其中。

II 为什么应该让哲学家统治?

虽说《理想国》的重头戏是苏格拉底（对话的主人公）用语言建构一个正义的城邦，但他并没有在一开始就进入对城邦的讨论。相反，书中的苏格拉底与他的伙伴们最初谈论的是个人的正义，然后又谈论了人的灵魂问题。

柏拉图为什么要先谈论灵魂呢？他借苏格拉底之口表示，人的灵魂与城邦的内部结构之间存在某种对应。人的灵魂由理性、激情（意气，主要指人愤怒的情绪）和欲望三部分组成，这些部分如果发挥的作用恰当，那就会产生人类的三种德性（arete）：智慧，即用理性统摄激情和欲望；勇敢，即在拥有激情的同时不会陷入鲁莽；节制，即在满足欲望的同时点到为止。

在柏拉图的理想城邦里有三个阶层：统治者、辅助者和生产者，他们分别对应上述三种美德。统治者需要用理性来治理城邦，军人、武士等辅助者要足够勇敢才能护卫城邦，而生产者需要来满足人的基本欲望。这样的安排是十分巧妙的。仔细想想，如果让激情主导城邦，那么这个城邦必然好战，结果只能是生灵涂炭；而如果一个城邦被欲望所掌控会怎样呢？那就会成为“猪的城邦”（只有饮食男女等一些人的基本欲望，而没有法律和政府）和“发烧的城邦”（存在不必要的欲望，骄奢淫逸的城邦）。

在这里要明确的是，柏拉图并不具备“人生而平等”的信念。恰恰相反，通过化用诗人赫西俄德的诗作《工作与时日》，柏拉图按照天赋秉性将人划分为金种、银种、铜种、铁种四个类别。不同种的人在城邦中应该从事适合自己的职业，这叫作“一人一事，各从其性”。在柏拉图看来，这就是城邦的正义。

明确了理想城邦的形态之后，柏拉图反观现实，对当时整个希腊世界的考察，并概括出五种基本政制。第一种是贤人政制，也即所谓贵族政制，是所有政制中作为理想的一种；第二种是荣誉政制，由勇猛的武士担任统治者，当时的斯巴达和克里特就是这样，但同时因为缺乏理性、激情过度而非常好战；第三种是寡头政制，由少数富人进行统治，他们信奉金钱至上而轻视美德，导致城邦的放纵；第四种是所谓的民主政制或庶民政治，同我们今日理解的民主不同，雅典式的民主只是“成年男性公民轮流当家做主”的直接民主制度，其可能的恶果便是“多数人的暴政”，苏格拉底之死就是最直接的体现；最后一种是苏格拉底认为最差的政治制度——僭主制。“僭主”是不具备合法性的政权篡夺者。希腊的僭主都用一些谦逊的称号，如“终身执政官”“全权将军”等，实际上却施行专制统治。这五种政制之间存在着承上启下的联系，每一种政治制度之下皆有其“善”的依据，但对这一依据过分追求的结果便是制度与城邦的崩溃，进而蜕变为下一阶段的制度。

那么在理想国中，谁应当来行使统治权呢？在柏拉图看来无疑是“哲人王”（philosopher-king）。柏拉图在《理想国》第 473 节中写道：“除非哲学家作为国王统治城邦，或者那些我们称之为王或统治者的人真正充分地学习哲学，直到政治权力与哲学相互联合，城邦将不能脱离罪恶，我们所描述的城邦也不可能实现……在任何城邦也不会有幸福，无论是公共幸福还是个人幸福。”哲人王具有一些基本的品质：好学、强于记忆、勇敢、大度，可这些都不是让哲人为王的充分条件。哲人之所以能够且必须成为城邦的统治者，是因为他们是唯一看得见理念

(idea) 世界的人。

柏拉图哲学中最具特色的就是“理念论”(又称“理型”或“理式”)。柏拉图把世界一分为二:一个是由个别事物组成的、我们用肉眼可以看见的现象世界,他称之为“可感世界”;一个是由理念组成的、不可被人感觉到但可被人知道的理念世界,他称之为“可知世界”。他认为这两个世界的关系是原本和摹本的关系,理念世界是原型或原本,现象世界是理念世界的影子或摹本。因为我们的感官所感知到的一切事物都是变动不定的,所以都不是最本初,最“真”的。真正实在的东西(存在)是不动不变的,而这种真实的存在就是绝对的、永恒不变的概念。这样,在柏拉图那里就出现了真实世界(理念)与幻影世界(具体事物)之间的对立。

III 人为何要走出洞穴?

《理想国》第七卷中,柏拉图借苏格拉底之口提出了著名的“洞穴隐喻”。它原本是对理念论的一个阐释,如今读来却别有一番风味。柏拉图让我们想象,在一个洞穴式的地下室里住着一群“囚徒”。他们从小就住在这里,因为头颈和腿都被捆绑住,所以他们不能走动,也不能转头,终其一生只能看着面前的一堵石墙。在他们身后远处高些的地方,有一堆燃烧的火,那是洞穴里唯一的光源。在火光和这些囚徒之间有一条通道,通道可以通向洞穴外面。在火堆前面,有一群人举着木偶舞动着。我们可以称他们为“表演者”。木偶经由火光投射在石墙上的影子,就是囚徒们一辈子看到的所有东西了。然而,囚徒中有一个人挣脱了铁链的束缚。他转过身了!他看到了那些表演者和火堆,顿时明白,原来他从小到大看到的光影是这么来的!这些光影是如此虚假!这个囚徒最终通过那条长长的过道,走出了那个洞穴。当他看见洞穴之外的世界，肯定会更为震撼。一开始，他一定会因为光线过强而睁不开眼睛。但逐渐适应之后，他会看清洞穴外的世界：蓝天白云树木阳光……正所谓山外有山，天外有天，洞穴中的一切都显得如此局限。

离开了洞穴的人，可能有两种选择——继续留在洞穴外的世界，或者返回洞穴。可是亲眼看见理念世界，摆脱蒙昧的人怎么会愿意重新下降到昏暗的洞穴呢？可是对于哲人王而言，这几乎是“义不容辞”的事情。因为，洞穴就是政治生活本身。哲人返回不仅是为了“洞穴整体的幸福”，更是出于一种无法推脱的责任感，因为“洞穴培养了你”。可是启蒙大众无疑是一项危险的工作，洞穴里的人可能不仅不明白你说的一切，而且会杀死你，就像雅典人杀死了苏格拉底。

洞穴隐喻作为一个“母题”其实已经渗入了生存思考之中。鲁迅在《呐喊》中的“铁屋子”就是对洞穴隐喻的改写和一种回答。那种被先天给定，难以被意识到的局限性，就是洞穴。我们每个人都有一个洞穴：童年、家庭、教育、职业、种族-民族、集体记忆、家国情怀、语言……问题是，你能意识到你所处的洞穴吗？以及你打算怎么面对洞穴，远走高飞，还是就此返回？

延伸阅读

1.［古希腊］柏拉图：《理想国》，郭斌和、张竹明译，北京：商务印书馆，2018 年。

2.［美］阿兰·布鲁姆：《人应该如何生活》，刘晨光译，北京：华夏出版社，2009 年。

3.［古希腊］柏拉图：《会饮篇》，王太庆译，北京：商务印书馆，2013 年。

4.［美］戴维·罗比森、朱迪·格罗夫斯：《柏拉图》，卢修斯译，北京：生活·读书·新知三联书店，2018 年。

5.［美］理查德·克劳特编：《柏拉图：剑桥哲学研究指针》，北京：生活·读书·新知三联书店，2006 年。

20

亚里士多德《尼各马可伦理学》

什么才是“幸福”生活？

阅读挑战

亚里士多德

既然幸福是灵魂的一种合于完满德性的实现活动，我们就必须考察德性的本性。这样我们就能更清楚地了解幸福的本性……我们所寻求的是人的善和人的幸福。人的善我们指的是灵魂的而不是身体的善。人的幸福我们指的是灵魂的一种活动。

—— 亚里士多德《尼各马可伦理学》

引言

+ 前几年央视的记者曾做过一个街头采访，问题是“你幸福吗”。受访者的回答不一而足，但几乎每个人都认为幸福是好的，是值得追求的。不过问题是，“幸福”到底意味着什么呢？幸福是品尝美食时那一瞬间的感受，还是赚到钱的那种满足？幸福生活就是快乐瞬间的叠加吗？

很多人感慨“明白很多道理，却依然过不好这一生”。哲学家们不能替你去生活，但可以引导你去思考为什么过不好这一生，以及什么才是幸福。两千多年前的古希腊哲学家亚里士多德就在《尼各马可伦理学》中论述了何谓幸福，以及如何寻找幸福。

I 如何过上好的生活？

亚里士多德一共写过三本伦理学著作，分别是《尼各马可伦理学》《欧台谟伦理学》和《大伦理学》。其中影响最大的当属《尼各马可伦理学》。相传，亚里士多德的儿子小尼各马可将父亲在吕克昂授课时的讲稿整理编辑成册，这本书便由此得名《尼各马可伦理学》。书中涉及的主题非常多，包括了善、德性、公正、自制、友爱等，而对这诸多主题的探讨围绕的其实是亚氏实践哲学的核心问题：人如何过一种好的生活？

在《尼各马可伦理学》中，幸福这个词是 eudaimonia，英语翻译为 happiness。但是对哲学家来说，这两个翻译都没能涵盖它的全部含义，比如陈嘉映就建议翻译为“良好生活”，我们姑且称之为“好的生活”。亚里士多德对“好的生活”有三个基本判断。

第一个判断就是，幸福只有在人的实践活动中才能获得。亚里士多德把有生命的东西分为三类：植物、动物和人。植物所特有的活动就是营养和发育；动物所特有的活动就是感觉和运动。那么人呢？《礼记》中有一句话：“饮食男女，人之大欲存焉。”在亚里士多德看来，这种欲望和本性都是动物性的活动，并非人的特征。人之所以高于前两者，是因为人类灵魂中特有的逻各斯，也就是理性的活动与实践。换句话说，人要实现自己的目的，不是听凭一种自然的本能就可大功告成，而是要依靠理性能力，使自己具备“实践智慧”（phronesis），在每一个具体的生活场景中都能明辨是非。

亚里士多德的第二个判断是，幸福并不是一种主观感觉，也就是说，不是一种享乐。冬日里一顿热气腾腾的火锅，夏日里一杯冰冰凉的啤酒，都能给人很大的满足感，但这些都只是“感受”而已。感受不仅会稍纵即逝，而且是相对的，不具备规范性，换句话说，很可能是不道德的。然而，幸福是不会被别人轻易拿走和剥夺的东西，它是以理性和道德为支撑的，关于生活本身的实践，它充实了生活的内容。

亚里士多德的第三个判断是，区分内在的幸福和外在的幸福。亚里士多德承认，外在的状况会影响幸福的实现，例如贫穷、疾病等都会干扰幸福。但是，外部的境况并不等于幸福本身。健康、友谊、财富等自然都是好的，但人很容易在不遗余力追求外在幸福的过程中，忽视内在的幸福。真正的幸福在于内在的完善，在于对自己品格、品性的锤炼。其实回过头来想一想，如果我们不能完善自身的品性，那又如何能期望自己获得可贵的友谊和其他美好的事物呢？

亚氏的伦理学在某种程度上而言也是追求知行合一的学问，他对自己、对道德的态度建立在对世界乃至宇宙的认识之上。他告诉我们，如果生活是值得过的，那么它一定是作为目的本身的东西，而幸福就是人对这种良善生活的肯定和确证——我想如此这般而活。

我们现代人往往这样看待幸福——幸福是一种结果或者目标，例如升官发财，还清北上广的房贷、看着儿女结婚生子等。但幸福能被设定为一种目标吗？如果是这样的话，被家长逼婚的青年男女们可就麻烦了！因为你们能否尽快结婚，直接影响到诸位高堂能否尽快实现“幸福目标”。亚里士多德一定会反驳这种说法，因为他认为幸福肯定不是活动的结果，或者说，生活不是为了别的目的，就是为了生活本身。

II 幸福与德性

亚里士多德在《尼各马可伦理学》中认为，有两样东西是紧密相关的：那就是幸福和德性（arete）。“德性”这个词在希腊文中最初被用来指战士的高贵行为，后来也被用来指那些卓越的公民在城邦生活中表现出来的美德或品质，并逐步用来指任何人甚至器物所具有的显著优点。

关于德性培养的争议，其实由来已久。在柏拉图的对话集《普罗泰戈拉篇》中，壮年时期的苏格拉底和当时声名在外的智者普罗泰戈拉就“德性是否可教”这一问题进行了辩论。普罗泰戈拉认为美德是可以被教授的，因为美德不是天生的（physis），而是来自人们的习俗和约定（nomos）。每一个孩童在成长的过程中都会被教导什么是正义的，什么是卑劣的，而判断标准就来源于人们约定俗成的道德和法律。这看起来非常符合常理，苏格拉底却看出了这一理论的致命弱点：德性来自约定。这意味着德性是人为的，是相对的，是没有绝对标准的，这非常符合普罗泰戈拉的名言“人是万物的尺度”。但如果某个城邦民风彪悍，民众崇尚野蛮，难道这种德性也能被称作“美德”吗？苏格拉底坚决认为，美德应该有共同的、客观的、绝对的价值标准，而这种标准出自人的理智本性。美德可教并不是因为它来自人们的习惯或者约定，而是因为它是一种有整体性的、有普遍根据的知识。

亚里士多德发展了对德性的讨论。他认为，德性被分为道德德性和理智德性两种。其中，理智德性是属于思维的道德品质，是可以通过学习获得的，而道德德性只能通过习惯来养成。换句话说，没有单独存在的抽象德性，德性只生成于有德的活动中。正如亚里士多德举的例子，我们通过造房子来成为建筑师，通过弹奏竖琴来成为竖琴手。同样，我们通过做公正的事情才能成为公正的人，通过做勇敢的事情才能成为勇敢的人。此外，德性还意味着做选择，不仅是选择“做什么”，更要选择“如何做”，毕竟伦理实践不仅关乎目的，也关乎方法。

亚里士多德的这种谈论伦理的方法，后来被称为德性论。德性论、义务论、后果论构成了西方伦理学的三大流派。

III “中道”

道德德性很容易被理解，理智德性却让人很困惑。这种关于思维的品德具体指什么？这里就涉及亚里士多德的“中道”观念。想要保持美德，在亚里士多德看来，就要追求中道（亦被翻译为中庸）。中道是什么意思呢？亚里士多德有句名言：“不及和过度同样会毁灭德性。”比如“勇敢”这一美德就是介于两个极端——恐惧和鲁莽之间的品德。勇敢并不是天不怕地不怕、无所畏惧、无所敬畏的，否则就是鲁莽了。当然，人也不能什么都怕，比如战士们在战争中就必须要有视死如归的勇气，否则就会变得怯懦。以此类推，亚里士多德列出了一个德性表，例如：禁欲和纵欲是两个极端，节制就是中道；自卑和自傲作为两个极端，自重就是中道。但需要特别注意的是，“适度对每个人而言是不一样的”。依旧以“勇敢”为例：当遇上持枪抢劫犯时，如果你是一个手无寸铁的老百姓，却胡乱逞英雄，那就是莽撞了；而如果你是一个装备齐全的巡警，却躲在角落不敢出手，那就是胆怯了。

《论语》当中有一个成语叫作过犹不及，说的和这个意思也十分接近。其实，我们中国儒家的伦理和 eudaimonia 十分相似。儒家非常强调仁、恕、礼、修身——这些都是美德的表达。中文里还有个成语叫文质彬彬，形容人文雅。它的出处在《论语·雍也》：“质胜文则野；文胜质则史。文质彬彬；然后君子。”杨伯峻先生将这句话翻译为：“朴实多于文采，就未免粗野；文采多于朴实，又未免虚浮。文采和朴实，配合适当，这才是个君子。”所以这里“彬彬”这两个字形容配合适当。这个原意，是非常接近亚里士多德的“中道”的。

Ⅳ 沉思与实践

如果问亚里士多德，最大的幸福是什么，他会如何回答？

亚里士多德认为存在三种生活：享乐的、政治的和沉思的。享乐的生活只追求肉体的快乐，因而是动物式的；政治的生活追求荣誉和德行，但也不完善；只有人特有的活动才能对应幸福，也就是人的灵魂中逻各斯部分的实现活动。因此，在《尼各马可伦理学》第十卷中，亚里士多德坦言，思辨是最高贵的活动，是最完满的幸福："爱智和思辨的生活提供的享受具有令人惊讶的纯洁性和持续性。"[1]理论思考并不是为了别的什么，而是为了它自身——沉思之中包含了自足。这大概就是他为什么放弃了当亚历山大大帝的老师，而开设吕克昂学院的原因吧。这也足以看出一位哲学家的本质——爱智慧。

延伸阅读

1.［古希腊］亚里士多德：《尼各马可伦理学》，邓安庆译，北京：人民出版社，2010 年。

2.［美］理查德·克劳特：《布莱克维尔〈尼各马可伦理学〉指南》，刘玮、陈玮译，北京：北京大学出版社，2014 年。

1 亚里士多德：《尼各马可伦理学》，邓安庆译，北京：人民出版社，2010 年，第 342—343 页。

21

马基雅维利《君主论》

为什么领导要做“真小人”？

阅读挑战

马基雅维利

群氓总是被外表和食物的结果所吸引，而这个世界里尽是群氓。当多数人能够站得住脚的时候，少数人是没有活动余地的。

—— 马基雅维利《君主论》

引言

如果我问你，要做好人还是坏人。大部分人可能会回答，想要做一个好人。然而，如果你生活在一个人心险恶的国家，周围都是豺狼一般的邻居，而更不幸的是你还是这个国家的君主——国内有贪婪的人民对你的统治不满，国外有不少狡诈的敌人想要你的领土……我再问你同样的问题，你会怎样回答呢？在这里，个人的道德和统治者的权术之间，出现了一道巨大的裂隙。做一个统治者能不能讲道德呢？还是一切以江山社稷为重，该作恶的时候必须要作恶？

在政治哲学传统中，权力、正义、合法性一直以来都是讨论的核心。但如果有人明目张胆地撇开权力的合法性而只强调拳头的力量，你是不是会觉得很惊讶，甚至是反感？文艺复兴时代的意大利，就出现了这样一位哲学家马基雅维利，他写了一本小书《君主论》，主张君主就要抛弃道德，做真小人，而不要做伪君子。马基雅维利因此被视为西方的“厚黑学”鼻祖。他的名字甚至演变成了一个形容词，意指不择手段地使用阴谋诡计。同时，他又被家乡人民视为伟人，葬入佛罗伦萨的圣十字教堂。文艺复兴时期的英国哲学家培根曾说：“马基雅维利写出了人本来的样子，而不是应该的样子。”那么在他笔下，人是什么样子的，他又为何要“教人作恶”呢？

| 为何要写一本“恶棍手册”？

《君主论》大概写于1513年到1514年之间。马基雅维利（Machiavelli）在书的开头就明确指出，这本书就是写给统治者看的。这自然也包括了佛罗伦萨的统治者美第奇家族，而《君主论》的题词便是献给洛伦佐二世的。

1494年，法国查理八世入侵意大利，美第奇家族对佛罗伦萨的统治被推翻，佛罗伦萨共和国成立。马基雅维利的政治生涯也是在这一年开始的。1498年，马基雅维利出任佛罗伦萨共和国第二秘书厅的秘书长，兼任共和国执政委员会秘书，负责外交和国防。由于经常出使各国，会见许多执掌政权的人物，马基雅维利很快就成为佛罗伦萨首席执政官的心腹。但是好景不长，1511年，教皇儒略二世的军队攻陷佛罗伦萨，马基雅维利效力的政权被推翻，美第奇家族在阔别18年后重新控制佛罗伦萨，马基雅维利的政治生涯也就此终结。1513年2月，他被怀疑参与反对美第奇家族的阴谋而被逮捕，遭到刑讯逼供。一个月后，经过多方营救，他才得以出狱，从此隐居乡间。不过马基雅维利并不甘心就此隐没于乡野，他希望通过《君主论》获得美第奇家族的赏识，重回佛罗伦萨。

然而《君主论》的读者不仅限于美第奇家族，它既是写给君主的，也是写给有从政抱负的青年的。其实，马基雅维利自己就是这样的青年。一般人送给君主的无非是奇珍异宝，而马基雅维利想把自己的知识送给君主，他希望自己的经验和才能，能够为佛罗伦萨所用。他在《君主论》中讨论的问题都关乎治国之术：君主国是什么？它有什么种类？怎样获得？怎样维持？又为什么会丧失？后世对《君主论》的评价如他的作者一样也是两极分化。有人说它主要讨论的是“治国术”（stateship），而有人说是一本“恶棍手册”。德国史学家梅尼克曾说，自有《君主论》问世以来，西方的政治学便挨了致命的一刀，其创口或许是永难愈合的。

II 勿忘人心本恶

要描绘高地的人，需要来到平原；要考察平原的人，需要登上高山。同理，“深深认识人民的性质的人应该是君主，而深深认识君主的性质的人应属于人民”。马基雅维利首先就要让君主看清人的本质。马基雅维利对人性的描述非常毒辣。在《君主论》第十七章中，马基雅维利如此描写道：“一般来说，人都善于忘恩负义，容易变心的，是伪善者、冒牌货，是逃避危难、追逐利益的……避险则唯恐不及，逐利则不甘人后。”不过，与其说这是他秉持“人心本恶”的观念，倒不如说这是出于对君主统治的考虑。在另一本著作《论李维》中，马基雅维利写道：“驾驭共和国并制定法律者，必须把人人设想为恶棍，他们会不失时机地利用自己灵魂中的恶念。”因人性是恶劣的，所以也决定了君主应当如何行事。他说：“某些状似德性的东西，如果君主身体力行，那就成了他的劫数；某些状似邪恶的品质，如果君主身体力行，反而会带来安全和安宁。”马基雅维利的这些话，标志着一个从欧洲中世纪到近代的巨大转折。中世纪的欧洲基本上被教会所垄断，人们的世界观、伦理道德、基本价值都被宗教所控制。在这种环境里，人们基本上接受了基督教的人性论，人对自己本性的关照不可能不牵涉与上帝的关系。但是，马基雅维利在谈论人的时候，完全没有使用神学和宗教的叙述方式，而是基于他对人的观察和人类的历史经验。

与此同时，道德和政治也彻底分离了。马基雅维利认为，政治行动，尤其是君主的决定不应当受到道德的制约，而应当首先考虑国家的利益和统治本身。他在《君主论》第十五章里说："一个人如果在一切事情上想发誓以善良自持，那么，他侧身于许多不善良的人当中定会遭到毁灭。"马基雅维利还说，如果君主不能赢得人们的爱戴，也要避免人们的憎恨，因为"当人民对君主心悦诚服的时候，君主对于那些阴谋无须忧心忡忡，但是如果人民对他抱有敌意，怀着怨恨的话，他对任何一件事，对任何一个人就必然提心吊胆"。归根结底，在马基雅维利看来，强力和由此施加在人们心中的畏惧感是维持政权稳定的关键。

III 同时效法狐狸和狮子

中世纪有不少伪君子，马基雅维利则毫不讳言：君主可以做"真小人"。他把政治学当作一门实践学科，将政治与伦理区分开，把国家看作纯粹的权力组织，而不去讨论权力合法性的问题。

在《君主论》第十八章中马基雅维利就说，君主应当同时效法狐狸和狮子。狮子不能防止自己落入陷阱，而狐狸不能抵御豺狼。因此，君主必须是一只狐狸，以认出陷阱；同时他又必须是一头狮子，以震慑豺狼。两者相辅相成，缺一不可。

这就是马基雅维利的经典论调：君主"必须做一个伟大的伪装者和假好人"。一个君主为了国家稳定，不得不背信弃义、不讲人情、违背人道，甚至不惜违反神道；但与此同时君主要"显得"清廉正直、慈悲为怀、合乎人道、虔敬神明。君主是否真的有这些德性不重要，重要的是，在臣民们眼中他是拥有美德的。最为关键的是，君主要知道应变，相机而动，而不能坚持单一的价值和标准，毕竟君主有一个至高无上的目标——维持自己的统治和国家的稳定。这些说法后来都被解读为：只要目的正确，可以不择手段。

在马基雅维利心目中，有一个符合他对理想君主的设想的人选。那就是教皇亚历山大六世的私生子切萨雷·波吉亚。教皇亚历山大六世可能是天主教历史上最为腐败的教宗。他不仅通过一系列的行贿和暗杀登上了教宗宝座，并在坐稳“宝座”之后，还把自己的儿子和亲信安排在教会和世俗的各种重要位置上，权倾一时。切萨雷·波吉亚 18 岁的时候就因为父亲而成为了红衣主教。他用刺杀、下毒等手段为他的父亲扫清障碍，由此成就了他“毒药公爵”的名声。有传言称，他甚至下毒杀死了自己的兄弟乔瓦尼·波吉亚，夺得了教皇军队的统帅位置。1499 年到 1503 年，切萨雷·波吉亚达到了权力的巅峰，他的名字在意大利让人闻风丧胆。

马基雅维利在《君主论》第七章中毫不吝啬对这位“毒药公爵”的夸奖：“当我回顾公爵的一切行动之后，我认为他不但没有可以非难之处……因为他具有至大至刚的勇气和崇高的目的，他只能采取这种行动，舍此别无他途……”“所以，如果一个人认为，为了确保他的新的王国领土安全，免遭敌人侵害，有必要争取朋友，依靠武力或者讹诈制胜，使人民对自己又爱戴又畏惧，使军队既服从又尊敬自己，把那些能够或者势必加害自己的人们消灭掉，采用新的办法把旧制度加以革新，既有严峻的一面，又能使人感恩，要宽宏大量且慷慨好施，要摧毁不忠诚的军队，创建新的军队，要同各国国王和君主们保持友好，使他们不得不殷勤地帮助自己，或者诚惶诚恐不敢得罪自己，那么，他再找不到比公爵这个人的行动更生动活泼的范例了。”

英国著名思想家以赛亚·伯林（Isaiah Berlin）曾在《反潮流》（*Against the Current*）中专门撰写了《马基雅维利的原创性》一文。他在文中评价马基雅维利说道，马基雅维利对古典时代美德的赞扬，和他对中世纪基督教生活观的鄙视，会给后来人一种启示——“有可能存在着不只一种价值体系，这些体系没有可以使人从中做出合理选择的共同标准”“他实事求是地认识到，各种目标同样终极，同样神圣”。那么多种价值体系究竟对我们意味着什么呢？马基雅维利的学说究竟是一种进步，还是一种退步呢？如果你是一个企业的管理者，会学习马基雅维利吗？

延伸阅读

1. [意] 尼科洛 · 马基雅维利：《君主论》，潘汉典译，北京：商务印书馆，1985 年。
2. [英] 克里斯托弗 · 希伯特：《美第奇家族的兴衰》，冯璇译，北京：社会科学文献出版社，2017 年。
3. [日] 盐野七生：《文艺复兴的故事 02：我的朋友马基雅维利——弗洛伦萨的兴亡》，田建华、田建国译，北京：中信出版社，2016 年。
4. [意] 马基雅维利：《佛罗伦萨史》，王永忠译，吉林：吉林出版集团，2011 年。
5.《美第奇家族：翡冷翠名门》第一至第三季，电视剧，2016—2019 年。

22

达尔文《物种起源》“适者生存”究竟是什么意思？

阅读挑战

达尔文

我过去曾接受而现在许多博物学家仍在坚持的观点——即每一物种都是分别创造出来的观点，是错误的。我坚信，物种是可变的……自然选择是形成新物种最重要的途径，虽然不是唯一的途径。

—— 达尔文《物种起源》

引言

+ 2020年，新冠肺炎席卷全球，对我们的生活造成了极大的冲击。面对疫情，各国政府和人民采取的措施截然不同。有些国家提出了所谓的“群体免疫”治疗法，也就是让人群中大部分人感染并自然地获得免疫力，以此来对抗疫情。此言论一出，受到多方激烈的批评，有人认为它是一种社会达尔文主义，也有反对意见认为这就是“适者生存”。对这一防疫政策的评价是否中肯暂且按下不表，其中体现出的对一些基本概念的误解却很值得解释一二。到底什么才是达尔文所说的“适者生存”呢？社会达尔文主义又是什么呢？两者究竟有怎样的关联呢？在这样的处境下，非常有必要来重新审视一下这些似乎耳熟能详的思想。

有人可能会问，为什么要在介绍哲学家的书中安排一位生物学家呢？因为达尔文和他的进化论从根本上改变了人们对世界和自身的看法。它对人们思维的冲击力与影响力，绝对不亚于哥白尼革命。那么，进化论是怎么体现在哲学思想和社会理论中的呢？它带来了怎样的启示，或者也可以问，它带来了怎样的麻烦？

I 小猎犬号航行与《物种起源》

1831 年，年仅 22 岁的达尔文（Darwin）有机会搭乘英国皇家海军的小猎犬号，开始了一段历时五年的环球航行和考察。在达尔文的环球之旅中，最为重要的一段旅程要数 1835 年在太平洋上的加拉帕戈斯群岛的所见所闻。达尔文发现，在这些群岛上生活着十三四种类似的雀鸟。他们的体型非常相似，喙的大小和形状却很不一样。有一些鸟喙长一些，适宜于沙土里挖虫子；有些短一些，而且更为弯曲和坚硬，适合砸开植物的种子。达尔文推断，最初南美大陆上的一些雀被大风吹到了加拉帕戈斯群岛的各个小岛上，根据岛上不同的食物来源，各小岛上的雀鸟慢慢地演化出不同的喙部，以适应各自的环境。反过来说，如果一种鸟类的喙部不适应环境，它就会因为没有足够的食物而饿死，也无法将自己的基因传递下去。这就是自然选择。

回到英国后，达尔文整理了自己收集来的标本和笔记，经过了几年的深思熟虑后，于 1859 年 11 月 24 日出版了跨时代的著作《物种起源》（*On the Origin of Species*）。原书名很长：《通过自然选择或保留生存竞争中的有利种族造成的物种起源》，后来简称《物种起源》。

II “进化”概念

《物种起源》要回答的核心问题是，一个物种是如何会变成另一个或多个物种的？你可能会回答：这还不简单，不就是进化论嘛。然而，进化论在翻译上就有一些小问题。进化论中，“进化”这个词的英文原文是 evolution，本身并不包含“进步”的意思。因此，有人建议把 evolution 翻译为“演化”更为合适。事实上，早在 1898 年，我国学者严复就翻译并出版了赫胥黎《进化论与伦理学》的一部分，也就是《天演论》，“物竞天择、适者生存”及“优胜劣汰”就成为了家喻户晓的进化论基本原理。这么看来，赫胥黎的思想要比达尔文更早一些进入中国。需要澄清的是，达尔文所说的演化只是对小范围环境的局部适应，而且这些微小的变化，都是在几百万年的时间尺度上来谈的。

达尔文认为，虽然同一个物种中的个体都非常相似，但是每个生物个体都是独特的。例如，绝大部分人都有一双眼睛，一对耳朵，两只手和两条腿，但是每个人有特定的身高、体重、发肤颜色都不尽相同。那么，为什么会有这些个体差异呢？这就和遗传有关了。遗传包含两个基本要素：重组和变异，而且很关键的一点是，它们都是随机的，这也是“自然选择”发挥作用的前提条件。达尔文认为，每一个生物个体都要接受自然选择。自然选择的过程包含了很多变量，例如捕猎者、食物来源、栖息地环境，还有气候等。每一个个体都在接受这些因素的考验，而每一个个体因为随机的基因重组或变异而拥有的独一无二的特征，在面对这些考验的时候就会产生或好或坏的影响。带有不利特征的个体就被自然所淘汰，带有有利特征的个体就能将自己的基因传递给下一代。例如，在全球变暖的过程中，如果一种生物身上的毛发过于浓密，可能就无法适应日渐炎热的环境。“自然选择”的本质其实就是自然淘汰，或者自然筛选。

III 不再需要上帝创世

在达尔文写作《物种起源》之前，除了基督教的上帝创世论，并没有哪种学说能更好地解释物种的起源和演化。按照《圣经·旧约·创世记》的说法，上帝在第三日至第五日创造了各种动植物，而且在和“创造”相关的话语中，反复出现了几个非常相似且重要的短语——中文翻译为“各按其类”。也就是说，上帝一次性创造出地球上的各个物种后，万事万物就由此固定下来。还有教会的神学家提出，上帝创造世界是在大约六千年之前。但是，这种创造论的看法，受到了越来越多化石和博物学证据的质疑。

达尔文在看到了加拉帕戈斯群岛的动植物之后，发现它们和美洲大陆上的动植物十分接近，然而岛上的环境和大陆的差异极大，按照创造论的看法，造物主应该把各个物种放在它最为适应的环境当中才对。于是他在自己的笔记中，记录了这样一个想法：那些鸟最开始的时候是同一个物种，只不过后来发生了变异。人们后来在达尔文的航行日记中也发现了他对当时宗教的质疑：“一个人如果没有宗教信仰，可能会感叹：这里肯定工作着两种不同的创造者，但是要工作的对象是同一个，在每一场合下，他们的目标完全达到了。”

虽然达尔文的思想转变也不是那么顺利——他本人在《物种起源》一书中还经常为创造论辩护，但是进化论的思想从根本上击碎了创造论在生物界中构筑的基石。因为在自然界中，所有的生物和它们的器官都是在漫长的演化过程中产生的，所以并不需要预设一个智能的设计或创造者。自然本身的进程就可以解释自然的成果，而不需要依赖于一个外在的意志。我们每一个个体都是35亿年生物进化的结果，每一个物种都只是生命树上的一根树杈而已。所以说，如果你祖上不能给你留下万贯家财，至少也是35亿年进化的赢家。对于我们的生物祖先还是要心怀感恩的。

IV 斯宾塞和社会达尔文主义

达尔文的《物种起源》出版后受到了教会的激烈批评。当时，达尔文的好友赫胥黎不遗余力地为进化论辩护。赫胥黎是个博物学教授，算是达尔文的同行。他的经历也和达尔文非常相似，他曾经在军舰上从事过博物学研究。赫胥黎在第一次读了《物种起源》之后，给予了高度评价："您的思想给那些渴望自由的人带来光明。"1860 年 6 月，英国科学学会在牛津举行了一场会议。当时，一位叫威伯福斯的主教向赫胥黎提出了一个很尖锐的问题："赫胥黎教授，请您回答一下是您的祖父，还是祖母来自猿猴呢？"赫胥黎非常冷静地回击："因为自己的祖先是猿猴就感到羞耻是不应该的，真正感到羞耻的是这样一种人——他心浮气躁又巧舌如簧，在自己应该出现的活动范围里取得一些成绩还不够，还偏要对自己不擅长的科学领域横加干预。"赫胥黎后来被称为"达尔文的斗犬"，但事实上，他更像达尔文理论的代理人。在短短十年时间内，进化论不仅被学术界接受，而且成为了家喻户晓的理论。

达尔文本人对进化论是十分谨慎的，而英国哲学家赫伯特·斯宾塞（Herbert Spencer）却建议把进化论思想运用到各个领域。"社会达尔文主义"就是进化论思想进军社会领域的产物。需要注意的是，社会达尔文主义的出现早于达尔文《物种起源》的问世。斯宾塞在达尔文之前就在 1855 年出版的《心理学原理》这本书里，提出过类似"适者生存"概念。

斯宾塞认为，可以将社会整体同其成员的关系比作生物个体与其细胞的关系，甚至物理世界和自然世界的规律也可以直接应用到人类事务上。由此，社会达尔文主义提供了一套社会模型，根据自然界"食物链"的逻辑，提出"弱肉强食，物竞天择，适者生存"的观点，并以此解释社会现象。实际上，社会达尔文主义突出的不是自然选择，而是人类种内的生存竞争。

当时，在欧洲流行一种种族主义，认为民族也有优劣之分。所以，社会达尔文主义便被政治团体或者意识形态用来为殖民主义服务，宣扬和鼓吹一些民族对另一些民族的统治和压迫。此后，在社会达尔文主义的基础上，还出现了很多“优生学”理论。但是到了20世纪，这些理论被纳粹德国用来系统地对先天残疾人和精神病患者进行“非自愿的安乐死”。这就是纳粹德国历史上臭名昭著的T4法案。20世纪30年代，美国各州也出台类似法令，对精神病人进行强制绝育。可以说，这些做法从根本上混淆了作为科学理论的进化论和作为意识形态的社会达尔文主义。

生物界的弱肉强食本身是一个自然的基本事实，而在人类社会中的“弱肉强食”则变成了一种规范性的主张。将实然与应然混淆起来，始终是值得怀疑的。我们也要保持警惕，防止所谓的科学理论成为某种反人类政策的帮凶。其实，按照现代分子人类学的研究，现在地球上的人类（也就是智人，homo sapien）都起源于非洲。也就是说，所有人都有共同的祖先，而且人与人之间的基因差异可以说是微乎其微的。尝试用人的生物特性，来论证所谓的种族优劣或者弱肉强食的正当性，都是无效的。达尔文绝不该被视为一个生物决定论者。

延伸阅读

1.[英]查尔斯·达尔文:《物种起源》，苗德岁译，南京：译林出版社，2013年。

2.[荷]布斯克斯:《进化思维》，徐纪贵译，成都：四川人民出版社，2010年。

3.[俄]阿·德·涅克拉索夫:《达尔文传》，梦迪译，北京：新世界出版社，2012年。

4.《达尔文的奋斗——物种进化》(*Darwin's Struggle—the Evolution of the Origin of Species*)，BBC，纪录片，2009年。

5.《达尔文所不知道的》(*What Darwin Didn't Know*)，BBC，纪录片，2009年。

6.《达尔文和生命之树》(*Charles Darwin and the Tree of Life*)，BBC，纪录片，2009年。

23

霍布斯《利维坦》

人为何需要国家？

阅读挑战

霍布斯

在没有一个共同权力使大家慑服的时候，人们便处在所谓的战争状态之下。这种战争是每一个人对每个人的战争。

—— 霍布斯《利维坦》

引言

“国家”对很多人而言是一个感受不到，事实上却又无处不在的实体。一个现代人从出生办理出生证开始，再到接种各类疫苗，办理入学手续，登记结婚，工作后缴纳五险一金……一直到死亡，这其中的每一个事件和过程都离不开国家的作用。可是古代人就没有那么依赖国家。一个古代农夫只要自己不偷懒，好好种地就可以养活自己，对他来说，国家甚至意味着要付出更多的税或地租，那么他为什么需要国家呢？所以有些哲学家就在思考：人们究竟为什么需要国家？如果没有国家，人们的生活会有什么不同吗？我们会生活得更加幸福还是痛苦不堪呢？

英国人托马斯·霍布斯就是这样一位哲学家，他的《利维坦》提供了一种对国家起源的契约论解释，影响了后世所有人对国家的理解。

I 《利维坦》

托马斯·霍布斯（Thomas Hobbes）生于1588年，死于1679年，一直活到91岁。他可能是我们所知道的在西方哲学史上寿命最长的哲学家了。他的著作《利维坦》全名也很长，叫作《利维坦，或教会国家和市民国家的实质、形式、权力》。“利维坦”（Leviathan）的字意为裂缝，在《圣经》中是象征邪恶而拥有无穷力量的海怪，它通常被描述为鲸鱼、海豚或鳄鱼的形状。

《利维坦》写于英国内战时期。1649年1月30日，英国国王查理一世被送上了断头台，由他引发的两次内战导致约八万五千人战死沙场，约十万人死于战争所引发的各种疾病。战争对祖国的撕裂和创伤让霍布斯深受打击，而《利维坦》这部西方政治哲学历史上的经典著作，就是霍布斯“战争综合征”的产物。该书的核心任务是要论述人类社会的基础和政府的合法性来源，这也是霍布斯对这一社会现实更为深切的反思。

《利维坦》全书分为四部分，分别为“论人类”“论国家”“论基督教体系的国家”和“论黑暗的王国”。在第一部分中，霍布斯提出了他的基本哲学主张，采取了唯物论的立场，认为宇宙是由物质微粒组成的；第二部分，也是最为后世哲学家们看重的部分，霍布斯在这一部分中分析了人作为一种自然存在物的本性；第三部分着重论述了基督教国家，霍布斯否认教会具有超越世俗政权的权利，认为教会必须服从世俗政权；在第四部分中，霍布斯主要批评了罗马天主教会，呼吁教会势力撤出大学，让大学摆脱教会的控制和影响。

II 从狼与狼的状态到建立契约

在《利维坦》第十三章里，霍布斯讨论了一个著名的概念——自然状态（state of nature）。在论证建立国家的必要性之前，霍布斯追根溯源，探究起人类在没有国家、没有社会、没有法律或者道德的状态下所呈现的状态。

自然状态预设了一个基本前提，那就是人人生而平等，这一观念可以说是象征了现代政治哲学的起点。在这种自然状态下，每个人都是独立的个体，虽然表面上是平等的，但实际上如野兽一般，充满了争斗，相互残杀。霍布斯认为，在人类的天性中，竞争、猜疑、荣誉是造成争斗的三种主要原因。“在没有一个共同权力使大家慑服的时候，人们便处在所谓的战争状态之下”，这种战争是每一个人对每一个人的战争（everyone against everyone）。[1] 人会因为动物性的欲望，例如食欲、性欲，而会恣意妄为，烧杀抢掠。在这种战争状态中，产业和创造是无法存在的，因为生产成果极为不稳定，一旦一个人生产出什么东西来，就有可能被抢走。所以，霍布斯说，在这种战争状态下，艺术、文学、财富等都是不可能被保存的。更糟糕的是，“人们不断处在暴力死亡的恐惧和危险中，人的生活孤独、贫困、卑污、残忍而短寿”。[2] 霍布斯指出，在这种战争状态中，公道也不可能存在，每个人都会为了保障自己的生存权利和个人财产而尔虞我诈、不择手段。所以，自然状态下的人不得不考虑一个首要的问题：如何活下去。也恰恰是因为人们恐惧那种朝不保夕、惶惶不可终日的日子，向往舒适安定的生活，所以才会出现具有

1 霍布斯：《利维坦》，黎思复、黎廷弼译，北京：商务印书馆，1985 年，第 94 页。
2 同上，第 95 页。

理智的人，提出一些解决方案，来达成和平状态。霍布斯提出的那个解决方案后来被称为社会契约（social contract）。

什么是契约呢？霍布斯的意思并不是说我们真的用笔和纸来签署一份白纸黑字的合同，这里的“契约”更像是一种交易，人们出于对自我保存的考虑，自愿让渡部分权利给一个主权者（sovereign），同时接受主权者的保护并服从于它。主权者就是一个绝对权威，一个利维坦，他并不只是一个人或组织，更多时候它是一个拥有公共权力（public power）的国家。

霍布斯的契约论解决了国家的必要性问题和法理起源问题。社会契约证明国家并不是一开始就有的，而是经过权利的让渡而建立起来的。它的目的是让所有人走出相互争斗的自然状态，保障所有人的安全。经由社会契约建立起的国家将符合所有人的意愿，国家也因此具备了合法性。

在《利维坦》原书的封面上有一张非常有意思的插图。地平线上有一个巨人，他头戴王冠，手持权杖，显然是位一国之君。再仔细看，这位国王的身体竟是由一个一个人组成的！这张插图很好地说明了霍布斯契约论的内涵：国家虽然像一个伟大的巨人或怪物（利维坦），但它实际上是由所有人民组成的，而且所有人民都是平等的。换个角度看，利维坦的生命其实起源于人们对于一个理想的公民政府的需求，即走出自然状态，确保和平。

III 国家即“人造的神”

在《利维坦》的第十七章里，霍布斯对国家下了一个定义：“我承认这个人或这个集体，并放弃我管理自己的权利，把它授予这个人或者

上图：利维坦

霍布斯《利维坦》原书封面，由亚伯拉罕・博斯（Abraham Bosse）于 1651 年绘制完成。

这个集体，但条件是你也把自己的权利拿出来授予他，并以同样的方式承认他的一切行为。这一点办到之后，像这样统一在一个人格之中的一群人，就称为国家。”于是，伟大的利维坦就诞生了。

霍布斯把国家称为“有朽的神”或者“人造的神”，也就是人类自己创造出来的上帝，而人自身又是这个神的组成部分。值得注意的是，霍布斯并没有采用任何神学的论证来说明国家的起源。要知道，在此之前，基督教认为君主专制的合法性来源是君权神授。也就是说，所有的国王都由上帝直接委任，国王代替上帝来统治、管理一个国家的人民。人民服从国王的命令就是服从上帝的意志。霍布斯则根据理性人的假设，从自然状态一步一步推导出国家的必要性。臣民之所以要服从国王，是因为国王就是国家权力的肉身化代表。国王的权力并不来自上帝，而是来自人民。

当然，利维坦本身也必须具有绝对的权力。如果没有这样的权力，利维坦就不能震慑每一个人，国家可能会解体，人民将重新进入自然状态。在霍布斯看来，一个强有力的利维坦，或者说主权者，是医治内战的唯一药方。只要主权者足够强大，让每一个人都屈服于它营造的恐惧感，让每一个人都不敢轻易造次，经历过战争重创的社会才能保持稳定。我们如今很难理解这种绝对主义思想，但是面对内战的硝烟，霍布斯一心只求国家的统一与和平。

按照霍布斯的契约论，一个政治契约一旦成立，每个人都必须要遵守。如果有人违反了契约，那该怎么办？怎样才能杜绝人们违反契约呢？霍布斯认为，这就需要一个公共权力的保障。这个公共权力有三方面的作用：第一，抵御外敌，防止侵略；第二，维护国内社会的和平与安定；第三，保障人民的劳动成果，使得大家安居乐业。为了能真正发挥这三方面的作用，所有人都要把权力托付给主权者。在霍布斯的时代，主权者就是君主，哪怕英国人亲手将自己的君主送上了断头台，霍布斯依然认为君主的存在是有必要的。君主就是利维坦的人格化。

霍布斯将政治制度分为三种类型：君主制、贵族制和民主制。如果要在三种政体中进行比较，霍布斯认为君主制是最好的，因为君主制可以把国家的利益和君主个人结合起来，形成一种一荣俱荣、一损俱损的格局。霍布斯当然考虑到，任何人都会有私欲，都希望为自己、家属、亲人谋求更多的利益，因此他也指出，只有把公私利益在君主身上紧密结合起来，公共利益才能最大化。如果一个国家的人民非常贫穷，那么君主将同样贫穷；如果一个国家的人民不能抵御外敌，那么君主也将失去他的荣耀和安全。霍布斯在书中赋予了主权者极大的权力，就是因为他将祖国内战的原因归咎于国家权力的分散——国王、上议院和下议院共同享有最高权力，如果权力集中在国王一个人身上就可以避免内战的爆发。这一观点和后来洛克与孟德斯鸠的分权学说恰好相反。霍布斯也承认，主权者可能是专制的，但是相比较而言，拥有一个专制但能保障人民安全的君主也要比深陷无政府的自然状态要好得多。

既然国王的部分权力来自人民，那么人民是否可以推翻国王呢？在霍布斯看来，答案显然是否定的。他不无讽刺地说："如果人们懂得自己进行统治，他们就不需要统一的强制力了。"霍布斯对民主政体的忌惮使得他认为利维坦的存在是绝对必要的，如果没有利维坦，人与人之间将无法协作，正如下议院的草根议员们，只会吵吵嚷嚷却无法达成共识。不过，在霍布斯看来，只有一种情况下，人民可以认为社会契约失效了，那就是当利维坦不再能够保护民众安全的时候。

大家是不是觉得霍布斯的利维坦过于强大了？倘若世界上真的存在一个利维坦，它将会走向何种结局呢？

延伸阅读

1. [英] 霍布斯:《利维坦》,黎思复、黎廷弼译,北京:商务印书馆,1985 年。

2. [英] 托马斯·霍布斯:《贝希摩斯:英国内战缘由史》,李石译,北京:北京大学出版社,2019 年。

3. [美] A.P. 马蒂尼奇:《霍布斯传》,陈玉明译,上海:上海人民出版社,2007 年。

4. [美] 昆廷·斯金纳:《霍布斯与共和主义自由》,管可秾译,上海:上海三联书店,2011 年。

5.《英国史》(*A History of Britain*)第八至第九集,BBC,纪录片,2000 年。

24

洛克《政府论》

政府的职责是什么？

阅读挑战

洛克

从古至今，为患于人类，给人类带来城市破坏、国家人口绝灭以及世界和平被破坏等绝大部分灾祸的最大问题，不在于世界上有没有权力存在，也不在于权力是从什么地方来的，而是谁应当具有权力的问题。

——洛克《政府论》

引言

\+ 这一章的内容要从一个问题开始，请大家做好准备，开始放飞自我吧！

Q: 如果你是一个国王或者女王，你最想做的一件事情是什么呢？

\+ 大家可以好好地狂想一分钟。很多人可能立刻就会想入非非。例如，想要后宫佳丽三千；想要四处征战，打下一片江山；想要做一个贤明的君主，建立一个良好的国家……

\+ 你想要做什么其实并不重要，重要的是下一个问题：

Q: 作为一个国王或者女王，如何做到你想做的那件事情呢？

\+ 做任何事情，当然需要人力、物力和财力，而这些都要从你国家里的老百姓那里来啊。

\+ 不过，这可能还不是最严重的问题，你的人民可能会问：

Q: 你凭什么可以当国王或者女王呢？

Q: 老百姓为什么需要一个国王呢？

\+ 老百姓没有国王，照样可以过日子；国王没有老百姓，反而没有饭可以吃了。不过，你作为国王，反正可以收税、收税再收税。但是，你还是会面临这样一个问题：

Q: 老百姓会心甘情愿地交税给你吗？

\+ 面对这些问题，你能不能给出一个能够让人民满意的回答呢？总不能说，我长得帅，所以可以当国王咯。这个问题回答得不好，你的王国将很有可能被老百姓推翻。英国近代哲学家约翰·洛克就在他的《政府论》中，尽力圆满地回答了这些问题。

I 洛克、《政府论》与光荣革命

约翰·洛克（John Locke，1632—1704）生活的时代似乎是一个奇妙的结合。套用《双城记》经典的开头：那是一个极度崇尚理性的时代，也是一个充满了变动和疯狂的时代。1683 年到 1689 年，由于被怀疑涉嫌一件刺杀查理二世国王的阴谋，洛克化名为范德林博士，在荷兰度过了六年的流亡岁月。这也让洛克终于有时间，摆脱俗事，开始撰写自己的著作，其中就包括政治哲学名著《政府论》。《政府论》出版于 1689 年，此时英国的光荣革命业已完成。在全书主体部分完成后创作的序言里，洛克表明，自己的著作能够为光荣革命提供法理上乃至哲学高度上的辩护。

光荣革命在西方近代史上具有非凡的地位和意义。大约从 1642 年英国国王查理一世发动第一次内战开始，英国就陷入了国王和资产阶级之间反反复复的冲突和斗争。当时在议会中形成了两个派别：一方是代表资产阶级和新贵族利益、反对国王的“辉格党”，他们要求限制国王的权力；另一方是代表大地主利益、拥护国王的“托利党”，他们主张君主专制。詹姆士二世于 1685 年上台后，加强了对人民的奴役和迫害，因而在人民群众中激起了新的反抗浪潮。于是，辉格党与托利党便携手于 1688 年发动政变。他们把詹姆士二世的女婿威廉从荷兰接来继承王位，而詹姆士二世则流亡法国。这段历史就是著名的“光荣革命”。1689 年，议会通过了《权利法案》，确保人民享有“真正的、古老的、不容置疑的权利”。这部著名的法案还规定君主未经议会同意不能停止任何法律效力、征收赋税、建立常备军；人民应享有选举议会议员的自由；议会享有辩论的自由等。光荣革命和《权利法案》最终奠定了英国的君主立宪制，促使英国形成了独具特色的议会民主制度。

II 反对君权神授

《政府论》可以说是兼顾了“破”与“立”两方面，因而在结构上也分为上下两篇。《政府论》的上篇要破除当时流行的“君权神授”观念，具体来说，就是对罗伯特·费尔默（Robert Filmer）所著的《父权制，或国王的自然权力》的直接反驳。费尔默是典型的保皇派人物。他的两个核心观点带有明显的中世纪神学特色：第一个是君权神授，第二个是王位世袭。按照费尔默的论证，上帝创造了第一个人类亚当，同时授予他统治世上万物的权力，因此亚当不仅是第一个人类，更是第一个国王，而且亚当这种父权和王权代代相传。照此推算，君主的血统都能追溯至亚当，所有君主的统治权都直接来自上帝。

洛克的主张与费尔默的完全不同，他在《政府论》上篇中提出了四个观点。第一，上帝并没有给予亚当对人类、对他的儿女、对他自己的同类任何直接的权力，亚当也并没有因为上帝的特许而成为统治者或“君主”；第二，即使亚当享有这种权力，他的继承人也无权世袭这种权力；第三，即使亚当的继承人可以世袭这种权力，但是由于没有自然法，也没有上帝的明文规定来确定在各种情况下谁是合法继承人，因而也无从确定应该由谁来掌握统治权；第四，即使上帝有这样一种明文规定，但是谁是亚当的直系后裔呢？换句话说，在人类各种族和世界上各家族之中，没有人能比别人更有理由自称是最直接的亚当后裔，从而享有世袭的权力。

因此，洛克在《政府论》下篇一开始就宣布：“现在世界上的统治者想要从以亚当的个人统辖权和父权的一切权力的根源这种说法中得到任何好处，或从中取得丝毫权威，就不可能了。”

III 反对霍布斯：国家为个人而存在

洛克在《政府论》中除了反驳君权神授之外，还对霍布斯的国家理论提出反对意见。霍布斯认为，为了摆脱自然状态，过上和平有序的生活，人们需要把权利让渡给一个绝对主权者，也就是利维坦。但是这种权利的让渡就像是一锤子买卖，因为这个利维坦是不容置疑的，人民要对他绝对服从。但是洛克就认为，国家或者说国王，也是契约的参与方。国家不是人民拱手给的，想要得到。它还需要完成一定的使命：国家或者政府“都没有别的目的，只是为了人民的和平、安全和公众福利”，而“政治权力就是为了规定和保护财产而制定法律的权利”。

按照洛克的理论，人在自然状态中就享有基本的权利，最主要的包括“生命、自由、健康和财产”，那么人为什么还要脱离这种如伊甸园一般美好的自然状态呢？因为在自然状态下，存在一些难以被消化的问题，比如说法律的缺失。

所谓的自然法仅仅是一种习俗，并没有什么强制力。虽然洛克认为每个人都有权利惩罚违反自然法的人，但是在自然状态下，并没有公认的权威来统一裁决或者处理纠纷，更没有权威来执行自然法。就好比有人偷了一个你种出来的西瓜，而对方人高马大，你不仅追不上他也打不过他，更谈不上惩罚他了。那么，自然法不是落空了吗？洛克也意识到，在自然状态中，人享有的那种权利很不稳定，会不断受到别人的侵犯和威胁。所以，“人类结合成国家，把自己置于政治之下，其主要目的是保全他们的财产”，建立一个国家或者政府来保障人的生命、自由和财产就显得很有必要。“最高权力若不经本人的同意，不得从任何人取走其财产的任何部分”，国家不能随意拿走私人的财产，否则就是对个人自然权利的侵犯。一个政府如果试图侵犯人民的财产，也就违背了最初人民对它的委托，人民就可以选择推翻这样一个政府，正如英国光荣革命那样。

在洛克眼中，政府扮演着类似于保安的角色——负责维护一种稳定的环境，让每个人的权利得到保障的同时给予充分的自由。如果你家的保安反客为主，让你给他端茶倒水、捏肩捶腿，你不听话就用手铐和警棍威胁你，那该怎么办？因此，如何限制政府权力，成了洛克考虑的头等大事。如果国家滥用权力，洛克认为只能使用强力来对抗强力，“暴力只可用来反对不公不法的暴力”。总之，国家就是保障个人幸福的工具，国家为个人而存在，而不是个人为国家而存在。

IV 权力不能私有，财产不能公有

洛克还有一个有趣的理论：立法机关总是好的，而行政机关一般都是恶劣的。这里他当然有所指。在英国历史中，议会是立法机关，而国王就是行政机关的代表。洛克说：“如果同一批人同时拥有制定和执行法律的双重权利，这就会给他们的人性之恶以绝大诱惑，促使他们动辄要攫取权力，借以使他们免于服从自己所制定的法律和约束，并且在制定和执行法律时，必然使法律适合于他们自己的私人利益。”与孟德斯鸠的三权分立不同，洛克并未将司法权单独划分，而是比较明确地提出了二权分立，也就是行政和立法权的分立。在洛克的时代，英国的大法官随时可能被国王免职，直到光荣革命以后，司法权才实现了独立，英国国王彻底成为一个徒有其名的“虚君”了。

洛克对国家和财产的看法，可以用他自己的一句话来总结：“权力不能私有，财产不能公有，否则人类就会进入灾难之门。”不过理念的提出和理念的落实是两件事情。洛克提出的政治理念，最终是在美国实现的。美国的国父们在《独立宣言》中写道："我们认为下面这些真理是不言而喻的：人人生而平等。造物者赋予他们若干不可剥夺的权利，其中包括生命权、自由权和追求幸福的权利。为了保障这些权利，人类才在他们之间建立政府，而政府之正当权力，是经被治理者的同意而产生的。当任何形式的政府对这些目标具破坏作用时，人民便有权力改变或废除它，以建立一个新的政府。"所以，后来不少人认为，美国的建国历程就是洛克政治哲学的一次大规模实验。

延伸阅读

1.[英]洛克：《政府论〈上篇〉》，瞿菊农、叶启芳译，北京：商务印书馆，1982年。

2.[英]洛克：《政府论〈下篇〉》，瞿菊农、叶启芳译，北京：商务印书馆，1964年。

3.[英]洛克：《教育片论》，熊春文译，上海：上海三联书店，2014年。

4.[英]洛克：《论宗教宽容》，吴云贵译，北京：商务印书馆，1982年。

5.[美]格瑞特·汤姆森：《洛克》，袁银传、蔡红艳译，北京：中华书局，2014年。

25

边沁《道德与立法原理引论》

为何要追求“最大多数人的最大幸福”？

阅读挑战

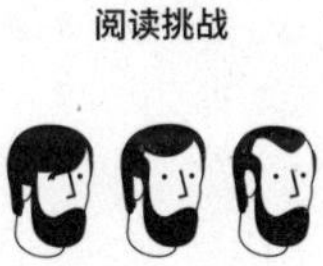

边沁

作恶之乐是鉴于痛苦而产生的快乐，是因为看到据想由下述生灵遭受的痛苦而欣然生乐：此等生灵可以成为施恶作孽的对象，亦即人和其他动物。此乐亦可称为恶意之乐、恨欲之乐、厌恶之乐、邪恶或社会敌意之乐。

—— 边沁《道德与立法原理引论》

引言

+ 有一个叫作“电车难题”（Trolly Problem）的著名思想实验：一辆有轨电车突然失控，在轨道上一路狂飙。如果不加以干涉，它将会撞死正站在轨道上的五个人。假设这时你恰好站在轨道边，手边有一个扳道器，只要拉动扳手，电车就会转向另一条轨道，而在那条轨道上也站着一个人。如果你选择拉动扳手，那么这个人就会被撞死。此时你将如何选择？是拉动扳手，还是什么都不做呢？一条人命还是五条人命？

“电车难题”初见于当代美国哲学家菲利帕·福特（Philippa Foot）在1967年发表的论文《堕胎问题和教条双重影响》中，后来被美国哈佛大学伦理学教授麦克·桑德尔经常引用而广为流传。知道电车难题的人大多都会选择拉动扳手，理由很简单：这样做可以救五个人，虽然要牺牲一个人，但还是比牺牲五个人要好。如果你也是这样想的，那么恭喜你，和道德哲学中功利主义流派的想法不谋而合。功利主义最早的提倡者之一就是英国哲学家、法学家、社会改革家杰里米·边沁。

电车难题其实是现实中很多困难的一个缩影。我们在做出一项决策或者制定一项政策的时候，很难保障所有人的权益，有时候不得不牺牲个别人的利益；而当一项政策或者一条法律的施行能够保障大多数人的利益时，我们通常也会遵守这样一条善法，也会支持这种良政。不过，“善就是让大多数人快乐”这一原则本身是否有问题呢？

I 功利原理：最大多数人的最大幸福

1748 年，杰里米·边沁（Jeremy Bentham）出生在英国伦敦。他小时候虽然体质虚弱但是智力超常，年仅 12 岁就被送到牛津大学女王学院学习。1789 年，边沁出版了一本叫作《道德与立法原理引论》的书。在欧洲启蒙运动的影响下，边沁逐渐产生了一个想法：应当把惩罚当作一个防止犯罪的手段，而这种惩罚应当以人最小的痛苦为代价。而且这种惩罚要成为立法的原则。边沁还有一个伟大的设想——“依靠理性和法律之手建立人类福乐大厦”。

边沁致力于建立一种完善、全面的法律体系，一种“万全法”（Pannomion）。他认为自己能够提出一套类似科学方法般严格精确的标准，而不是仅仅依靠模棱两可的判断。他自己将这套标准称为功利原理。中国古代有“义利之辩”，“功利”被视为一个与“正义”相对的贬义词，然而边沁所说的功利原理并不是让人唯利是图的意思。“功利”一词在英语中是 utility，其基本含义是“有用性”或者说“有益”。有人建议把 utility 翻译为“功效”，可能就不太会引人误会了，甚至有助于人们理解这一概念，毕竟边沁在另一本著作《政府片论》中就曾将功利原理概括为“最大多数人的最大幸福原则”。

人都有趋利避害的本性，这一点在边沁那里几乎是自明的，这也让边沁的功利原理带有明显的快乐主义（hedonism）的色彩。人无非就是要“享有快乐，避免痛苦”，所以幸福、快乐、福利、利益在边沁眼中都是近义词。不过，快乐的含义很宽泛。边沁提出：“自然把人类置于两位主公——快乐和痛苦——的主宰之下。只有它们才能指示我们应当干什么，决定我们将要干什么。是非标准，因果联系，俱由其定夺。凡我们所行、所言、所思，无不由其支配；我们所能做的力图挣脱被支配地位的每项努力，都只会昭示和肯定这一点。一个人在口头上可以声称绝不再受其支配，但实际上他照旧每时每刻对其俯首称臣。”

由此为基本前提，边沁给出这样的定义：“功利原理是指这样的原理：它按照看来势必增大或减少的利益有关者之幸福的倾向，亦即促进或者妨碍此幸福的倾向，来赞成或者非难任何一项行动。我说的是无论什么行动，因为不仅是私人的每项行动，而且是政府的每项措施。”《道德与立法原理引论》这本书的一个基本构想就是，把政治和法律的制度严格建立在功利原理的基础之上。现在再回到电车难题，如果你选择牺牲一个人，拯救五个人，那么结果会是五份幸福和一份痛苦。可以说这样的选择非常符合边沁所说的功利原理。

II 功利面前人人平等

边沁的功利主义有几个隐含的基本前提：

第一，任何幸福的计算都是针对一个共同体而言的。边沁说：“当一项行动增大共同体幸福的倾向大于减小这一幸福倾向时，它就可以说是符合功利原则，或简言之，符合功利。”按照他的定义，共同体利益“是组成共同体的若干成员的利益总和”。那么，什么是“共同体”呢？共同体的范围有多大？共同体可大可小，有时候是一个班级，有时候是一个国家，甚至可以是整个人类。共同体之间也会产生冲突，不同的共同体站在自己的角度分析利弊，容易产生截然不同的，甚至是互不相容的结果。举一个极端的例子：一家汽车生产商发现自己生产的一批车有安全隐患，会威胁到驾驶者的人身安全。这个时候，它将有两个选择。

选择一：召回全部问题车，更换零件，不过需要耗费10亿元，会对公司造成巨大的损失，公司甚至可能因此而面临倒闭的风险，员工们也会纷纷下岗失业。

选择二：不召回问题车，但是车辆一旦发生事故，造成人员伤残，公司就会对相关人员进行赔偿。根据事故概率估算，赔偿最多花 3 亿元。

这个汽车生产商如果单纯以功利原则来判定，就会选择不召回检修，而仅仅在出事故的时候提供赔偿。这显然是不道德的处理方式。企业如果为了自身的利益而不择手段，就会让一些消费者蒙受巨大的损失。

第二，"等价原则"，即所有人都是等价的。边沁在《道德与立法原理导论》中说："人人价值平等，绝无尊长显贵。"他还说："每个人的幸福值都是一，任何人的幸福值都不超过一。"这个说法在现代人看来，无非就是人人平等的意思。不过在边沁的时代，社会阶层差异极大，用数值来衡量的话，可能一个贵族的幸福值是 100 分，而一个普通农民的幸福值只有 1 分。边沁提出这个原则破除了很多人的社会特权，也非常符合一个民主社会的设定。

第三，快乐是可以进行加减计算的。和以往的道德哲学相比，功利主义不涉及什么抽象的原则，明显更简单明了。边沁制造出了一个非常简单的"快乐计算器"，在这台快乐计算器里面，痛苦仅是"负的快乐"。边沁把快乐分为七个范畴：快乐的强度、持久性、确定性、在时间上的远近、继生性、纯度和发生范围。这些分类看似明确，"计算快乐"这一想法也简单直接，实际操作起来却是困难重重。比如，我吃一个冰淇淋甜筒的快乐，如何与我欣赏巴赫的赋格乐曲的快乐相比较呢？密尔对边沁的批评主要就是在这一点上展开的。

III 少数派总要被牺牲吗？

有人一定还会说，我从一开始就不认同边沁的想法，可以吗？当然可以。功利主义的支持者认为自己的原则简单明了，但反对者会认为它过于无端粗暴。我们来看一下对功利主义可能产生的质疑和反驳：

第一，人都是追求幸福的吗？趋利避害似乎在边沁那里是一个自明的原则。但是我们也可以问，人都会接受快乐主义的前提吗？有没有比追求快乐更高的原则？

第二，人为什么有利他行为？利他其实是所有道德哲学都要处理的问题。人其实并不总是那么自私自利，有很多行为也受到了良好意愿和高尚动机的推动。

第三，功利主义没有一条明确的底线吗？边沁式的功利主义必然包含一个结论：原则上可以牺牲个体或者少数派。那么，“少数派”该怎么定义？是1%还是49.99%？对个体而言，牺牲的范围该怎么划分？可牺牲的和不可牺牲的该怎么区分？基本的自由和生命权利也可以被牺牲吗？很多功利主义者认识到了这些问题，开始着手对功利主义进行修正。他们把以往的功利主义称为“行为的功利主义”，因为这种功利主义在进行判断的时候，都是针对每一个具体行为而言的。那种简单粗暴地要求牺牲少数人利益的做法，是边沁式功利主义可能造成的恶果之一，功利主义很可能因此而成为多数人压迫少数人的借口。

此外，还有一种对功利主义的反驳：虽然边沁认为人人平等，人的价值是一样的，但是这一前提有时候并不符合我们的道德直觉。再回到电车难题。假设另一条轨道上站着的是一个小孩，或者是你的母亲，你还会选择拉扳道器吗？几乎所有人都要犹豫了。人类的直觉告诉自己，人和人对“我”来说并不是等价的。看过克里斯托弗·诺兰导演的《蝙蝠侠：黑暗骑士》的观众们一定会记得小丑留给哥谭市的道德抉择：一艘船满载无辜的市民，另一艘船上全都是暴力罪犯，现在要炸毁一艘船，人们要如何选择？相信看电影的时候，很多观众已经默默选择了炸毁后者，而这样的选择确实也与功利主义的大前提——人人平等相矛盾。

综上所述，功利主义的原则优势明显，但也争议不断，甚至用“甲之蜜糖，乙之砒霜”来形容功利主义都不为过。你会如何看待功利主义的原则呢？

延伸阅读

1. [英] 边沁：《道德与立法原理引论》，时殷弘译，北京：商务印书馆，2005 年。
2. [英] 边沁：《政府片论》，沈叔平译，北京：商务印书馆，1997 年。
3. [澳] J. J. C. 斯玛特、[英] 伯纳德・威廉斯：《功利主义：赞成与反对》，劳东燕、刘涛译，北京：北京大学出版社，2018 年。
4. [英] 蒂姆・莫尔根：《理解功利主义》，谭志福译，济南：山东人民出版社，2012 年。

26

密尔《功利主义》

你想选莎士比亚还是啤酒？

阅读挑战

密尔

做一个不满足的人胜于做一只满足的猪；做不满足的苏格拉底胜过做一个满足的傻瓜。

—— 密尔《功利主义》

引言

+ 1978 年，美国加利福尼亚州曾经发起过一场投票。根据计算，加利福尼亚州公立大学里讲授莎士比亚课程的费用，需要该州每位纳税人承担 25 美元。现在所有民众有这样一次选择的机会：你是否愿意取消加州大学里所有的莎士比亚课程，而让州政府给每个人发放一箱价值 25 美元的啤酒？莎翁还是啤酒，这是一个问题。或者我们该这样问：这是否应该是个问题？可以告诉大家，加州人最后选择了啤酒。

人不读莎士比亚、不读唐诗宋词是不会死的；同样，人不喝啤酒、不吃方便面也是不会死的，这些都不是必需品。但是它们都可以给我们带来快乐。我们现代人毫无疑问是不会回避快乐的，生活中各种各样的事情和东西都可以给我们带来不同的快乐。例如，吃一顿好吃的饭，看一场足球比赛，玩一局电脑游戏，出去进行一次旅行，看一部电影，到博物馆或者美术馆看一场展览等。按照边沁的功利主义计算，上述的行为对每个人而言都意味着“快乐 +1”。那么，你希望选择怎样的快乐呢？你会选择莎士比亚课程，还是啤酒呢？在密尔看来，幸福虽然各不相同，但是有明确的高下之分，所以他要对边沁式的功利主义进行修正。

I 所有目标都实现后你会快乐吗？

密尔（John Mill）的父亲老密尔（James Mill）是边沁的好友，自1808年两人结识之后，边沁一直在经济上资助密尔一家。和那个时代的其他学者不一样，密尔几乎没有受过任何正规教育，他没有上过小学，也没有上过初高中，更不要说大学了。密尔的教育是由他的父亲和边沁一手包办的，可以说密尔本人就是一场私塾教育实验的成果。老密尔并不是什么名门之后，他的父亲只是一个苏格兰乡村的制鞋匠，但是他一心要把长子培养成一个出人头地的人，于是密尔从小就被免除了各种家务劳动以便可以专心学习。密尔很小的时候就开始学习古希腊文、拉丁文、几何与代数，12岁开始学习逻辑学，13岁时他就已经阅读了经济学家亚当·斯密和大卫·李嘉图的著作，14、15岁时还学习了化学、植物学和法语。密尔并不认为自己天资过人，但是因为父亲的严格教育，他在学识上远远超过了同龄人。按照密尔自己的回忆，只要没有达到他父亲的预期，老密尔就会“失去理智”。不知道在密尔眼中，这种私塾式的教育方式相对于学校教育是更自由，还是更不自由。

到了1826年的秋天，密尔陷入了瓶颈期，他得了严重的神经衰弱——这可能是他特殊家庭教育的副作用——他突然感到迷茫，并自己问自己：如果生活中的所有目标都已经实现，你还会觉得快乐吗？他的回答是否定的。因为，他以往接受的教育缺乏了一个很重要的维度，那就是情感。他可以吸收人类古往今来所有的知识，却几乎成为了一台思考的机器。后来他在自传里写道：“只有那些不为自己谋快乐，而把心力用在别的目的上的人才是快乐的。……唯一的办法是不把快乐当作目的本身，而把快乐以外的目的作为生活的目标。”最后，密尔通过阅读华兹华斯、柯勒律治等人的诗歌，才摆脱了那场心理和精神的危机。密尔这段时间的经历对他以后的思想产生了很大的影响，他意识到边沁的哲学体系可能缺少了一些对人而言至关重要的东西。他虽然没有放弃边沁提出的快乐原则，但也对快乐的内涵提出了反思和质疑。

II 宁愿做不满足的苏格拉底，也不做满足的猪

密尔的《功利主义》（*Utilitarianism*）就是对边沁功利主义思想的批判式发展。《功利主义》最早于1861年发表在《弗雷泽杂志》上，1863年以单行本的方式出版，那时密尔已经将近60岁了。可以说，很少会有一个哲学主义会像功利主义那样，对人类生活的司法、政治、经济和文化领域产生如此巨大的影响。这当然和功利主义本身的一些优点有关。

如果和霍布斯的契约论来进行比较的话，功利主义的优点非常明显：霍布斯的契约论预设了一个自然状态，因为这种自然状态更类似于一种思想实验，所以缺乏经验的基础。相比之下，功利主义显得更加具体而切实，它直接诉诸基本的人性——趋利避害，毕竟喜欢快乐而逃避痛苦几乎是人人都会做的选择。所以有人说，功利主义好像建立在一条自明的经验公理之上。

密尔于书中首先明确了功利主义的这一特征，他澄清了功利主义的含义，并说明了功利原则被人所接受的原因。他认为，如果没有相应的人性基础，那么大多数人是无法遵守任何道德规则的，无法做到的道德规则将会形同虚设，失去意义。这里说的人性基础，就是指人趋利避害的天性，正是因为顺应了基本的人性，功利主义才会更易被人接受。

其次，密尔证明了功利主义的道德标准，也就是证明了“最大多数人的最大幸福”这个原则。在边沁看来，各种快乐是等价的，边沁为此

设计了一套“快乐的算术”。一个人如果感到快乐，那么他的快乐值就+1；如果感到痛苦，那么快乐值就-1。由此，可以很便捷地算出“最大多数人的最大幸福”的数值。边沁对此有一个著名的表达：“图钉游戏与诗歌一样好。”这句话想表达的意思是，幸福的量比质更重要。

密尔坚决反对边沁把幸福同质化并量化的做法，他更看重幸福的“质”而非“量”。幸福本身有高下之分吗？密尔会肯定地回答“有”。他说：“承认某些类型的快乐要比其他类型的快乐更使人向往、更具有价值，这符合功利的原则。”他区分了高级幸福和低级幸福。某些快乐要更为高级，即便某些低级的快乐数量上是巨大的，但不能为此而放弃那些高级的快乐。密尔还有一句极为经典的解读：“做一个不满足的人，比做一头满足的猪好。做一个不满足的苏格拉底，比做一个傻子好。”我们可以问自己：在手机上玩一小时“连连看”游戏和参观一个小时的美术馆，哪一个更幸福呢？

不难看出，密尔的功利主义带有精英主义的色彩。他曾说：“未经开化的人不能很好地鉴别教化的价值。”在密尔眼中，幸福具有某种尊严感而不仅是一种生理上的满足，没有接受过良好的教育将无法享受高等的幸福。其实，密尔从根本上改变了幸福的定义。边沁将个人作为幸福的主宰，是否幸福由你自己说了算，你若觉得“炸鸡与啤酒”能让你满足，那“炸鸡与啤酒”就是幸福。密尔则偷偷引入了一个“不偏不倚”的旁观者，让它给出了诸多关于幸福的规定，使得功利主义与利己主义脱离了关系。密尔提醒我们，在多数文化环境中，人们随时都有可能堕落，也就是放弃高级的快乐，而心安理得地选择唾手可得的直接享乐。

最后，密尔讨论了功利主义和正义的关系问题。总体来说，《功利主义》这本书，可以看作密尔的一种努力。他尝试要克服边沁功利主义理论中的一些不足之处。从边沁到密尔，是存在明显的继承和递进的。

III 何谓“最大多数人”的幸福？

密尔对边沁提出了可贵的批评与修正，但二者也有共同的局限。这可以从三方面来看：

第一，边沁的功利主义会自动牺牲个体或者少数人的利益。在希腊神话中有一个非常接近功利主义的故事：阿伽门农王在进攻特洛伊时，遇到暴雨而无法起航。于是，一个占卜者向阿伽门农王建议，要他献祭自己的女儿伊菲戈涅亚。阿伽门农王为了大局考虑，忍痛杀死了自己的女儿。按照边沁式的功利主义原则，这是符合社会整体效用原则的。但无辜的伊菲戈涅亚却要被牺牲。事实上，整体利益往往被用来作为侵犯个人利益的借口。或者说，功利主义基本不承认个人具有神圣不可侵犯的权利。所以容易出现为了多数人的利益而侵害少数人的权利的情况，有的时候少数人甚至要付出生命的代价。所以如何保护个体的利益，成为了功利主义急需面对的难题。

第二，边沁忽视了幸福平均值。幸福的总量总是针对一个共同体而言的，如果在短时间内世界人口增加了很多倍，那么人类的整体福祉是不是就增加了很多倍呢？其实我们可以想象，人口增加很多倍的话，人均资源就会减少，个人的平均幸福也一定会降低。密尔虽然将幸福转化为了集体的幸福，但依然很难对此做出正式的回应。在现代社会中，国民福利是一个经常需要考虑的大问题。例如，如果一个家庭有十个小孩，每人每天都会有一个馒头吃，而现在家里买了十五个馒头，比原来多出了五个，但是父母并没有做到“一碗水端平”，把多出来的馒头都给了大儿子，其余的孩子还是只能吃到一个馒头。这个家庭的幸福总量看似增加了，但同时造成了显而易见的不公。单靠功利主义是无法解决这个问题的，因此分配正义的原则就显得格外重要。

第三，边沁和密尔似乎都没有考虑过幸福的复杂心理基础。他们对幸福持有一种朴素的认识。一个人或者一群人的幸福如果建立在另一群人的痛苦之上，那可如何是好？想想电影《饥饿游戏》中描述的极端场景，届时我们又该如何计算快乐呢？

综上所述，功利主义虽然看上去简单、容易操作，但实际上会遇到不少问题。在很多情况下，功利主义并不能单独起作用，否则会引发一些很恶劣的状况。

延伸阅读

1.[英]约翰·穆勒：《功利主义》，徐大建译，北京：商务印书馆，2014年。

2.[英]约翰·穆勒：《约翰·穆勒自传》，吴良健译，北京：商务印书馆，1998年。

3.[英]约翰·密尔：《论自由》，许宝骙译，北京：商务印书馆，2005年。

4.[英]约翰·斯图尔特·密尔：《密尔论大学》，孙传钊、王晨译，北京：商务印书馆/三辉图书，2013年。

27

卢梭《社会契约论》

为何人生而自由
却无往不在枷锁之中？

阅读挑战

卢梭

唯有道德的自由才使人类真正成为自己的主人；因为仅只有嗜欲的冲动便是奴隶状态。

——卢梭《社会契约论》

引言

+ 如果大家到法国巴黎去旅游，除了看香榭丽舍大街，当然也要看看凯旋门；除了在塞纳河泛舟、看看埃菲尔铁塔之外，也千万不要错过先贤祠；如果到了先贤祠，一定要参观地宫。先贤祠可以说是法兰西精神的安息之处，里面埋葬的都是在法国乃至欧洲历史上做出杰出贡献的人。

地宫里有一对棺木最引人注目：其中一个棺木上雕有一扇虚掩着的门，门缝里伸出一只手，手中握着一支熊熊燃烧的火把。棺木上还刻着一句简单的评语：自然与真理之子。那是法国思想家让-雅克·卢梭的棺木。卢梭被誉为“法兰西共和国的精神之父”，而那支燃烧的火把象征着卢梭的思想点燃了法国乃至世界。正对着卢梭棺木的，是启蒙思想家伏尔泰的棺木。两人虽然生前一度是好友，但是终因观点不合而绝交。卢梭在信中对伏尔泰直言：“我恨你。”柏克后来在《法国革命论》中曾提及，路易十六在监狱中阅读启蒙思想家的著作后惊叹：“原来是伏尔泰和卢梭摧毁了旧法国。”所以卢梭和伏尔泰死后，被面对面安葬在先贤祠里。

卢梭曾经写过一句振聋发聩的名言：人是生而自由的，但却无往不在枷锁之中。那么，人为何生而自由？人又为何在枷锁之中？这种枷锁是什么？人有可能挣脱枷锁重夺自由吗？为了回答这些问题，我们必须去阅读卢梭的两本名著——《论人类不平等的起源和基础》和《社会契约论》。

I 不平等并非自然的，而是源于社会

18 世纪对于欧洲来说是一个大转折的时代。法国的第三等级崛起，却没有被赋予相应的政治权利，贵族依靠旧有的政治制度来压榨人民。卢梭在生活上可以说是一个浪子，但在思想上确是一个无比坚定的战士。让-雅克·卢梭（Jean-Jacques Rousseau）毫无疑问是那个时代最为重要的变革者之一，从他思想中迸发的火花点燃了法国大革命，并将这份汹涌的光与热传播到全世界。

1749 年夏天，卢梭偶然读到《法兰西信使报》上刊登的一则第戎科学院的征文启事。这个瞬间成为了卢梭的人生转折点。那次论文大赛的题目是：科学与艺术的复兴，是否有利于道德的净化？卢梭为此撰写了《论科学与艺术》一文并如愿获得名次，自此一举成名天下知。对于征文的问题，卢梭的回答是否定的，而且这样的观点他几乎坚持了一辈子。他试图论证科学与艺术的复兴将导致人的堕落，这个观点恰好和当时流行的百科全书派截然相反。百科全书派坚持理性，对人性持乐观态度，认为科学的发展将从根本上改善人类社会。

1753 年，第戎科学院再次发布了一个论文比赛的题目：什么是人们当中的不平等的起源，它是自然定律允许的吗？卢梭再次参赛，并写下了《论人类不平等的起源和基础》一文。1755 年，与该篇论文同名的著作正式出版，再一次巩固了卢梭的名声。在这本书里，卢梭试图找出人类不平等的原因。首先，他从霍布斯与洛克提出的“自然状态”入手，提出了与前人截然不同的理解。他并不认为自然状态中的人时刻准备着与他人斗争厮杀，而是看到了人性中极为重要的情感——更准确地说，是同理心与恻隐之心。人因为天生具有恻隐之心，本能上不愿意看见他人遭受痛苦，所以不会主动损害他人，更不会随意取他人性命。因此人

在自然状态中是自足且自由的，几乎不存在任何形式的不平等。但是，由于私有财产的诞生，人变得不再单纯，社会中的种种不平等也随之而来。大多数人不得不承受“不断地劳作、奴役和苦难”，而有权有势者坐享其成，社会风气逐渐靡费败坏，人也随之堕落。财产私有制才是人类不平等的根本原因。这是卢梭的核心观点，后来也对卡尔·马克思产生了深刻的影响。

II 《社会契约论》

《社会契约论》第一卷第一章的第一句话：

> 人是生而自由的，但却无往不在枷锁之中。自以为是其他一切的主人的人，反而比其他一切更是奴隶。

为什么说人生而自由呢？卢梭延续了他在《论人类不平等的起源和基础》一书中的思路，认为人“自然生来是善的”，对于自己的同类没有任何天然的权威。也就是说，一个人不能奴役另一个人；反过来，一个人也不能把自己的自由出让给另一个人。但是由于私有制逐渐侵蚀了人与生俱来的善良，人才会变得自私自利，开始凭借手中的权势奴役他人。因此在自然人和社会人之间，卢梭一定更倾向于自然人。然而很明显，自然状态已经消亡了。虽然卢梭并没有详细解释人类如何从自然状态过渡到社会状态，但是他意识到，当社会状态已经为人的生存造成阻力的时候，人类如果还不改变生存方式就会灭亡。以什么样的方式进行改变呢？卢梭回答：每个人要把自己的一切权利——不是部分权利，而是毫无保留的全部权利——转让给一个集体，把自己的人身与全部权力都置于“公意”之下。

公意（法语：volonté générale；英语：general will），也就是公共的意志，决不能与“众意”（will of all）相混淆。《社会契约论》第二卷第三章中说，公意着眼于公共的利益，而众意却是私人意志的总和，哪怕众意之“众”包含了人口的大多数，也终究是着眼于私人的利益。例如，一个国家的正常运作必须依靠公民交税。每个人从私利出发，大概都在琢磨如何避免交税。然而，每一个理性的人都会意识到这样做毫无意义。无人交税，国家将没有税收，那么国防、公共安全、医疗保障等社会福利与保障均将失去财政支持，最终受损的仍是个人利益。因此公意要求个人交税，众意怂恿个人避税，两者形成了截然相反的要求。法律的判定如果以公共利益或者正义为原则，那么法律就是公意的表达。同时公意也是个人理性选择的表现，公意在某种程度上就是个体自身的意志。当每个人都服从自己的意志时，也就谈不上任何奴役和压迫了。

卢梭在这里提出了两个突破性的观点。第一，我们自己才是政府的规定和法律的最终来源，我们的意志变成了国家的法律。只有当国家服务于公民时，它才具有合法性。国家一旦不再为公民服务，公民就有权利推翻政府。第二，作为生活在国家中的个人可以享受自由，但这种自由要求每个人都服从国家的法律，而法律在卢梭这里并不是外部强加的束缚。人如何为自己立法，可以说是整个启蒙运动要处理的核心问题，而公意相当于公民集体以维护公共利益为目的而为自己确立的原则。卢梭说：“遵从人类为自己制定的法律，这就是自由。”只有实现自律，人才能在社会状态中获得自由，这一点后来也体现在了康德的伦理学和政治哲学中。

不过，我们也不能忽视公意的另一面貌，即极大的强制性。卢梭写过这样一句话：“任何人拒不服从公意，全体就要迫使他服从公意。”公意似乎赋予了主权者绝对的权力。在法国大革命中，雅各宾党人将卢梭《社会契约论》中的这句话作为指导，而罗伯斯庇尔更是直接受到了这句话的鼓舞。在“恐怖统治时期”，他为了实现革命的理想，不断把人送上断头台，以至于铡刀都卷刃了。我们由此能看出卢梭思想的矛盾性——一头是民主自由，另一头是恐怖极权。

III 主权在民：政府可以被解散

19 世纪英国历史学家托马斯·卡莱尔曾如此评价《社会契约论》：“曾有一个叫卢梭的人写了一本除了观念之外别无他物的书。它的第二版就是用那些对第一版不以为然者的皮肤装订而成的。”卢梭的《社会契约论》为何会具有能量如此之大的革命性作用呢?

既然国家的主权来源于人民之间缔结的契约，如果依照霍布斯或洛克的主张，把主权交给一个国王，那么人民依然无法真正拥有主权。但卢梭的“公意”是无法转让的，它只能属于人民整体，而这也奠定了“人民主权说”的基本想法。那么如何来体现主权在民呢？卢梭认为只有一个方法——立法。除了用法律来保护主权所有外，人民还要时刻提防主权被篡夺。卢梭这里说的篡权之人并非如柏拉图和亚里士多德担心的僭主，而是政府。为了避免主权被篡夺，卢梭提出，人民必须要在没有召集人的情况下定期集会，而在集会中最为重要的就是人民的投票权，用以决定是否保留现有政府，以及是否让一些政府官员留任。这意味着，政府是随时可以被替换和解散的。如果没有这种机制，人民将很容易失去主权，而失去主权也就意味着失去自由。

卢梭甚至提出，在国家之内不能允许有派系存在，而且要限制任何政治团体的规模，保障团体内部的每个成员都能表达自己的意见。简单来说，卢梭反对任何形式的代议制政府，而只赞同直接民主的政治参与形式。不过，卢梭的这一设想几乎从来没有实现过，现代国家大多采用了代议制来间接地体现人民主权。

以霍布斯、洛克为代表的英国哲学家与以卢梭为代表的法国哲学家在思想上的根本差异，也导致了法国和英国截然不同的政治命运——英国走上了君主立宪的道路，而法国走上了革命与共和的道路。卢梭的主权在民思想，更是通过法国大革命传遍欧洲，甚至抵达美洲大陆，为美国独立战争提供了精神支持。

延伸阅读

1.[法] 卢梭：《社会契约论》，李平沤译，北京：商务印书馆，2011 年。

2.[英] 戴维・米勒：《政治哲学与幸福根基》，李里峰译，南京：译林出版社，2013 年。

3.[美] 彼得・盖伊：《启蒙时代（下）》，王皖强译，上海：上海人民出版社 / 世纪文景，2016 年。

4.[法] 卢梭：《爱弥儿》，李平沤译，北京：商务印书馆，1978 年。

5.[法] 卢梭：《忏悔录》，黎星、范希衡译，北京：人民文学出版社，1982 年。

28

汉娜·阿伦特

《艾希曼在耶路撒冷》

平庸者为何作恶?

阅读挑战

汉娜·阿伦特

只有当他没有履行命令时，即没能怀着极大的热忱一丝不苟地把上百万男人、女人和孩子送进坟墓时，他才会感到良心不安。

—— 汉娜·阿伦特《艾希曼在耶路撒冷》

引言

1960 年 5 月 11 日晚，以色列的情报部门摩萨德在阿根廷首都布宜诺斯艾利斯附近执行了一次秘密任务。他们飞越半个地球只是为了抓捕一个人——阿道夫·艾希曼（Adolf Eichmann）。此人是前纳粹德国党卫队的高级军官，曾参与制订了屠杀六百万犹太人的“最终解决方案”。“二战”结束后，他伪造了身份以躲避追捕，随后辗转逃往阿根廷。以色列人一直通过各种渠道收集情报，打探这位前纳粹分子的下落，终于在“二战”结束十五年后抓到了这个臭名昭著的刽子手。1960 年 5 月 22 日，艾希曼被带回了以色列。第二天下午，时任以色列总理的本-古里安向全世界宣布：以色列抓获了艾希曼。

艾希曼被捕后，以色列当局开始了非常全面、系统的调查。他们想让艾希曼接受一场公开、公正的审判，让全世界都知道纳粹德国对犹太人犯下的暴行。经过近一年的调查取证，在 1961 年 4 月 11 日上午 9 点，以色列耶路撒冷地方法院开始对艾希曼进行审判。法庭上还特地设置了一座由防弹玻璃做成的小房子，防止艾希曼被愤怒的受害者家属刺杀。一些集中营的幸存者出庭参与了指证，其中一些人情绪激动，甚至当庭昏倒。但是面对无数的证据和指责，艾希曼自始至终都未承认检察官提出的所有指控。他一直重复着：“我只是在执行命令”，并不时在庭审中露出狡黠的笑容。

在庭审现场的旁听席中坐着一位哲学家，她就是汉娜·阿伦特。阿伦特根据对艾希曼的观察，写下了一本20世纪的哲学名著《艾希曼在耶路撒冷》。“二战”之后，犹太哲学家阿多诺写下过这样一句话：“奥斯维辛之后，写诗是野蛮的，也是不可能的。”奥斯维辛不仅仅是个人的心理创伤，更是整个人类的创伤。“二战”之后，几乎西方的所有知识分子都要急迫地回答：为什么人类会出现这样大规模的屠杀？为什么看上去非常理性、文质彬彬的德国人会做出灭族这样惨无人道的事情来？阿伦特就在书中尝试对这些问题进行解答。她为艾希曼创造了一个概念“平庸之恶”（banality of evil）——一个平庸的人也能犯下惊人的恶行，而《艾希曼在耶路撒冷》的副标题就是“一份关于平庸的恶的报告”。平庸之恶就是对纳粹罪行的哲学解剖。

I 流亡的犹太哲学家阿伦特

汉娜·阿伦特（Hannah Arendt）是20世纪著名的女性哲学家。1906年10月14日，她出身于德国汉诺威市的一个犹太大家族。1924年，阿伦特进入马堡大学研习哲学、神学和古希腊语。就是在这期间，阿伦特认识并爱上了当时的年轻讲师海德格尔。当时的阿伦特才十八九岁，而海德格尔35岁，已婚并育有两个儿子。这段恋情十分隐秘，并在四年之后无疾而终。身心俱疲的阿伦特转学去了弗莱堡大学，后经海德格尔推荐进入海德堡大学，师从雅斯贝斯攻读博士。1933年，纳粹上台，阿伦特由于自己犹太人的身份不得不开始流亡，而海德格尔则公开拥抱了纳粹政权，并平步青云当上了弗莱堡大学的校长。阿伦特在哲学上毫无疑问受到了海德格尔的深刻影响，在政治立场上却和海德格尔水火不容。逃到巴黎后，阿伦特遇到了海因里希·布吕歇，两人在1940年1月结婚，婚后不久夫妻二人迫于逼近的德军不得不再次逃亡，最终离开欧洲大陆前往美国。

在20世纪60年代，阿伦特已定居美国纽约，并于普林斯顿大学任教，成为该校历史上首位女性正教授。她自认是一个社会评论家，同时也是一个犹太流亡者，一个时代的见证者，但她从未见过艾希曼这样的纳粹分子，所以想通过解读艾希曼的想法和法庭的证词去揭示“纳粹造成欧洲文明社会道德坍塌的全部真相”。当听说艾希曼被捕的消息后，阿伦特立刻毛遂自荐参加庭审。1961年，阿伦特以《纽约客》特派记者的身份来到了耶路撒冷，旁听了部分的庭审过程，查阅了大量的案卷，随后陆续在《纽约客》上刊登系列文章。这些文章后被汇编成册并于1963年出版，也就是这本《艾希曼在耶路撒冷》。

1964年10月28日，阿伦特回到西德参加了君特·高斯（Günter

Gaus）的访谈节目。在节目中，阿伦特提到了奥斯维辛。最初听到关于奥斯维辛的消息时，她和她的丈夫都感到难以置信。她们不仅仅被大屠杀的惨痛而震撼，更觉得这场屠杀在军事上并无必要，是完全非理性的行为。身为政治理论家的阿伦特一直认为万事都有弥补的可能，但奥斯维辛是她观点中的一个例外。奥斯维辛是工具理性的极致表达，是精密的计算，是令人惊叹的效率和完全丧失的道德感共同打造而成的杀人流水线。人就是这条流水线上的物品，被系统地分类，被剥去代表个性的一切标志与痕迹，最终被系统地毁灭。阿伦特在奥斯维辛背后看到了一种疯狂的逻辑，它“像是一个裂开了的深渊”，也是阿伦特永远无法释怀的心结。

II 不思考才是恶的根基

阿伦特对艾希曼的观察是非常细致入微的。她发现，犯下滔天罪行的艾希曼在外表上并无一丝凶恶，甚至在接受审判的时候，因为感冒而在玻璃防弹屋里一直打喷嚏，看上去有些可怜兮兮。艾希曼的生平也与普通人无异——既无超常的智商，也无其他出挑的品质，还因晕血放弃了成为医生的梦想。阿伦特说，艾希曼是一个“完全正常的人，甚至在某种程度上比给他做完检查的我还要正常”。然而就是这样一个不嗜血也不疯狂的人，将约六百万犹太人送入了毒气室。阿伦特在研读了大量案卷后指出，艾希曼虽然是“我们时代最大的罪犯”，但并非“希特勒式”的恶魔，而仅是表现出了一种名为“平庸的恶”的“症状”。

阿伦特针对这一症状给出了她的诊断：“他在法庭上的以及先前审讯中的行为表现出的唯一特点就是纯粹的反面。那不是愚蠢，而是一种无思。”艾希曼的恶并非出于本性的暴虐，也非因为天生的愚钝，而是源于独立思考能力的丧失。当在法庭上面对一个个犹太幸存者时，艾希曼没有表现出丝毫的负罪感，只是一味地用第三帝国的语言重复一些套话。尽管已经过去了十多年，集权统治对他思想上的强制灌输依然“言犹在耳”，以至于艾希曼丧失了自主组织语言来讨论事情的能力。阿伦特说：“这种表达力的匮乏恰恰与思考力的缺失密不可分；确切地说，他不会站在别人的立场思考问题……他周围环绕着坚固的壁垒，屏蔽他的言辞和他人的存在，从而帮他一并拒绝真相。”这才是纳粹集权统治真正的可怕之处——制造出无数个“艾希曼”——彻底剥夺人独立判别是非、独立思考的能力，再将他们转化为一个个在杀人流水线上机械运作的平庸小齿轮。正如波兰诗人斯坦尼斯洛的诗句：“雪崩时，没有一片雪花觉得自己有责任。”正是一个个平庸的“艾希曼”组建起了纳粹政权这一庞大的杀人机器。平庸才是那个时代最大的犯罪。

抛开一切仅关注艾希曼这个人，我们会发现他只是一个在工作上勤勤恳恳，如老黄牛一般的“劳动模范”。毕竟计划把近一千万犹太人从欧洲各地送往集中营，还要用最高效的方式把他们杀死，本就是一件极其需要统筹能力的事情。然而，这个“劳模”在平庸的催化下丧失了人本应具有的伦理判断力和道德责任感，他出色的工作能力演变成了杀人机器里最快的一把刀。艾希曼本人仅仅把屠杀犹太人当作一项工作。在他看来，自己是按照“原则”干净利落地完成了任务，“他从骨子里深信，杀人不算什么；对他人造成不必要的痛苦，才是真正的罪不可赦”。面对被逮捕的命运，他还平静地解释：“臣服于一个好的政府是幸运，臣服于一个坏的政府是不幸。我运气不好。”这样平庸的艾希曼足以让人不寒而栗，更令人毛骨悚然的是，在任何时代下“艾希曼们”一直存在。阿伦特在她的另一本著作《人的境况》中感叹道：

无思——没有头脑的鲁莽、无可救药的迷茫，或是自鸣得意地背诵已变得琐碎空洞的真理——在我看来是我们时代的显著特征之一。因此，我的建议十分简单，那就是来思考一下我们正在做什么。

在强有力的证据面前，艾希曼最终于1961年年底被耶路撒冷法庭判处死刑，并于1962年5月31日执行。这是以色列第一次也是最后一次执行死刑。艾希曼死后被火化，骨灰被倒进了地中海。

延伸阅读

1.［美］汉娜·阿伦特：《艾希曼在耶路撒冷》，安尼译，南京：译林出版社，2017年。

2.［美］汉娜·阿伦特：《极权主义的起源》，林骧华译，北京：生活·读书·新知三联书店，2008年。

3.［美］汉娜·阿伦特：《人的境况》，王寅丽译，上海：上海人民出版社，2009年。

4.［美］汉娜·阿伦特、［德］君特·高斯：《君特·高斯对汉娜·阿伦特的访谈》（*Zur Person: Hannah Arendt*），电视节目，1963年。

5.［德］玛加蕾特·冯·特罗塔：《汉娜·阿伦特》（*Hannah Arendt*），传记电影，2012年。

29

卡尔·波普尔

《开放社会及其敌人》

美好愿望为何会导致人间地狱？

阅读挑战

卡尔·波普尔

即使怀抱着建立人间天堂的最美好的愿望，但它只是成功地制造了人间地狱。

——卡尔·波普尔《开放社会及其敌人》

引言

大家应该对古希腊神话中俄狄浦斯的故事并不陌生。俄狄浦斯原本是忒拜国王拉伊俄斯的儿子，刚一出生，神谕就预言他将弑父娶母。拉伊俄斯在恐惧之下将亲生儿子送去喂狼，不料俄狄浦斯被人救走，并成为了邻国国王波吕波斯的养子。俄狄浦斯长大后听说了神谕并相信了它的预言，为了避免弑父娶母，他决定离家出走。但在阴差阳错之下，他终究还是遇到了自己的亲生父亲拉伊俄斯，并在打斗中杀死了他。弑父之后的俄狄浦斯被推举为忒拜的新国王，迎娶了上一任国王的妻子——自己的亲生母亲，最终确如神谕所言走上了"弑父娶母"的道路。后来人们借这个故事寓意"不可挑战的命运"。

然而你是否想过这样一种情形：如果所有人都不相信那个神谕，俄狄浦斯的命运是否仍然不可挑战？恰恰是因为故事中的所有人都对神谕的预言深信不疑，最终才会酿成巨大的悲剧。其实，人类历史上也有很多类似的"神谕"——它们让人相信，历史会朝着某种必然的方向进展，而在未来正有一种美好的、终极的图景在静候与人类历史的相遇。曾有无数人试图通过解读"神谕"来掌握历史发展的规律，而20世纪哲学家卡尔·波普尔在《开放社会及其敌人》中提出，在人类历史上造成最大悲剧的"元凶"正是人对所谓"历史规律"的执念。

I “历史主义”为何把人变成工具?

1937 年，卡尔·波普尔（Karl Popper）赴新西兰坎特伯雷大学任教，并开始了《历史主义的贫困》（又译为《历史决定论的贫困》）和《开放社会及其敌人》的创作。在《历史主义的贫困》一书里，波普尔集中批判了“历史主义”，而在《开放社会及其敌人》的引言中，他也延续了这一思想。严格来说，波普尔所讲的历史主义就是指“历史决定论”。该理论认为，历史有绝对有效的终极规律，人们可以通过认识和掌握历史的规律进而控制和计划社会的发展。波普尔明确反对这种历史主义，他的观点可以被归结为以下五条：

第一，人类历史的进程受到了人类知识进步的强烈作用和影响；

第二，我们无法以合理的或科学的方法预言我们科学知识的增长；

第三，因此我们无法预言人类历史未来的进程；

第四，这意味着我们必须否定理论历史学的可能性，也就是相应于理论物理学那样的历史社会科学的可能性；

第五，因此，历史主义方法的基本目标的构思就是错误的，历史主义是不能成立的。

波普尔认为，像纳粹主义、法西斯主义的背后就是这样一种历史主义在作祟，而历史主义的总原则其实是本质主义，即认为“事情只依赖于概念根据其‘本质’所下的明确定义，这些定义然后可以通过某种方式把世界构筑于逻辑的和普遍使用的关系中”。历史主义还保留了一种集体主义的要素，导致它依然非常强调某些集团或者集体。这其实是原始时代部落主义的遗存，只不过人们在 20 世纪把部落替换成了国家或者阶级。接受历史主义的人会认为：个体仅仅是人类总体发展过程中一个微不足道的工具而已，登上历史舞台的人，要么是伟大的国家或伟大的领袖，要么是伟大的阶级或者伟大的观念。

波普尔认为，历史主义的根本错误在于，人类不能通过理性和科学的方法来预知未来。历史主义的主张看似合情合理，但“它们是建立在对科学方法的严重误解，尤其是对科学预测和历史预言之间区别的忽视的基础上的”。我们可以对未来做出一定的预判，但不能认为历史同自然一样，具有某种颠扑不破的运动规律。

II 柏拉图的符咒和黑格尔的幽灵

在《开放社会及其敌人》的第一卷中，波普尔主要讨论了柏拉图、亚里士多德以及赫拉克利特等古希腊哲学家的政治思想；在第二卷中集中讨论了黑格尔和马克思的历史哲学思想。

波普尔首先批评了古希腊哲学家柏拉图。他认为，柏拉图是第一个提出“集体大于个人”这一观点的思想家。在《理想国》中，柏拉图认为人类是不断堕落的，因此需要设计一个乌托邦、一个最理想的制度来防止人的堕落，并且还需要一个洞悉真理的“哲人王”来做统治者。波普尔却从中看到，柏拉图的思想孕育了极权主义。他确信某些特定的人或者特定的阶级应该被赋予绝对的权力，而这为后来的“优等民族”“主人民族”观念——这些都是纳粹党和法西斯政权经常使用的词汇——埋下了伏笔。在柏拉图笔下的理想国中，只有统治者才知晓“什么是最好的城邦”，只有灵魂被理性统治的“哲人王”才负责思考，这都会阻碍批判的理性精神的出现，而只有批判的理性精神才能使个人对自己的道德选择负责。历史主义者认为，人只有首先判定历史的进程，才能有明智的政治行动，而波普尔相信，“未来依靠我们自己，而我们不依靠任何历史必然性”。“个人主义 + 利他主义”才是西方文明的根基。

在《开放社会及其敌人》中，波普尔还着重批评了黑格尔的哲学思想，他认为黑格尔进一步发展了柏拉图的古典极权主义，其思想核心是国家主义或所谓柏拉图式的国家崇拜。波普尔将黑格尔的哲学称为“新部落主义”。这种学说主张国家是神圣的，是高于一切的，而个人什么都不是。波普尔引述了黑格尔在《法哲学原理》和《历史哲学》中的几段话：“正如它在尘世存在那样，国家是神圣的理念……因此我们必须把国家作为神在尘世的显现来崇拜……国家是现实的存在，实现了道德的生活。”与克尔凯郭尔对黑格尔哲学的批判相似，波普尔认为，黑格尔“否决了一切个人的道德和一切良心”，在黑格尔以绝对精神为核心的庞大哲学体系里并没有个人的位置。波普尔甚至猜想，黑格尔的哲学主张可能就是直接为当时的普鲁士政府服务的，在他看来，黑格尔哲学已然成为了“国家最卑微的仆从”。

III “乌托邦”为何会导致人间惨祸？

在《开放社会及其敌人》中有一组十分重要的概念：“零星的社会工程”和“乌托邦的社会工程”。波普尔认为后者虽然看上去很美，但是对人类未来的美好预言、愿望和承诺经常事与愿违，并最终导致人间惨祸的发生，因此支持前者而坚决反对“乌托邦”。

“零星的社会工程”，也被翻译为“渐进的社会工程”（piecemeal social engineering），是那些“结果能够通过零星社会工程检验的社会技术”。波普尔指出，零星社会工程可以试错和经受检验，一旦发现问题，能够及时得到改正或者适时地被放弃。与功利主义所强调的“实现最大多数人的最大幸福”不同，这种渐进的社会工程的目标是要最大限度地排除痛苦。这二者绝不是同一个概念。“幸福”的概念因人而异，但是人们对于“痛苦”的看法大同小异。在零星的社会工程中，政府并不会直接告诉人们“什么是幸福的生活”，而是仅提供一个环境，让人们自行定义、实现幸福。只有这样才能在最大程度上守护住个人的自由。

所谓“乌托邦社会工程”（utopian social engineering），波普尔写下了这样一段描述：“乌托邦社会工程要求理性地为全社会制订一个计划，但是我们并不拥有能够确保这样一种雄心勃勃的要求取得良好效果所需的确凿可靠的知识。事实上，我们不可能拥有这样的知识，因为我们在这种类型的计划活动方面没有足够的经验，而实际知识必须以经验为基础。”通俗来说，乌托邦的社会工程就是先在脑袋里凭空勾画最理想的蓝图，再按照图纸平地起高楼。可是历史一次又一次地表明，越是充满乌托邦的方案越容易导致灾祸。柏拉图在《理想国》里就曾提出，为了防止人的私心泛滥，人们要废除家庭，让国家来抚养和教育所有的小孩。这类想法违背了基本的人性，完全不具备现实操作性。

波普尔虽然反对乌托邦的社会工程，但他也认同乌托邦的社会工程并非个人一己私利的产物，它往往表达了一种美好的、理想的愿景，而这才是最具有魅惑力的。每当人们希望在地上制造出一个天堂时，人类社会都将面临种种灾难和不幸。

延伸阅读

1.［英］卡尔·波普尔：《开放社会及其敌人》，陆衡等译，北京：中国社会科学出版社，1999年。

2.［英］卡尔·波普尔：《无尽的探索：卡尔·波普尔自传》，邱仁宗译，南京：江苏人民出版社，2000年。

3.［英］卡尔·波普尔：《历史决定论的贫困》，杜汝楫、邱仁宗译，上海：上海人民出版社，2009年。

4.［英］卡尔·波普尔：《二十世纪的教训》，王凌霄译，桂林：广西师范大学出版社，2004年。

30

罗尔斯《正义论》

怎么分蛋糕才算正义？

阅读挑战

罗尔斯

正义是社会制度的首要价值，正像真理是思想体系的首要价值一样。一种理论，无论它多么精致和简洁，只要它不真实，就必须加以拒绝或修正；同样，某些法律和制度，不管它们如何有效率和有条理，只要它们不正义，就必须加以改造或废除。

—— 罗尔斯《正义论》

引言

一个圆圆的蛋糕要如何切分才能让在场的所有人都感到满意呢？肯定会有人建议把蛋糕等分，一人拿一份，这样才是最公平的。在政治哲学中均分被称为“实质平等”，虽然它看似最公平，却解决不了一个非常现实的问题：有的人胃口很小，有的人却是大胃王。每个人得到一块大小一样的蛋糕并不能满足部分人的胃口，也必然有部分人会造成浪费。从政治哲学的角度看来，这样的平均主义还会严重打击劳动的积极性。如果一个人为了做这个蛋糕，贡献了面粉、奶油和糖，另一个人花了时间精力去烘焙，而剩下的八个人只是等着吃，那均分蛋糕只会便宜了那八个想着不劳而获的懒人。那两位付出了材料和精力的人也会因此消减了劳动的热情，以后蛋糕就会越做越小，最后所有人都要饿肚子。

还有人提议，给每个人都发一把切蛋糕的刀，让所有人凭自己的本事争取属于自己的那一份，这就是所谓的“形式平等”，然而“形式上的”平等实际上仍会造成极大的不平等。身强力壮的人一定能切到最大的一块蛋糕，而天生身形弱小的人一定会在争抢过程中居于下风。

还有什么办法可以完美地分蛋糕呢？有人提出不如推举一个最

有公心的人出来，让他来根据每个人做出的贡献，同时要兼顾每个人的情况来合理地分蛋糕。这样的想法似乎能够解决上述两种情形中出现的问题，但是谁又能保证，这个最有公心的人始终可靠呢？负责分蛋糕的人可能会想，我为了分蛋糕劳心劳力，为什么不可以给自己多分一点呢？如果有人举报了分蛋糕的人假公济私，结果被分蛋糕的人报复，最后连一块蛋糕都得不到，那么原本被认为最有公心的人，就成为了最恐怖的人。

可见，要实现社会正义，一套完备的社会制度必不可少。但是正如上述列举出的不同情形所示，有时我们对“正义”或者“公平”的定义不甚明确，而这会使社会中所有法律条文的合法性受到质疑。退一万步说，一旦我们设计出了最完美的制度和法律，又是什么能保证人们自觉地遵从它们呢？人们的利益、观念、信仰、传统都不尽相同，但是制度和法律必须是确定无疑的，一个正义的社会将如何协调这种绝对的“多元”和绝对的“统一”之间的关系呢？这是20世纪美国政治哲学家约翰·罗尔斯在其名著《正义论》中要回答的问题。

I 罗尔斯和《正义论》

20世纪60年代末，西方正处在和苏联的冷战当中，关于社会制度优越性的对比无处不在，各种社会问题也层出不穷，其中就包括种族问题、反战、平权等。因此，当约翰·罗尔斯（John Rawls）的巨著《正义论》于1971年出版后，立刻引起了学界的重大讨论。罗尔斯在动笔写作之前就发现：很多社会调查的结果显示，全球范围内社会不公正的程度在加剧，极少数人掌握了绝大多数的资源和财富。虽然美国梦总是反复告诉人们，只要你努力工作就可以获得成功，但实际上远没有那么简单。穷人逆袭成为富人的例子寥寥无几。如果没有制度性的安排，只靠个人的努力是无法从根本上扭转不公平的局面的。所以罗尔斯提出了两个根本问题：什么是正义？如何来保障一个社会的正义？

概括来说，正义存在于三个层面：首先，正义存在于任何一个人类共同体当中，例如班级、工会、村庄等；其次，正义也存在于社会和国家之中；最后，正义还存在于国家和国家之间，也就是国际社会当中。罗尔斯的《正义论》主要讨论的就是国家内部的正义问题，他把正义视为社会制度的首要价值。一个社会制度，无论它多么高效，无论它遵循的组织原则看起来多么崇高和美好——例如功利主义的幸福最大化原则——只要无法捍卫正义，就必须被改造或者被废除。即便以社会整体的名义，也不能侵犯正义。作为自由主义者的罗尔斯坚定地捍卫个人的自由，他看到了功利主义原则的潜在危险——将多数人的快乐建立在少数人的服从之上。仅仅出于“少数服从多数”的理由，就要让少部分人无条件服从有违他们意愿的社会制度，对于少数人群而言是不公平的。

罗尔斯认为正义首先就是“公平”（fairness），“正义原则是在一种公平的初始状态中被一致同意的”。罗尔斯对人类的基本预设是：人是自由的、平等的，也是理性的。他接受了契约论的观点，认为既然人人生而平等，如果人们选择生活在同一个共同体中，遵循同一套社会制度，那么社会正义的原则就需要得到所有人的认可。罗尔斯充分尊重人与人之间的不同，他非常明白每个人都有自己看待世界、看待人生的观念体系，他称之为“整全性学说”（comprehensive doctrine），宗教信仰就是一个典型例子。在任何一个正义的社会里，任何人都不能把自己的整全性学说强加在他人之上。正义是所有理性的公民共同认可的公共政治文化中的原则。

II 无知之幕：正义不能靠拼爹

那么什么样的社会才算是正义的社会呢？为了回答这个问题，罗尔斯提出了一个著名的思想实验——无知之幕（veil of ignorance）。

罗尔斯设想了这样一种场景：我们每个人都拥有健全的意识和智力，而我们的身份却好像被一道厚厚的幕布挡住了一般，让我们没有办法知晓自己父母是怎么样的人，从事怎样的工作，拥有怎样的社会地位；我们也不知道自己的肤色、语言、拥有什么样的天赋，会结交什么样的朋友，处在什么样的社会制度之下……总而言之，罗尔斯要求我们把自己想象成一个智力正常，但是对自己和社会一无所知的人。而这样的我们即将进入社会，完全不知道自己将进入哪种家庭，处于哪种阶层，就好像进入了“模拟人生”游戏里的世界一样。这个时候，我们会考虑哪些问题？

设置“无知之幕”的目的，就是不让人先入为主地考虑，什么样的社会是最理想的，因此要将所有外在的、偶然的因素排除干净。这些因素不仅包括个人的社会地位、阶级出身、天生资质、智力水平、伦理观念，还包括个人所在社会的经济和政治状况，目前达到的文明水平，等等。这就好像是在要求一个人负责切蛋糕，却不负责分蛋糕，这个人并不知道自己会分到哪一块，对于他来说，最明智的做法就是把所有蛋糕都尽可能切成同样的大小。

有人质疑，无知之幕过滤掉了太多的信息，而信息的大量缺失会严重影响人们的决策。如果一个人不能考虑自己的先天禀赋、社会地位、宗教信仰，那么还能如何做决定呢？罗尔斯这样做的理由是，导致人类不平等的最大因素可能并不局限于一代人，而是几代人累积而成的结果，因为父母总是会想方设法把最好的资源留给下一代，这也就是政治哲学所关注的“代际正义”。所以想要真正实现社会公平，就必须要考虑继承和遗传的因素。简言之，罗尔斯在《正义论》中表达了一个朴实的诉求：一个社会要实现正义，首先就不能“拼爹”。

III 正义的两个原则

“无知之幕”是罗尔斯设定的“原初状态”（original position）中的一个条件。与霍布斯、洛克、卢梭假定的某种“自然状态”一样，罗尔斯假定在原初状态中的人，既有理性同时又保持着冷淡的人际关系。这就意味着，每个人都只关心属于自己的特殊利益，而对别人的利益漠不关心。罗尔斯经研究后发现，处于原初状态中的人会选择以下两个正义的基本原则。

第一个原则被称作“平等自由的原则”。在《正义论》中，罗尔斯将其表述为：“每个人都有同等的权利，在与所有人同样的自由体系兼容的情况下，拥有最广泛的平等的基本自由体系。”这个原则的确立是为了保障所有人的基本自由以及人的基本权利，例如人身自由、言论自由、拥有私人财产的自由、信仰自由，等等。

第二个原则由“差别原则”和“机会平等原则”这两部分组成。机会平等，意味着每个人都“享有公平前景的权利”，所有的公共岗位都要向全体国民开放，避免任何人因为性别、种族、宗教、财富、地位等原因遭受歧视。不过，机会可以平等分配，财富却不能。对此，罗尔斯提出了“差别原则”。这一原则在实践中主要通过税收的方式来体现。例如，政府将富人的税率提高至30%，而穷人可以免税。这类政策虽然在形式上是不平等的，但在一定程度上缩小了贫富差距。在罗尔斯看来，这就是实现公平的一小步，只要不断积累和完善各项法律法规，一个真正公平的社会制度终会出现。

第二个原则的确立是针对社会和经济不平等的现象而做出的妥善安排：

> 1. 在与正义的储存原则一致的情况下，适合于最少受惠者的最大利益；
>
> 2. 依系于在机会公平平等的条件下，职务和地位向所有人开放。

不过，这一原则在不同的经济学家和政治学家眼中仍极具争议性。

概括来说，罗尔斯提出的“平等自由的原则”“机会平等原则”和“差别原则”分别起到了三种效果：坚守底线，提供均等机会以及保障最少受惠者的利益。罗尔斯为这三个原则确定了先后顺序：平等自由的原则＞机会均等的原则＞差别原则，在他看来，社会价值亦有轻重之分，而这就是正义的体现。

延伸阅读

1. [美] 约翰·罗尔斯:《正义论》，何怀宏、何包钢、廖申白译，北京：中国社会科学出版社，2009 年。
2. [美] 约翰·罗尔斯:《政治自由主义》，万俊人译，南京：译林出版社，2011 年。
3. [美] 罗尔斯:《政治哲学史讲义》，杨通进、李丽丽、林航译，北京：中国社会科学出版社，2011 年。
4. [美] 涛慕思·博格:《罗尔斯：生平与正义理论》，顾肃、刘雪梅译，北京：中国人民大学出版社，2010 年。

31

诺齐克《无政府、国家与乌托邦》

梅西应该交更多的税吗？

阅读挑战

诺齐克

存在的只是个体的人，具有他们自己个别生命的不同的个体的人。为了其他人的利益而利用其中的一个人，就是利用他而使别人得到好处，仅此而已。所发生的事情是，对他做了某些事情，却是为了别人的缘故。谈论社会整体利益就把这个问题掩盖起来了。

—— 诺齐克《无政府、国家与乌托邦》

引言

\+ 现代大多数国家都会采取累进税制——收入越高，交税比例越高。尽管如此，很多明星一年的收入还是远远超过了普通人一辈子甚至是几辈子可以赚到的钱。以足球明星梅西为例。2018年，梅西的总收入为1.1亿美元，其中薪酬收入8 400万美元，广告收入2 700万。有人笑言，梅西一个人的收入超过了2 000家中国上市公司一年的盈利，而梅西的祖国阿根廷的人均GDP大约是1.4万美元。也就是说，梅西一个人一年的收入大致相当于7 800个阿根廷人的GDP。

那么梅西应该交更多的税吗？一种看法认为，梅西完全是凭借自己的足球天赋和不懈的努力才获得如今的成就的，他的高收入都是应得的，不应该强制梅西交更多的税；另一种看法认为，相对于阿根廷的绝大多数平民百姓来说，梅西的收入实在是太高了。他既然赚得多，自然也应该贡献得更多，交更多的税可以救济和补贴本国的穷人。这两种看法，似乎各有道理。20世纪美国哲学家罗伯特·诺齐克在其名著《无政府、国家与乌托邦》中就坚决支持第一种看法，认为梅西不应该多交税。

I 诺齐克：梅西不应该多交税

罗伯特·诺齐克（Robert Nozick）不到30岁就成为了哈佛大学的正教授。他的代表作《无政府、国家与乌托邦》出版于1974年，隔年便获得了美国国家图书奖。英国的《泰晤士报》曾经评价《无政府、国家与乌托邦》为“二战”之后最有影响力的100本书之一。诺齐克在该书中处处针对自己的同事——哈佛大学的政治哲学教授罗尔斯。两人在国家的经济和社会功能方面有较大的分歧。罗尔斯通过肯定政府在调节社会公平，尤其是处理贫富分化问题的必要性，来对古典自由主义进行修正，而诺齐克则视个人自由和权利神圣不可侵犯。

在彻底理解这两位哲学家的观点之前，我们首先要思考明白这样一个问题：人类为何会产生收入差异？比如，勤劳的人往往会比懒惰的人获得更多的回报，后天的努力一定能造成个人收入的差异；此外，天灾人祸也会为个人收入带来变数，正如电影《我不是药神》所讲述的困境，若医疗保险制度不能为某些重大疾病提供风险保障，或者不能对制药企业在产品定价上进行一定的管制，那么无数重疾病人的家庭都会为沉重的经济负担所苦。还有一个能影响个人收入的要素，那就是天赋。历史上有天才音乐家莫扎特、天才数学家高斯、天才篮球运动员乔丹……虽然他们的成就离不开后天的努力，但是我们也不得不承认，那1%的天赋确实能带来质的差异。在政治哲学家眼中，天赋在造成贫富差异的原因中是最复杂的一种。

罗尔斯认为，天才们都是中了“自然彩票”——只是幸运而已，并不是通过公平公正的方式争取来的。因此，天赋不应该成为人与人贫富差异过大的理由。但是诺齐克认为罗尔斯的原则无法区分先天的禀赋和后天的努力。换句话说，罗尔斯没有办法奖励同时具有天赋和刻苦精神的人。诺齐克将个人的天赋视为个人所独有的“资产”，每个人都可以羡慕天才能在自己的领域发光发亮，但是不可以肆意剥夺他们用天赋换取的一切合法财富。

诺齐克用一个例子来说明自己的观点：假设你和另一名男子张三同时向一名女性求婚，这名女性因你天生相貌出众而答应了你拒绝了张三，张三可以抱怨这一选择并不公平吗？如果张三以此为由，要求你赔偿他的精神损失费，你又该如何应对这个荒谬的要求？要知道，并不是所有的不公正都要加以纠正，因为有些不公正是不幸造成的，而幸运与道德之间并无关联。

II 国家为何最好做“守夜人”？

诺齐克在《无政府、国家与乌托邦》中提出了“最弱意义的国家”（minimal state）概念。这里的“最弱”并非形容一国的综合实力低下，而是指国家要承担最少的责任，政府要履行的职能要最少。

诺齐克认为国家需要做的事情，不外乎保护国民的人身安全和私有财产不受暴力、盗窃、欺诈的侵犯，确保契约履行，等等。这样的国家又可以被称为“守夜人国家”。国家就好像一座城市里的守夜人一样，负责巡逻值班，保障安全，此外什么都不需要做。诺齐克认为，使自己的权力范围波及其他领域的，或者说越过最低门槛的国家，都是不正当的。国家也不应该如罗尔斯所说的，承担二次分配、提供平等机会等职能。在诺齐克的设想当中，国家的基本职能仅保障个人权利不受到侵犯。这就要求国家配备军队和警察，甚至部分警察的职能也是可以私有化的。诺齐克也不接受所谓福利国家的设想，他认为国家不能干预对个人健康、养老问题的决策，个人应当为自己购买健康保险或者养老保险，而且私人企业完全有能力提供这方面的产品，国家所要做的就是进行严格的监管，保证每个人的权利不受侵犯。

因此，诺齐克要证明“最弱意义上的国家”才是最正当合理的。首先，他要证明无政府状态是行不通的；其次，他要证明超过了“最弱意义上的国家”，例如罗尔斯所提倡的国家，是行不通的。诺齐克认为，罗尔斯过分强调了平等分配——如果把一些东西集中统一地分配给另一些人，就意味着要剥夺一些人的财产，这就是不正当的。此外，罗尔斯的理论建立在“需求”假设之上，即假设应给予最需要某样东西或者某种服务的人所想要的东西，对此诺齐克提出了一个反问：理发师应该把为人理发的服务分配给最需要理发的人吗？花匠应该把他的服务分配给最需要修剪草坪的人吗？理发师、花匠、医生乃至所有的从业者都没有义务无偿地为需要的人提供服务，否则那就变成了强制捐献，甚至是抢劫了。

III 持有正义：马斯克可以独占火星吗？

诺齐克政治哲学的出发点是个人权利，对他来说个人权利是其他一切权利的来源。《无政府、国家与乌托邦》说：

> 个人拥有权利。有些事情是任何他人或团体都不能对他们做的，做了即要侵犯到他们的权利。这些权利如此有力和广泛，以致引出了国家及其官员能做些什么的问题。

那么，诺齐克怎么论证个人权利呢？

诺齐克认为，个人最基本的权利就是所有权，为此他提出了“持有正义”的概念。通过怎样的方式获得一样东西才能被视为正当？这主要分为两种途径：第一种是通过正当的手段获得，即来路正当；第二种是通过他人合法转让的方式获得。正当的获得和正当的交换构成了持有正义，也是诺齐克分配正义的核心。他提出，如果进行分配的过程不符合这两条原则，就必须要进行矫正。照此看来，遗产税就是多余的，国家没有权力向死者的后人征收遗产税。甚至可以说，诺齐克想用“持有”这个概念来彻底代替“分配”这个概念。在诺齐克看来，国家不能强制个人拿出他的合法所得对穷人进行补贴，他尤其反感一个集中统一分配所有资源的国家。所有的人只需按照法律进行经济活动，通过劳动赚取收入，然后根据契约，或者采用直接交换、赠予或转让财产等手段就能够实现分配正义。

在这个概念中，诺齐克似乎留下了一个破绽，他并没有对获取财富的途径的正当性进行全面而明确的规定。因此会有人质疑，是不是所有“并非不正义”的获取途径就是正义的？假设未来的某一天，特斯拉的老板埃隆·马斯克成功把一名宇航员送上了火星，而这名宇航员在登上火星的那一刻就宣布：火星归埃隆·马斯克所有，那么火星是否可以算作埃隆·马斯克正当获取的“财产”呢？一般而言，对人造物的所有权界定比较容易，而对于一开始就是无主的自然物——空气、土地、水源等——的最初获取的正当性就难以界定。在社会形成之初，人类的绝大多数土地是以“跑马圈地”的方式获得的。农民可以直接在土地上搭起一圈篱笆，在里面耕种劳作，于是篱笆里面的土地就是属于他的。如果这样做是正当的话，为什么马斯克不可以宣布火星属于他呢？

诺齐克事实上考虑到了这个问题，为此他提出了“洛克条件”对个人权利进行限制。“洛克条件”对合法占有无主物做出了规定——“还留有足够好和同样好的东西给其他人共用。”换句话说，任何人都可以占有无主物，也可以让其他人有偿使用，但前提是不得使他人的境况恶化，也不得损害他人的利益。据此，埃隆·马斯克不可以宣布火星是他的私有物，因为火星是唯一的，并不会有另一个火星留给其他人使用。

延伸阅读

1.［美］罗伯特·诺齐克:《无政府、国家与乌托邦》，何怀宏等译，北京：中国社会科学出版社，1991 年。

2.［美］罗伯特·诺齐克:《苏格拉底的困惑》，郭建玲、程郁华译，北京：商务印书馆，2015 年。

3.［美］罗伯特·诺齐克:《被检验的人生》，姚大志译，上海：上海译文出版社，2015 年。

4.［美］施密茨:《罗伯特·诺齐克》，宋宽锋、庄振华译，上海：复旦大学出版社，2013 年。

5.［美］G.A. 柯亨:《自我所有、自由和平等》，李朝晖译，北京：东方出版社，2008 年。

正视矛盾，质疑常态：
我们对现代生活的反思

32

叔本华《作为意志和表象的世界》

人生为何如钟摆？

阅读挑战

叔本华

在人们把一切痛苦和折磨都认为是地狱之后，给天堂留下来的除闲着无聊之外就再也没有什么了。

—— 叔本华《作为意志和表象的世界》

引言

+ 佛教总结了人生八苦：生、老、病、死、怨憎会、爱别离、求不得，以及造成前七苦的根源——五蕴炽盛，也就是无休无止的欲望。

欲望永远存在。很多人因为欲望得不到满足而痛苦；很多人费尽千辛万苦，实现了自己梦寐以求的目标，却发现满足欲望的快乐转瞬即逝。人生在欲望面前就好像钟摆一样，明知是徒劳地重复，却依然来回摆动。如果这是人生的必然，那么人类能否找到摆脱欲望的出路呢？ 19 世纪德国哲学家叔本华就在思考这个问题，并因此成为了欧洲近代历史上非理性主义的先驱。

Ⅰ 世界是我的表象

1788 年 2 月 22 日，叔本华（Schopenhauer）出生在普鲁士但泽，如今被划分在波兰境内。他的父亲是一个成功的商人，在 1805 年自杀后给年轻的叔本华留下了一大笔遗产。叔本华原本可以锦衣玉食地过一辈子，但他偏偏厌恶女色，不爱钱财，钟情哲学。1818 年，30 岁的叔本华完成了《作为意志和表象的世界》。他对自己的新书充满信心，但是出版之后，该书并没有引起预想般的轰动。直到第三版问世时，才最终引起了世人的注意，叔本华本人也因此声名鹊起，成为了欧洲名人。

叔本华曾经断言，哲学上的一切进步都在学院之外发生，明里暗里表达了对黑格尔的不满。1848 年左右，欧洲人普遍开始对黑格尔式的宏大叙事和进步历史观念感到了厌烦，曾经的巨人沦为“死狗”。叔本华在《作为意志和表象的世界》中主要攻击的是黑格尔，而他攻击的武器却是康德式的。

《作为意志和表象的世界》的第一个核心命题即全书的第一句话：“世界是我的表象。”如何理解？这还要从康德哲学说起。二元论是康德哲学的基本特点之一，其核心理论是表象世界和物自体的二分。叔本华认为这是康德思想中最伟大的功绩。在《作为意志和表象的世界》的附录中，叔本华指出，当康德把这世界的表象的最普遍的形式孤立起来时，“他指出人们不仅可以从客体出发，而且同样也可以从主体出发认识到这些形式，并得按其全部的规律性概览这些形式”。但是康德并没有直接在意志中认识到自在之物——这也是无法做到的——而是从因果关系中推论出了自在之物的存在，因为感官必须要被某样东西触发。叔本华另辟蹊径，发现人虽然永远处于事物之外，但是有一个重要的例外——每个人都能体验或认识到自己的意志活动。所谓的客观世界，无非就是被呈现在我们的意识或知性之前的东西，因此被称为“表象”（德语：Vorstellung；英语：representation）。“整个的对象世界是并且一直是表象，从而完全地也永远地被主体所决定”，换句话说，世界的表象并非无端的抽象空想，而是建立在人的知觉之上。叔本华也没有放弃“物自体”的概念，他说：“我们不仅是一个认知的主体，从另一方面看，我们自己也属于要被认识的内在本性。”人自己就是物自体。叔本华就这样把康德的物自体包含进了人的内心之中，并将其称为“意志”（德语：Wille；英语：will）。

II 世界就是意志

叔本华在《作为意志和表象的世界》第二篇中追问：世界除了表象之外还有什么？在叔本华之前，几乎所有的哲学家都认为世界的本质是理性。但是叔本华指出这很可能是一个谎言，是一个古老的、普遍的错误。他在前人思想的基础上迈出了关键的一步，点明存在于有意识的理智之下的是意志，亦被译为“意欲”。意志才是真正的本质。《作为意志和表象的世界》的第二个核心命题就是：世界是我的意志。

意志究竟是什么呢？叔本华曾经把意志比喻为“伊克西翁之轮”。伊克西翁是古希腊神话中的国王，因为追求天后赫拉而被宙斯绑在轮子上旋转不休。在叔本华看来，人就像是被捆绑在意志之轮上，因为意志永不被满足而被迫旋转不休。意志是一种持续的生命力，一种自发的活动，一种非理性的强烈欲望。叔本华将理性与意志比作“一个勇猛强壮的瞎子，背负着一个能给他指路的亮眼瘸子”。意志才是生命根本的驱动力，而非以往哲学家们追捧的理性。

叔本华认为，世界有表象和意志两个面貌。意志和表象并不是因和果的关系，而是一块硬币的两面。叔本华说："身体的活动不是别的，只是客体化了的意志活动"，即意愿和行动是一体的。当一个人抬起双手时，并非他的意志导致了抬起双手这一结果。意志并不局限于人的心理活动，而是无所不在的。不仅人有意志，动物、植物也有意志，甚至没有生命的石头也有意志，在自然界中到处弥漫着力与能量。

理智和肉体会疲劳，但是意志不知疲倦也不知满足。叔本华把存在于有机体中的意志称为"生命意志"（Wille zum Leben）。生命意志有一种基本策略来击败死亡，那就是生殖或者牺牲生殖。在这一点上，叔本华要彻底撕破人们对爱情的浪漫幻想。爱情虽然被很多文学家赞颂，本质上却是出于生命意志的生殖繁衍。所以叔本华意味深长地说："魔鬼的笑声会在交欢后的瞬间响起。"因为那一瞬间，生殖的使命已经完成，生命陷入了极为短暂的满足，空虚和无聊很快就要开始。

叔本华说，人有一个与生俱来的错误，那就是相信活着是为了快乐。然而，世界从来就不是以快乐为目的而运转的。世界的本质是意志，人生就是斗争，就是一部悲剧的苦难史。

III 人生如钟摆

叔本华在《作为意志和表象的世界》中，将意志放在了终极的位置上。他认为，无论是理性的认识，还是纯粹的直观，归根到底都在为意志服务。"面对大自然的呼啸咆哮，反省思维的能力是微不足道的"，因为意志就是不可遏制的盲目冲动。叔本华将人比作在波涛汹涌的大海上御舟而行的船夫，他看不到海岸，眼前只有无穷无尽的海水以及狂风巨浪，随时可能被海浪吞噬。这片危险的大海就是意志。意志只有自我保存和繁衍后代两种基本的欲求，生老病死之于人只意味着持存的恐惧与痛苦。

只要人的意识中还充满意志，只要人还沉溺于欲望之中，人就不会有永久的幸福和安宁。每一次满足都意味着新的不满和新的欲求的开始，循环往复，没有止境。叔本华说：

> 一切意欲都是由于需要，因此都是由于痛苦，某一愿望的满足便能够结束这个意欲，然而，对一个已经满足了的愿望来说，只好还有别的愿望没有满足。所以，只要我们意识中充满了自己的意志，只要我们沉溺于一堆欲望及其不断的希望和恐惧之中，只要我们是意欲活动的主体，就永远无法得到长久的幸福和平静。

所以，“人生有如钟摆，摆动在痛苦与倦怠之间……当人们把一切痛苦归之于地狱，那么剩下来属于天国的只有倦怠”。在无聊与痛苦中徘徊，是人的宿命。

叔本华向人们展示的是一个悲观的世界，“每一部生命史都是一部苦难的历史”“生命没有内在价值，而仅仅依靠欲望和幻想得以运转”。面对这样的世界，人还有什么出路吗？叔本华给出了两种选择，但是不论选择哪一种都不容易。

第一条出路在宗教之中。叔本华从古代宗教的圣徒和禁欲者那里看到了一丝希望。圣贤可以认识到自己的自私、虚荣以及绵绵不绝的欲望，并最终克服它，选择一种离群索居、放弃婚姻、放弃子嗣的生活。这就是所谓的“断念”。自我被化为一朵微弱的火花，以摆脱意志的奴役。

第二条出路是通过艺术和哲学来寻求慰藉。人们或许不能彻底压抑生命意志，但是可以用艺术和哲学来找到解脱。叔本华曾经记载过自己在德累斯顿植物园的一段经历。他在植物园的温室里闲逛，非常投入地观察着植物的形状，甚至开始自言自语道：植物的外形与色彩究竟有什么用处呢？叔本华的奇怪行为引起了植物园管理人员的注意，他们上前盘问叔本华，而叔本华反问道："如果你们能够告诉我我是谁，我将非常感谢您。"他全情投入到眼前的观察和审美之中，自我和世界之间的区分被扬弃，以至于达到了物我两忘的境界。在《作为意志和表象的世界》中，叔本华将这种直观称为"优良意识"。人暂时失去了时间感和空间感，甚至失去了自我，从而超脱了欲望。叔本华说出了从康德以来对艺术的核心界定：非功利的绝对静观。在非功利的审美之中，叔本华看到了摆脱意志奴役的可能。

在《作为意志和表象的世界》的序言里，有这样一句话："真理是我唯一的指路星辰。"在这个世界上，卑劣和恶毒普遍占据着统治的地位，而愚蠢的嗓门叫喊得甚为响亮。大众的判断力是反常的，"要创作出优秀的著作，并且避免写出低劣的作品，创作者就必须抵制和鄙视大众及其代言人的评判"。这段话也体现了叔本华一辈子的格言：要么孤独，要么庸俗。

延伸阅读

1.［德］叔本华：《作为意志和表象的世界》，石冲白译，北京：商务印书馆，2018 年。
2.［德］吕迪格尔·萨弗兰斯基：《叔本华及哲学的狂野年代》，钦文译，北京：商务印书馆，2010 年。
3.［德］叔本华：《人生的智慧》，韦启昌译，上海：上海人民出版社，2014 年。
4.［德］叔本华：《叔本华论道德与自由》，韦启昌译，上海：上海人民出版社，2011 年。
5.［美］戴维·E·卡特赖特：《叔本华传》，何晓玲译，杭州：浙江大学出版社，2018 年。
6.［英］克里斯托弗·贾纳韦：《叔本华》，龙江译，南京：译林出版社，2014 年。

33

尼采《查拉图斯特拉如是说》

成为“超人”意味着什么？

阅读挑战

尼采

高人啊，不要妄图说服这些民众，我要对你们说："远离市场吧！那里没有人会相信你们，你尽管自顾自地说话吧，说得再完美也不会有人领悟道理的一分，民众们相互眨着眼，只会说：'我们不都一样吗（We are all equal）？哪会有什么高人啊，上帝面前我们都一样！可现在上帝已死。相等？我们还不愿与你们这些所谓的高人混为一谈呢！离开市场吧，你们这些高人！'"

—— 尼采《查拉图斯特拉如是说》

引言

\+ “超人”（superman）是好莱坞电影塑造的一个英雄形象。他来自外星球，拥有超乎常人的能力，喜欢内裤外穿，关键时刻总是能拯救人类。这一切似乎只能归结为他超凡的外星出身。你想成为超人吗？如果你成为了超人，想获得怎样的能力呢？19世纪德国哲学家弗里德里希·尼采在其名著《查拉图斯特拉如是说》（*Also sprach Zarathustra*）中也憧憬一种未来的新人类，他也将这种新人类命名为“超人”（overman）。但是尼采的超人不同于好莱坞的超人，既没有超能力，也不会拯救人类。他更像是尼采用来狠狠地批判现成文化的工具，尼采想让超人重估一切价值。换言之，尼采的超人绝不接受人云亦云的价值，而是一切“自作主张”。在尼采眼中，即便是好莱坞的超人依然是在地上匍匐的末人。

尼采是一个病人、一个疯子、一个狂人，也是一个他自己所谓的超人。他在24岁时就担任了瑞士巴塞尔大学古典语言学的教授。1888年10月，年仅45岁的尼采彻底精神崩溃。他在意大利都灵的街头看见一个马车夫正用鞭子抽打着马，便跑上前去抱住马，一边嚎啕大哭一边对着马说：“我受苦受难的兄弟啊！”从此之后，尼采无论是肉体上还是精神上都一蹶不振，再也没有恢复……

哲学家们总是希望能唤醒沉睡中的人们，尼采则更为激烈，他试图通过吼叫将人们震醒。如果说康德是一个饶舌歌手，那么尼采一定是一个重金属摇滚歌手，而他最著名的摇滚作品就是《查拉图斯特拉如是说》。

I 查拉图斯特拉是谁?

在如今的德国大学里，绝大部分哲学系并不开设关于弗里德里希·尼采（Friedrich Nietzsche）的课程，但在德语文学系当中，尼采却位列必读作家名单。与擅长构建体系、论辩说理的哲学家不同，尼采更像是一位哲学诗人，这一特点在《查拉图斯特拉如是说》中表现得非常明显。这本书的文体很难被定义，字里行间充满了叙述、比喻、象征、反讽等修辞手法；书中出现各式各样的人物，例如群众、走钢丝的人、信徒、侏儒、武士等。他们总是来也匆匆，去也匆匆，每个人既没有生平，也没有故事，好像是一系列谜一般的象征符号；全书唯一的主角查拉图斯特拉的形象也是模糊不清的，读者分不清他是一个诗人，还是一个宗教先知？是一个苦行者，还是一个漫游者？他的话代表了尼采自己，还是另有其他的意味？书中的一切仿佛都笼罩在由矛盾与模糊编织而成的迷障中，令人捉摸不透。尽管如此，在第一次世界大战期间，《查拉图斯特拉如是说》依然与歌德的《浮士德》《圣经·新约》一起，成为德国士兵最喜欢阅读的书籍，在军队中分发的数量多达十五万册。

查拉图斯特拉是谁？他是公元前 7 世纪至前 6 世纪的一个波斯先知，是琐罗亚斯德教的创始人。这一宗教宣扬二元论，认为是光明与黑暗的斗争推动了宇宙的发展。尼采将之解释为是基督教意义上的无私、仁慈与自私自利之间的对抗。虽然尼采本人并不喜欢黑格尔，但是在他的查拉图斯特拉身上我们看到了辩证法的影子。尼采想要克服这种善恶二元论，又不想堕入道德混乱的境地，所以查拉图斯特拉带来了“超人”这一合题。

查拉图斯特拉下山之后，先来到一个城镇，他在广场上对群众说：“我教你们何谓超人：人是应该被克服的东西。”“超人”的德语原词是

Übermensch，在英文中有时被翻译为 overman。德文中 über 的意思是“在……之上”，从字面上来解释超人就是在人之上、超越了人类的人，因此要成为超人就必须自我克服（德语：Selbst-Überwindung；英语：self-overcoming）。

查拉图斯特拉说：“人是联结在动物与超人之间的一根绳索。”在“这条悬在深渊上的绳索”上，人只要一步步前行，不回头，不停留，就能够克服自身，完成自身，成为“超人”。“人之所以伟大，乃在于他是桥梁而不是目的；人之所以可爱，乃在于他是过渡和没落（ein Übergang und ein Untergang）。”换句话说，人不能甘于现状，而要有自我超越的勇气与决心。

广场上的群众听了查拉图斯特拉的话之后都沉默不语，并不为他的话所触动。查拉图斯特拉轻蔑地称他们为“末人”。末人的教养使得他们感到自豪。他们一致认为，过去的世界是疯狂的，而现在“人人都想要平等，人人都平等，谁要有不同感觉，自动进疯人院”，因此人人都应该“爱邻人”——通过靠在一起而相互取暖，并自以为发现了幸福。查拉图斯特拉想要宣扬“超人”，群众却嘲讽他：使我们成为末人！我们就把超人送给你！查拉图斯特拉明白，自己“不是为这些耳朵准备的嘴”。这何尝不是尼采的亲身体会呢！

II 为什么宣告上帝死了？

“上帝死了”似乎与尼采的名字紧紧地绑在了一起。这句话首次出现在《快乐的科学》（1882），书中写道：有一个人拿着灯笼，到处寻找上帝，最后什么都没有找到。村民们都认为他发疯了。近两千年来，基督教一直起到教化欧洲人的作用。欧洲人根深蒂固地认为，判断善恶的标准直接来自上帝，启蒙运动打破了这一陈规。尼采宣布上帝已死，这并不是要证明无神论的正确性，而是在表达他内心深处的担忧：基于基督教的传统道德将随着这一宗教的没落而被动摇，世界将不可避免地陷入虚无主义。

尼采并不否认宗教在教化人心、巩固道德观念上起到的关键作用，但是对于基督教所提倡的道德本身，尼采是极为不满的。在《论道德的谱系》这本书里，尼采区分了“好与坏”“善与恶”两种道德标准。在古希腊时代，德性好坏的标准均由最富权势的贵族决定，以便与奴隶保持距离；而奴隶和弱者在面对强者时的无能为力，又催生了一种极为强烈的嫉妒心——他们把对奴隶的同胞感情看作善，而把强者看作恶，并由此创造出了一套新的价值观。事实上，耶稣基督最初的跟随者也确实都是生活在社会最底层的贫苦老百姓。因此尼采认为，那就是典型的基督教道德。以往基督教宣扬的是一种“奴隶的道德观”：弱者们没有能力复仇，转而宣扬宽容和体量；无力反抗强者，因此将谦卑和顺从视为美德。总之，基督教道德提倡的都是对弱者有益的东西，而否定最能体现在强者身上的生命意志，因而本质上是功利的，是弱者们将自己的庸懦正当化的手段。尼采在《敌基督者》（1888）中明言，在整部《圣经·新约》中，唯一值得尊敬的是罗马帝国的总督。

基督教和酒精就这样成为了尼采眼中欧洲文化的两大麻醉剂，为了保持清醒，他本人滴酒不沾，并提出了超人的概念。超人要超越的正是不受传统道德规范约束的人，他要肯定自己本性中的欲望、冲动和激情，充分释放自己的生命力。新的道德应该建立在人真实的本性之上，而不是对其一味地掩盖和打压。尼采在书中讲述了精神的三段变化：精神变为骆驼，骆驼变为狮子，狮子变为孩子。骆驼象征着忍辱负重的精神，但是狮子要攫取自由，在自己的沙漠里称王。他要和巨龙搏斗，来取得胜利。巨龙的名字叫作“你应当”，而狮子的精神却说“我要”。最终，精神变为孩子，这是新的开始，“一个神圣的肯定”。对人类本性的确证，对生命力量的确证，这就是尼采哲学的核心。

III 为何要重估一切价值？

尼采对被麻醉了的欧洲文化持悲观的态度，这还要从他的著作《悲剧的诞生》讲起。古希腊悲剧是两种艺术倾向的结合：日神（阿波罗）精神和酒神（狄奥尼索斯）精神。阿波罗是秩序、形式和节制的象征，这种冷静、理智观看世界的方式在雕塑身上得到了最好的体现；而酒神则代表了一种狂醉的生命活力，他是放纵的、狂热的原始力量。人往往在音乐中最能体会这种不受约束、一往无前的生命之流。恰恰是对生命驱动力的承认，艺术才有诞生的契机。但是人如果完全陷入酒神式的迷狂，则会被这种原始的黑暗力量吞噬。阿波罗精神就是要驾驭这种汹涌而强大的生命力量，将之转化为有创造力的行动。日神精神与酒神精神相辅相成，缺一不可。但是尼采发现，西方哲学的弊病在于只重视阿波罗所代表的理性、节制，而彻底否认了酒神精神的合理地位。他将之怪罪于苏格拉底，因为正是苏格拉底把知识当作了最高的目标。

尼采像先知一样宣布：“我叙述的是今后两个世纪的历史。我描述的是来临者，是必定无疑的来临者：虚无主义的来临。”要克服虚无主义，就要重估一切价值。这样艰巨的任务落在了尼采的肩上，也不知是否因此导致了他的疯狂。但是他倔强地选择了直面所有的沉重与苦痛，因为人在苦痛中最能清晰地感受到自身，所以尼采相信苦难会成就伟大。“把你内心的城堡建在维苏威火山口吧！”

不能否认的是，尼采的语言风格决定了他注定是要被滥用和误解的。他自己对此也有清晰的认识。他在《瞧，这个人》里写道："人们为了不朽而付出了沉重的代价：不得不在活着的时候死上若干次。"有一种解读认为，尼采把自己的生命当作一种艺术，生命本身就是一次伟大的创作。尼采就是尼采，他是炸药，是真正的破坏者，是用铁锤从事哲学的人。

延伸阅读

1. [德] 尼采：《查拉图斯特拉如是说》，孙周兴译，北京：商务印书馆，2010 年。
2. [德] 尼采：《论道德的谱系》，赵千帆译，北京：商务印书馆，2016 年。
3. [德] 尼采：《悲剧的诞生》，孙周兴译，北京：商务印书馆，2012 年。
4. [德] 尼采：《瞧，这个人》，孙周兴译，北京：商务印书馆，2016 年。
5. [英] 贝特妮·休斯：《当代圣贤》第二集，BBC，纪录片，2016 年。
6. [德] 理查德·施特劳斯：《查拉图斯特拉如是说》，柏林爱乐乐团，交响诗，2007 年。

34

马克斯·韦伯

《新教伦理与资本主义精神》

你为何会成为“打工人”？

阅读挑战

马克斯·韦伯

凡是不能让人怀着热情去从事的事，就人作为人来说，都是不值得的事。

—— 马克斯·韦伯《学术与政治》

引言

+ 你是否已经开始工作了？对于你来说，工作是为了什么呢？有人非常讨厌自己的工作，只把它当作用来养家糊口的工具而已；有人则非常热爱自己的工作，因为工作带来了除钱财之外的很多东西，例如荣誉、尊重、个人成就，甚至是自我实现。大多数人可能还是会将工作和收入联系起来——工作是积累财富的主要方式，获得财富是工作的主要目的。你用各种方式追求财富又是为了什么呢？

这些问题不仅和每个人休戚相关，更是学术史上的重要问题。德国思想家马克斯·韦伯就将职业和财富作为研究的核心，将之与世界历史结合起来，以解释近代西方资本主义崛起的原因。这项研究就是大名鼎鼎的《新教伦理与资本主义精神》（*The Protestant Ethic and the Spirit of Capitalism*）。

I 传统主义：钱并非越多越好

马克斯·韦伯（Max Weber）在《新教伦理与资本主义精神》中提出了一个核心问题——这个问题后来也被称为“韦伯问题”——为什么在西方近代发展出了如此这般的、合理的资本主义？这种资本主义既要求人努力勤奋工作，学习新的知识，不眠不休，不断提高生产效率，又希望人赚到了钱也不花钱享乐，一味投身到不断赚钱的事业当中去。

这种“既想马儿跑，又想马儿不吃草”的要求真的有可能被满足吗？带着这样的疑问，韦伯开始了对德国西部纺织厂的考察。在考察中，他发现了一个有意思的现象：当时，德国不少纺织厂已经采用了计件工资制，即按照一个工人每天的产量来计算他的工资，工人的产量越高其收入自然也就越高。工厂主为了提高工人的劳动积极性，最初想到的办法就是提高工人的计件工资。例如，原来生产一件产品，工人可以赚到 10 块钱，一天生产 10 个就能赚到 100 块钱。如果工厂主把计件工资提高到 15 块钱，那么工人一天生产 10 个将赚到 150 块钱。工厂主以为，为了获得更多的报酬，工人肯定会提高自己的生产效率。然而事实并非如此，很多工人的单月生产量不增反降。这引燃了韦伯的好奇心，他发现原来是人的“知足的心态”在作祟——原来一天做 10 个产品才赚 100 块钱，而提高计件工资后一天只要做 7 个，就可以赚到 105 块钱了。工作量变少，收入还能保持不变，何乐而不为呢？工人们的选择也就不足为奇了。

并非所有人都想赚得越多越好，毕竟工作让人劳累，只要工资能维持自己一定质量的生活就足够了。韦伯把这种现象称为“传统主义”——一种倾向于享受悠闲、满足现状的知足心态。韦伯认为，要产生现代西方的资本主义精神，首先就要克服这种传统主义，而可以战胜传统主义的精神来源于基督宗教的新教。

II 从“天职”到“入世苦行”

韦伯之所以聚焦于新教并非出于神学考虑，而是源自一项人口学的发现。韦伯的学生马丁·奥芬巴赫在1901年的一篇论文中指出，在德国西南部的巴登地区，新教徒的人均纳税几乎是天主教徒的两倍；此外，虽然这一地区天主教徒占比近三分之二，但是在各级职业学校中新教徒比例均高于天主教徒。这些现象都说明，在外部环境几乎没有差异的情况下，新教徒在经济方面要比天主教徒更为成功，且新教徒的家庭更为重视教育。韦伯由此认定，造成这些差异的因素在内在的宗教特质中，而不是在外在的环境因素。

韦伯进而追问，这种资本主义精神从何而来？换言之，这种体现在职业中的工作态度如何产生？韦伯考察了德语中“职业”（Beruf）这个词的来源。“职业”不仅仅意味着一份工作，一份能够养活自己的生计，更可以被理解为“天职”，或者是“志业”，其在英语中对应的词是calling，在宗教用语中可以被翻译为“天召”。韦伯认为，我们常说的“天职”毫无疑问是宗教改革的产物，它来自德语《圣经》的翻译者马丁·路德。然而路德的职业概念一直没有摆脱传统主义，他要求人坚守自己的生计而不要去追求盈利，而另一位宗教改革者加尔文却表现出了明显的入世态度，将入世生活作为人的主要任务。发现了这一矛盾的韦伯就试图来说明，宗教信仰和职业伦理之间是否存在着某种亲缘性。

在《新教伦理与资本主义精神》的第二部分里，韦伯转向论证新教的苦行伦理和资本主义崛起之间的关系。其实，世界各大宗教中都有苦行的行为，如佛教中的达摩面壁九年、中世纪天主教的修道院苦行等，苦行者大多持“出世”的态度，对俗世不大关心。然而，韦伯认为，在宗教改革之后，新教的立场发生了转变。他以加尔文派为例进行了详细的分析。

16 世纪欧洲宗教改革并不是一个统一一致的运动，而是发生在各地的多个独立改革。加尔文就是在瑞士日内瓦城进行宗教改革的领导人之一。加尔文派具有两个十分有特色的神学教义——“救恩蒙选”和“预定论”。前者认为，一个人被拯救的恩典并不能归功于任何人自己的作为，上帝的意旨才是救恩的唯一来源。换句话说，任何人在短暂的一生中不论是行善积德，还是作恶多端，都不能改变上帝已决定的“救恩”人选。后者则认为，一个人是否被拯救是上帝在创世之前就已经决定了的。这意味着，上帝的意旨无法改变，救恩也无法失去。这两个神学教义都突出了上帝的绝对权威，因此加尔文派的信徒会陷入一种空前的孤寂感中，就像是高考后等待成绩的学生们，明知一切都无法改变，内心却还是忐忑不安，何况对于信徒们而言，这是关涉能否上天堂的大事，其内心的焦虑感可想而知。那么他们该如何面对此世的生活呢？加尔文派的信徒们找到了一条出路，就是将荣耀上帝作为此世生活的唯一目的，并将其体现在自己的职业劳动中，用事业的成功作为自己被拯救的确证。于是，加尔文派的信徒们就形成了每时每刻、成体系的自我检视。每当头脑中的小恶魔开始教唆人偷懒的时候，另一边的小天使就会跳出来阻止：你怎么可以偷懒呢？你这样做是在浪费上帝给你的能力，也对不起上帝拣选你的恩典！长此以往，加尔文派的信徒身上出现了一种战战兢兢的生活态度，他们生活的每一秒钟都在苦行，他们所获得的成就都不是为了自己，归根到底都是为了荣耀上帝。加尔文派也由此形成了一种具有秩序、内化为人格的“入世苦行”伦理。

III 富兰克林与资本主义精神

在韦伯看来，近代西方资本主义并非简单受到了人类欲望或者贪婪的驱动，必然还存在更深层次的文化动因。毕竟这样一种为赚钱而赚钱的生活方式在人类历史中非常罕见，必定有一种独特的精神在支撑其运作，否则人们一天都过不下去。

事实上，韦伯在《新教伦理与资本主义精神》的开篇就明确区分了广义和狭义的“资本主义”：广义资本主义存在于人类的各个历史时期和多个文明当中，像在巴比伦、印度、中国都曾出现过资本主义；狭义资本主义则为近代西方所特有，其具有一种独特的“精神”——将赚钱作为劳动的唯一目的，在这种状态中的人们不是为了买房买车，也不是为了光宗耀祖而工作赚钱，只是为了赚钱而赚钱。韦伯把本杰明·富兰克林作为这种资本主义精神的代表。

富兰克林可谓是典型的白手起家。他祖上并不富有，完全依靠自己的努力，在印刷行业中赚到了自己的第一桶金。但富兰克林并不满足于此，他非常努力地工作，从事各种各样的发明创造。他曾为了研究雷电，在下雷阵雨时试图通过放风筝将雷电引下来，结果差一点被雷劈死。此外，富兰克林非常节俭，甚至有一点葛朗台的精神。“时间就是金钱”就是富兰克林的名言。他还说过：

钱能生钱，钱子还能生出更多钱孙。五先令倒腾一下就是六先令，再倒腾一下就是七先令三便士，如此继续直到一百镑。你手头的钱越多，倒腾之后产生的钱也越多，收益会越来越快地增加。谁要是杀死了一头母猪，就等于杀死了它所能繁衍的成千头猪。谁要是浪费了五先令，就等于是谋杀了它所能产出的一切——不计其数的钱。

富兰克林看起来就是一个活脱脱的财迷。其实，韦伯将富兰克林作为资本主义精神的代表，恰恰说明资本主义并不意味着奢侈消费，而更多地在强调节俭和勤勉的劳动。能够获得这种资本主义精神的关键在于，人们是否找到了一种作为使命的职业，而不仅仅将之作为养家糊口的手段。

不过，韦伯也从中看到了一种潜在的危险，那就是宗教精神逐渐枯萎之后，功利主义将逐渐取而代之，朝圣者终将被经济人所取代。现代资本主义切断了自己的宗教根基，成为了巨大的“钢铁牢笼”。人们无法摆脱强大的经济秩序，不得不成为“打工人”。人如果不按照既有的资本主义经济秩序来工作，就会失业，而失业就意味着失去维持生活的经济来源，更不用提会连累身边的亲人。这可能才是现代人职业焦虑的来源之一。

延伸阅读

1. [德] 马克斯 · 韦伯:《新教伦理与资本主义精神》，郁喆隽选译，杭州：浙江大学出版社，2017 年。
2. [德] 玛丽安妮 · 韦伯:《马克斯 · 韦伯传》，阎克文、姚中秋译，北京：商务印书馆，2010 年。
3. [德] 马克斯 · 韦伯:《中国的宗教》，康乐、简惠美译，桂林：广西师范大学出版社，2010 年。
4. [德] 马克斯 · 韦伯:《学术与政治》，钱永祥译，桂林：广西师范大学出版社，2004 年。
5. [德] 沃尔夫冈 · J. 蒙森:《马克斯 · 韦伯与德国政治：1890—1920》，阎克文译，北京：中信出版集团 / 三辉图书，2016 年。
6. 余英时:《中国近世宗教伦理与商人精神》，北京：九州出版社，2014 年。
7. 杜维明:《现代精神与儒家传统》，北京：生活 · 读书 · 新知三联书店，2013 年。

35

胡塞尔《欧洲科学的危机与超越论的现象学》

科学可以处理一切难题吗?

阅读挑战

胡塞尔

在 19 世纪后半叶，现代人让自己的整个世界观受实证科学支配，并迷惑于实证科学所造就的“繁荣”。这种独特现象意味着，现代人漫不经心地抹去了那些对于真正的人来说至关重要的问题。只见事实的科学造成了只见事实的人。

——胡塞尔《欧洲科学的危机与超越论的现象学》

引言

+ “科学”对绝大多数人而言是一个积极、正面、充满褒义的词语，“不科学”也经常会被用来评价某些不合常理的现象。现代人早已习惯把对世界的认识交托给科学，固执地相信科学能帮助人们解释很多现象，解决很多问题。在哲学中，“唯科学主义”（scientism）声称，科学不仅能帮助人认识世界，还能为人提供价值、意义和目标。然而，科学可能解决世界上的一切问题吗？科学能否告诉人什么样的行为是对的，人应该怎样面对生活？你会支持这样的唯科学主义吗？

在两次世界大战期间，德国哲学家胡塞尔就看出了唯科学主义的问题。胡塞尔是20世纪现象学（Phenomenology）的重要代表人物，他在《欧洲科学的危机与超越论的现象学》（*Die Krisis der europäischen Wissenschaften und die transzendentale Phänomenologie*）中将唯科学主义视为欧洲文明危机的根源。

Ⅰ 第一次世界大战与科学危机

《欧洲科学的危机与超越论的现象学》是胡塞尔（Husserl）的最后一本著作，也是一本未完成的著作。该书手稿写于 1935 年至 1936 年，胡塞尔试图通过这本书挽救欧洲人于危机之中。在他看来，欧洲科学危机不仅仅关系到科学，更关系到整个西方乃至人类文明的前景。胡塞尔为什么会做出这样的判断呢？这还要从第一次世界大战说起。

对于欧洲人来说，第一次世界大战在精神和心理上的伤害远超过第二次世界大战。“一战”是人类历史上第一次现代化战争，首次投入使用了很多新式武器，例如坦克、潜艇、飞机和毒气等。人类第一次意识到机械文明不仅意味着惊人的生产力，同时也意味着前所未有的破坏力。胡塞尔的一个儿子就死在了“一战”的战场上。战后的德国危机深重，陷入了恶性的通货膨胀，进而引发了政治危机。纳粹党趁机笼络人心，登上了历史舞台。1935 年 5 月，胡塞尔收到邀请，前往维也纳演讲，其演讲的题目就是“欧洲人危机中的哲学”。在这篇演讲的基础上，他写成了《欧洲科学的危机与超越论的现象学》这篇论文。

胡塞尔在《欧洲科学的危机与超越论的现象学》序言部分最后写道：

> 我并不想教授，而只想引导，只想指出和描述我所看到的东西。我并不要求别的，只是要求允许我能像每一个以及全部的真诚经历了哲学式生存的命运的人一样，首先对我自己，因此也对别人诚实地讲述。

胡塞尔认为哲学家是人类的公务员。因此，哲学家有责任去面对灵魂中的野蛮仇恨，并运用理性的英雄主义来复兴哲学。但是在他所处的时代，欧洲人出现了懈怠，拒绝使用理性来反对野蛮，于是胡塞尔挺身而出，高呼“哲学的生命力在于，它们为自己的真实的意义而奋斗，并以此为真正的人性的意义而奋斗”。

《欧洲科学的危机与超越论的现象学》提出了一个核心问题：自启蒙运动以来，欧洲人一直认为无往不胜的理性如今为何会遇到严重的危机呢？造成危机的根源是什么？“一战”之后，在欧洲谈论危机是一桩时髦的生意，例如斯宾格勒的《西方的没落》就受到很多人的追捧。胡塞尔另辟蹊径，他并不只关注一时一地的危机，而是试图找到一切危机的根基，于是他把目光投向了欧洲人引以为傲的自然科学。然而欧洲自近代以来在科学上取得了惊人的成就，胡塞尔又为何会认为是科学出现了问题呢？

《欧洲科学的危机与超越论的现象学》开篇即明确回答了这个质疑。胡塞尔并不是要提倡某种和科学对立的怀疑论、非理性主义或者神秘主义，但是他看到，实证科学将科学的理念还原为纯粹事实的科学，在这个过程中，科学丧失了其对生活的意义。这就是胡塞尔所说的科学的危机。在 19 世纪后半叶，现代人的世界观逐渐被实证主义支配，并被科学所造成的繁荣所迷惑。实证和科学为人们戴上了一副“有色眼镜”，垄断了人们对世界的理解，使得人们对世界本身越来越冷漠，也回避了对人性具有决定性的问题。所以人们开始发现，在生存的危机时刻，科学什么都不能告诉他们，因为科学只追求客观的东西。这种自然主义的客观主义让胡塞尔感到恐慌。

II 追求永恒：世界的数学化

胡塞尔认为，欧洲的自然科学就是要建立起一个理性的、无限的存在大全，其起源可以追溯到文艺复兴时期。从那时起，人们开始认为理性是绝对的、永恒的、超时间的和无条件的，开始追求一种“永恒的哲学”。

胡塞尔在《欧洲科学的危机与超越论的现象学》里重点考察了文艺复兴时期的科学家伽利略。伽利略做过很多伟大的实验，例如，“两个铁球同时落地”的实验即证明了重力加速度的存在。伽利略还很擅长科学观察，他自己制作望远镜来观测天体，从而发现了月球表面的凹凸不平，并亲手绘制了第一幅月面图。此外，他还发现了木星的四颗卫星、土星的光环、太阳的黑子、太阳的自转、金星和水星的盈亏等现象。不过在胡塞尔看来，伽利略最大的贡献并不是观察和实验，而是将自然数学化。

伽利略用数字测量并描述世界上发生的一切事件，直接用几何学的方式来构造出一个客观的世界。这种客观世界非常类似于洛克所说的第一属性的世界，它有长宽高、重量和运动，但是没有任何第二属性——没有颜色、气味、声音……这个世界只留下了“形式”，而没有感性的质料。胡塞尔指出，伽利略忽略了感性世界的根源，如此数学化的世界中没有人的意义，整个世界好像被还原为一条冰冷的公式，完全失去了差异和个别性。从伽利略开始，一个被观念化、数学化的世界就已偷偷地取代了直观的自然。

III 返回生活世界：要做“常人”

要解决欧洲的危机，胡塞尔发现唯一的出路是回到已经被现代人遗忘的生活世界（德语：Lebenswelt；英语：lifeworld）。他把生活世界大致分成了三类：日常的生活世界、职业的生活世界和科学的生活世界。

日常的生活世界关涉的是人们的衣食住行以及思想和情感上的直接

交流。在日常的生活世界中所发生的事情都具有直接性，是先于任何概念的，是在活生生的经验中出现的。但是随着科学技术的不断进步，在原先的学科构架中又不断细分出多种专业和职业，于是就形成了职业且专业的生活世界。职业的生活世界是通过职业形成的。不同的职业会造就不同的视野，因此会形成特殊的生活世界。

近代以来，欧洲人的生活世界和科学世界出现了对立。所谓生活世界，简单来说就是我们日常生活着的，能够体验、感受一切事物的世界。按照胡塞尔自己的说法，在具体的生活世界中，我们被给予了现实的东西，而科学的生活世界的特征则是观念化，往往通过概念和数学来把握世界。在胡塞尔看来，人的生活不仅仅是一种物理和生理的活动，更是一种有目的的创造性活动。人通过创造性的活动，不仅改造了世界，还改造了自己。所以说，人的生活是一切的基础。生活世界存在于科学之前，是科学理论的前提。生活世界是第一性的，它才是本真的。

然而，科学家往往喜欢沉溺在自己的小圈子里。随着专业不断分化，大家的共同语言会越来越少，人和人之间的情感也渐渐淡漠。换言之，科学的危机也是生活世界的危机，因为科学世界和生活世界出现了分裂和对立。人们不再问，科学是为什么而存在的，是为什么而服务的，甚至认为科学对世界的认识就是世界的全部。

胡塞尔认为，现代人对生活世界的忽略是一种时代病，而他提出生活世界的观念就是想表明，生活才是人类一切活动的本源。人不能总以“物理学家”“工程师”或者“股票经理人”自诩，而要增强“常人意识”。也就是说，在人与人的交往中，科学家要放弃专业身份，采取一种人格主义的立场——人可以面对面地交流、对话、握手，哪怕是相互嫉妒和仇恨，这也是在生活世界中发生的直接而真实的内容。科学家们只要不局限于自己的小世界，就会意识到自己是一个普通人，自己也是生活世界的一员。

延伸阅读

1.［德］胡塞尔：《欧洲科学的危机与超越论的现象学》，王炳文译，北京：商务印书馆，2001 年。

2.［丹］D. 扎哈维：《胡塞尔现象学》，李忠伟译，上海：上海译文出版社，2007 年。

3.［美］罗伯特·索科拉夫斯基：《现象学导论》，高秉江、张建华译，武汉：武汉大学出版社，2009 年。

4.［爱尔兰］德尔默·莫兰：《现象学：一部历史的和批评的导论》，李幼蒸译，北京：中国人民大学出版社，2017 年。

36

马克思《1844 年经济学哲学手稿》

你为什么不喜欢上班？

阅读挑战

马克思

他的劳动不是自愿的劳动，而是被迫的强制劳动。因此，这种劳动不是满足一种需要，而只是满足劳动以外的那些需要的一种手段。劳动的异己性完全表现在：只要肉体的强制或其他强制一停止，人们会像逃避瘟疫那样逃避劳动。

——马克思《1844 年经济学哲学手稿》

引言

\+ 劳动者在自己的劳动中并不肯定自己，而是否定自己，并不感到幸福，而是感到不幸，并不自由地发挥自己的肉体力量和精神力量，而是使自己的肉体受到损伤，精神遭到摧残。因此，劳动者只是在劳动之外才感到自由自在，而在劳动之内感到爽然若失。劳动者在他不劳动时如释重负，而当他劳动时则如坐针毡。

相信不少人在每天上班的时候，都会不自觉地产生这样一个念头：不想上班，好想快点下班。人虽然正坐在办公桌前，却完全不想干活，脑子里想的全是下班后可以和小伙伴到哪里去 happy 一下。相信还有不少人如果不是看在工资的分上，根本不愿意去上班。如果有可能的话，很多人绝对想逃避劳动。

革命导师卡尔·马克思也会有这样的想法吗？很多人都曾在教科书里间接认识了马克思，却从来没有直接阅读过他的文章。其实马克思在《1844 年经济学哲学手稿》(又叫作《巴黎手稿》) 中讨论的问题可以说和我们息息相关：究竟是什么导致了劳动者的痛苦？劳动者是否必然被裹挟进“剥削”与“被剥削”的逻辑？在资本当道的现实中，人如何达成自我的实现？

I 迟到的伟大作品

1843年6月19日，卡尔·马克思（Karl Marx）与燕妮·冯·威斯特法伦结婚。同年10月，夫妇二人移居巴黎。马克思曾把巴黎称为“古老的哲学大学”和“新世界的首府”，当时的巴黎的确称得上是欧洲政治和文化的中心，许多著名的思想家与艺术家都汇聚于此。各类思想的碰撞必然会擦出多样的火花，汇集了当时最出色的头脑的巴黎也是欧洲社会主义运动的中心。居住在巴黎的一年中，马克思阅读了大量哲学、经济学、法学、历史学和社会学的著作，每日勤奋工作，废寝忘食。当时，马克思工作的核心是政治经济学，他认为：“对市民社会的解剖应该到政治经济学中去寻找。”在巴黎，马克思创作了《1844年经济学哲学手稿》，以及其他大量的关于古典经济学、黑格尔哲学的笔记，也同样是在巴黎，马克思结交了一生中最为重要的朋友恩格斯。

虽然该手稿完成于1844年，但直到20世纪，人们才重新发现了马克思的《巴黎手稿》。我们现在所读到的《巴黎手稿》其实由三份手稿组合而成。第一份手稿分为两个部分，一部分是古典经济学原著的摘录，另一部分探讨了工资、地租、利润和异化劳动问题；第二份手稿内容最少，主要围绕私有财产关系问题，据国外研究者推测，这可能是一本现已佚失的笔记的残存部分；第三份手稿的内容最为丰富，包括对私有财产和劳动、共产主义、生产和分工、货币和黑格尔辩证法等相关问题的研究。

中国人可能更了解马克思晚年时期已然成熟的思想，如《共产党宣言》《资本论》等，而《巴黎手稿》是马克思青年阶段的作品，从中已能窥见其晚年一些思想的根源。

令人遗憾的是，马克思并不想让手稿公之于众，因此这些极具价值的作品一直未能引起世人的注意，直到20世纪30年代出版后，《巴黎手稿》才逐渐大放异彩。如果《巴黎手稿》能早一点出现，或许人们会从马克思原著中解读出更多的可能。那么国际共产主义运动也可能会有不一样的面貌。

II 在劳动中成为人

在第一份手稿的最后一部分中，马克思提出了一个核心概念——“异化劳动”。“异化”（德语：Entfremdung；英语：alienation）的本意是疏离、背离、丧失自身。马克思受到德国古典哲学的启发，认为“人是类的存在物”，任何物种的特征都表现在它的活动类型中。动物虽然也劳作，甚至在精密的分工中搭建出精美的巢穴，却无法真正认识自身的劳动，因为它们的劳作仅出于生理本能。人与动物不同，人的类生活凭借自发、自觉的创造力和能动性来改造自然，由此人不仅仅改变了物质世界，更创造出了丰富的精神世界。人正是在劳动中变成人的。一个工匠面对一块大理石时，可以根据自己的想象，雕塑出一件艺术作品；当一个画家面对一盆水果时，并不会像动物一般只想着吃，而是将水果转化为静物画。这些都是人的本质力量的对象化。在人与物的互动过程中，人所有的天赋、想象、能力都实现在一个外部的质料上，从而实现了自身。马克思说，劳动在根本上是一种创造生命的活动。因此，劳动不应只是用来满足人最基本的生理需求的手段。只有在劳动过程中，人看到并实现了自己。也正是通过劳动，人在确证自己是类的存在物。

马克思在写作《巴黎手稿》的时候，还对詹姆士·穆勒《政治经济学原理》一书做了摘要。在这篇摘要中，马克思提出了劳动的“双重肯定”：“我们每个人在自己的生产过程中就双重地肯定了自己和另一个人”“我的劳动是自由的生命表现，因此是生活的乐趣……我在劳动中肯定了自己的个人生命，从而也就肯定了我的个性的特点。劳动是我真正的、活动的财产”。

但是，马克思看到“在私有制的前提下，我的个性同我自己疏远到这种程度，以致这种活动为我所痛恨，它对我来说是一种痛苦，更正确地说，只是活动的假象。因此，劳动在这里也仅仅是一种被迫的活动，它加在我身上仅仅是外在的、偶然的需要，而不是由于内在的必然的需要”。为了提升效率，现代的劳动者被贬低为流水线上的一环，仅仅掌握整个生产过程中的一个简单工序，成千上万次地重复同一个动作。这对人来说是巨大的身心摧残。所以马克思说，异化劳动把人的类生活变成了仅能维持人肉体生存的手段。

III 异化劳动的四种表现

马克思提出了异化劳动的四种表现：

第一种表现是，劳动者与自己的劳动产品相异化。产品本应是劳动者亲手生产出来的劳动成果，其中倾注了劳动者本人的生命和心血，也就是说，劳动成果完全可以被看作劳动者生命的一部分。但是，劳动成果一旦变为商品，变为用来换取微薄工资的媒介，那么劳动成果不仅不再属于劳动者自己，而且随着生产商品的增多，劳动者自己也将变成廉价商品。总之，劳动者的劳动成果变成了一种异己的存在。

第二种表现是，劳动者同自己的劳动活动相异化。马克思认为，对劳动者来说，劳动是外在的，是不属于劳动者本质的东西。工人们的劳动不再是为了实现自身的价值，而仅是被迫用十几个小时的劳动换取一点面包。这不单单是肉体上的折磨，更是精神上的贬损。

第三种表现是，人同自己的类本质相异化，即人同自由自觉的活动及其创造的对象世界相异化。这是劳动活动异化之后的必然结果。当劳动者变成了机器上的齿轮，他们就只能依照操作流程和规则进行枯燥的重复劳动，自发自觉的创造力和能动性被生生剥夺，也就丧失了作为人的骄傲与尊严。

第四种表现是，人同人相异化。也就是说，人在异化劳动中不仅和自己对立，还和其他劳动者相对立。这是很好理解的，因为其他劳动者成为了工作上的竞争对手，所以人们渐渐将他人看作一个完整的个体，而不再仅仅是被资本收买的劳动力。不知大家是否还记得，曾经在微博上引发过热烈讨论的话题：外卖小哥能否要求顾客说一句“谢谢”。有人认为自己既然出钱购买了外卖员的服务就理应不用道谢，这其实就是人际关系异化的典型案例。

卓别林的电影《摩登时代》（*Modern Times*，1936）展示的就是异化劳动的具体场景。卓别林饰演一名流水线上的工人，每天的工作就是手持两把钳子拧紧螺丝。这项工作看似简单，却需要时刻注意，跟上流水线的节奏。在持续了一整天的机械般的工作后，他的身体像是在依靠惯性一样，就算下了班也依旧在做拧螺丝的动作。这样的工作不要求工人有思想和创造力，甚至不需要工人有灵魂，因为无思的行尸走肉才能更高效地进行生产。

马克思在《德意志意识形态》中描述道：

在共产主义社会里，任何人都没有特殊的活动范围，而是都可以在任何部门内发展，社会调节着整个生产，因而使我有可能随着自己的兴趣今天干这事，明天干那事，上午打猎，下午捕鱼，傍晚从事畜牧，晚饭后从事批判，这样就不会使我老是一个猎人、渔夫、牧人或批判者。

这样的理想社会才是马克思意义上社会主义的最初设想，人的劳动是人真正作为人而施行的活动，也是为了社会而施行的活动。马克思毫无疑问是对资本主义最为著名的批判者，他的名言“哲学家们只是用不同的方式解释世界，但关键在于改变世界”被刻在了马克思曾经求学的柏林洪堡大学主楼里，被世人永远铭记。

延伸阅读

1.［德］马克思：《1844 年经济学哲学手稿》，中共中央马克思恩格斯列宁斯大林著作编译局译，北京：人民出版社，2014 年。

2.［英］戴维·麦克莱伦：《马克思传》，王珍译，北京：中国人民大学出版社，2016 年。

3.［德］马克思、恩格斯：《共产党宣言》，北京：人民出版社，2014 年。

4.［德］马克思：《资本论》，郭大力、王亚南译，上海：上海三联书店，2009 年。

5.［英］大卫·哈维：《马克思与〈资本论〉》，周大昕译，北京：中信出版集团，2018 年。

6.《德国人》（*Die Deutschen*）第二季第七集：马克思与阶级斗争（*Karl Marx und der Klassenkampf*），纪录片，2010 年。

37

马尔库塞《单向度的人》

“小确幸”有什么问题吗？

阅读挑战

马尔库塞

我们社会的突出之处是，在压倒一切的效率和日益提高的生活水准这双重的基础上，利用技术而不是恐怖去压服那些离心的社会力量。

—— 马尔库塞《单向度的人》

引言

+ 网络流行语“小确幸”来自日本小说家村上春树。村上说，他把洗涤过的洁净内裤卷折好，整齐地放在抽屉中，就会获得一种微小而真确的幸福感。类似的情景还有在下雨天独自坐在咖啡馆里，听着淅淅沥沥的雨声，一边喝着咖啡，一边读一本自己喜欢的书。小确幸似乎表达了一种“岁月静好，现世安稳”的态度，物质生活上的日渐富足也似乎在向人们证明：这就是大家应该过的生活。然而，这片富庶祥和的景象是否掩盖了思想上的怠惰和对自由与创造力的抑制呢？小确幸得以成立的前提是什么呢？人在积累了很多小确幸之后，是否就会无欲无求了呢？

第二次世界大战之后，欧洲就已进入一种近似于小确幸的时代。然而当时不少年轻人并不满足于富足的物质生活，反而认为这种小确幸掩盖了一种真正的奴役，于是决定站出来抗争。而让这些年轻人开始反思安逸生活的正是赫伯特·马尔库塞的《单向度的人》（*One-Dimensional Man*）。

Ⅰ 发达工业社会的"温水煮青蛙"

1968 年 5 月，在法国以巴黎为中心爆发了一系列学生抗议、工人罢工、群众游行和示威活动，史称"五月风暴"。当时，学生们公开颂扬"3M"。这个 3M 可不是百洁布的牌子，而是三个人名的首字母——马克思、毛泽东和马尔库塞。前两位可谓是无人不晓，而赫伯特·马尔库塞（Herbert Marcuse）可能是一个令人陌生的名字，他是法兰克福学派的一名学者。法兰克福学派提倡的理论又叫作"批判理论"（critical theory），其每一代代表人物都是闻名遐迩的学者，例如第一代的本雅明、阿多诺、霍克海默、弗洛姆，第二代的哈贝马斯等。

第二次世界大战之后，虽然西欧社会在经济上出现了腾飞，法兰克福学派的知识分子们却深感担忧。他们忧虑的问题可以用本雅明的一句话很好地概括："只是因为有了那么不抱希望的人，希望才赐予了我们。"马尔库塞把这句话写在了《单向度的人》全书的结尾处。《单向度的人》出版于 1964 年，其副标题是"发达工业社会意识形态研究"。马尔库塞认为，人本来拥有很多的向度，但是在当代工业社会中很多维度都在无形中被压制，而人们对此竟毫无知觉。人们普遍觉得自己的生活是"越来越好的"，因此无法想象其他可能的生活方式，从而渐渐丧失了思想的批判力以及反抗现实的能力，成为"单向度的人"。

《单向度的人》中有一个核心观点：因为人类思想中否定性、批判性和超越性向度被压制了，所以当代工业社会是一个新型的极权社会。过往社会中的极权都是依靠恐怖和暴力来达到统治的目的，而发达工业社会的极权却是一个温柔乡，它通过技术，尤其是媒体来"温水煮青蛙"——让人们在舒适与安逸之中渐渐丧失反抗的愿望。在这本书的开头，马尔库塞写道：

如果一个工人与他的老板欣赏同一个电视节目，游览同一胜地；如果一个打字员打扮得和她雇主的女儿一样漂亮；如果黑人拥有一辆凯迪拉克牌汽车，如果他们都阅读同一种报纸，那么这种同化并不标志着阶级的消失，而是标志着现存制度下的全部人口在很大程度上，分享着用以维持这种制度的需要和满足。

许多人认为，这说明物质丰富与技术进步并不是一件坏事，反而有助于实现人与人之间的平等。但是马尔库塞对此十分担忧，因为他意识到在看似平等的表象背后，是日渐“进步”的奴役手段，“发达工业文明的奴隶是受到抬举的奴隶，但他们毕竟还是奴隶”。马尔库塞并非杞人忧天，作为历史的亲历者，他拥有极为深刻的体悟：纳粹式的集权统治虽然在军事层面上被打败了，但在心理机制上依然存在，甚至可能通过消费文化和资本主义卷土重来。更可怕的是，新的极权很可能采取了非常温柔而美好的形式，让人难以察觉，也就更难摆脱和对抗。

II 非理性的新控制

马尔库塞在《单向度的人》的“导言”中提出了一个很有意思的观点：人们所生活的社会的每个部分都是高度理性化的，但社会的总体是非理性的。这个判断是非常耐人寻味的。大家不妨反思一下自己的生活：很多人平时不得不坐在电脑前长达十几个小时，晒不到太阳，吹不到自然风；上下班像下水道的老鼠一样，穿梭在城市的地铁里；所有人逢年过节就像逃难一样地逃离自己所居住的城市，想要去郊外亲近大自然却又被堵在路上……如果单从个别的环节审视日常生活，人们并未感到任何不合理之处，然而一旦把方方面面统合到一起，各种好笑的矛盾将会开始凸显。

“我们社会的突出之处是，在压倒一切的效率和日益提高的生活水准这双重基础上，利用技术而不是恐怖去压服那些离心的社会力量。”马尔库塞的这句话一针见血。过去，工人们出于恐惧或者温饱而不得不去工作，而现在的人又迫于自己的 KPI（关键绩效指标）而拼命；过去，工人如果不能完成工作就不能养家糊口，而现在的人如果完成不了 KPI 就买不起房子和车，没有办法出国旅游，过不上自己理想的生活。所以就算没有人拿着鞭子来抽你，你每天还是会乖乖地、自觉地去上班，然后试图用疯狂的消费弥补自己的疲惫和焦虑。

马尔库塞在书中分析的焦点是“发达工业社会”。他提出，在发达工业社会里，生产和分配的技术装备由于日益增加的自动化因素成为了一个系统。生产装备趋向于极权性，不仅可以决定社会需要的职业、技能和态度，还可以决定个人的需要和愿望。技术取代了权力成为控制社会和团结社会的更为有效、更令人愉快的形式。在这里，马尔库塞又提出了一个致命的判断：技术看似中立，却构成了一个统治系统，因而带有极权的特征，所以马尔库塞说：“一种舒舒服服、平平稳稳、合理而又民主的不自由，在发达的工业文明中流行，这是技术进步的标志。”一方面，人类的物质文明高度发展，人们不再挨饿受冻；另一方面，人类被物质所累，成为了一种被消费文化豢养的动物。人们像一群热爱美食的宠物一样，被主人豢养起来，因为吃惯了很好的宠物食品，害怕失去美味的宠物饼干而甘愿俯首称臣。这样的发展趋势可以遏制与之不同的社会制度，遮蔽生产发展的新方向和人类生存的新方式。发达工业社会的技术使得社会有能力同化所有发出不同声音的或者具有反抗性的人，从根本上消灭冲突。马尔库塞说：“工业社会是极权社会，压制了反对声音，产生了单向度的人和社会：缺乏否定、批判和有想象能力的人。”这就是发达而民主的工业社会中的奴役形式。

III 被制造出来的虚假需要

《单向度的人》还区分了“真实的需要”和“虚假的需要”。什么是“虚假的需要”呢？马尔库塞说：“为了特定的社会利益而从外部强加在个人身上的那些需要，使艰辛、侵略、痛苦和非正义永恒化的需要，是虚假的需要。”那什么需要是外部强加给个人的？难道每个人所需要的东西不是自己真正需要的吗？

马尔库塞和很多法兰克福学派的学者都认为人的需求是被制造出来的，以至于有时候人自己也不清楚到底需要什么。“虚假的需要”是被工业和资本制造出来的幻象。这种幻象看上去十分美好，却有一个致命的缺陷：根本不管每个人是谁，到底需要什么。例如，现代广告会展示一种生活方式，暗示消费者只有购买这辆汽车、买下这套房子，才能被认为是社会的成功人士；只有购买了这款减肥或健身产品，成为拥有八块腹肌的型男或者瓜子脸、“体重不过百”的美女，才能被大众接受。

马尔库塞说，满足这种需要或许会使个人感到十分高兴，但它终究是被强加在个人身上的虚假需求。个人并不是他自己真实需求的主宰者，反而无时无刻不处在被控制的状态，“人们似乎是为商品而生活。小轿车、高清晰度的传真装置、错层式家庭住宅以及厨房设备成了人们生活的灵魂”。换言之，消费方式和技术本身成为另一种意识形态，是塑造一种单向度思想和行为的模具。

从欧洲的传统来说，左翼知识分子从来都不是“帮忙文人”，他们的任务是持续发现社会中的病症并提出挑战。这就意味着，左翼始终是一股反对的力量，却并不针对单个政党或者政府。他们反对的是整个社会和时代整体，就像牛虻一样叮咬着享受小确幸的社会肌体。马尔库塞无疑是其中的代表人物，因此被称为“新左翼之父”。马尔库塞本人则开玩笑地说，人们不应叫他新左翼之父，而是应该喊他“新左翼的爷爷”。

延伸阅读

1.[美] 赫伯特・马尔库塞:《单向度的人》，刘继译，上海：上海译文出版社，2006 年。

2.[美] 马尔库塞:《爱欲与文明》，黄勇、薛民译，上海：上海译文出版社，2012 年。

3. 汪民安:《生产（第六辑）:“五月风暴”四十年反思》，桂林：广西师范大学出版社，2008 年。

4. 俞吾金、陈学明:《国外马克思主义哲学流派新编——西方马克思主义卷》（上）第三章，上海：复旦大学出版社，2002 年

38

福柯《规训与惩罚》

你愿意生活在监控中吗？

阅读挑战

福柯

他在文科高中时期经历了最大的激情……来自他吞下的那些药片 —— 药片是他从身为外科医生的父亲那里搞到的，而他之所以吞下它们，为的是要搞清楚这些药在多大程度上能改变人的思维，想要知道以不同的方式去思考是否可能。“妈妈，鱼在想什么？”某一天他盯着有金鱼游弋其中的鱼缸问她的母亲。鱼的思维、药物、烈性药、疯狂……所有这些都证明了我们规范性的思维方式并非唯一可能的思维方式。

—— 保罗・韦纳《福柯其思其人》

引言

2017 年，一位名叫约翰·斯德沃斯（John Sudworth）的 BBC 记者来到中国贵州省贵阳市。经当地警方的许可后，他体验了一下“天网”的威力——该系统是世界上最强大的面部识别系统，能在 3 秒内识别任何人。警方先用手机拍下他的面部照片，并将其录入“嫌疑人”名单。随后，约翰在市中心下车，步行前往火车站。然而下车不到 7 分钟，他就被警察包围了。

2019 年 9 月，美国加州通过立法，禁止州和地方执法部门在随身相机中使用人脸识别软件。为何人们对摄像头的态度差异如此之大？一天之内一个普通人又会遇到多少个摄像头？这些摄像头又会有几个记录你的所作所为，甚至可以还原出你所有的行踪呢？对于大众来说，摄像头似乎意味着警察探案越来越容易，犯罪分子将无处藏身，人们已经习惯了到处存在的摄像头。然而，在一双双电子眼沉默的凝视下，人类的社会生活又有什么改变吗？摄像头除了“保障”安全和秩序之外，又会怎样影响人呢？法国哲学家米歇尔·福柯（Michel Foucault）在其名著《规训与惩罚》（*Discipline and Punish*）就分析了这些问题。

| 环形监狱中谁在看着谁？

有这样一个监狱，俯瞰是一个正圆形，中心有一个监视塔，四周修建环形监室。每个监室之间互相隔断，面向监视塔的一面安装玻璃，面向外侧的一面安装窗户，光线可通过窗户照进整个监禁室。这样设计的目的是让看守可以监视每一个房间里的禁闭者，然而禁闭者因为逆光而无法看到看守，也不知道看守是否正在看着他，同时也不能和左右禁闭者们交流。这是18世纪英国哲学家杰里米·边沁提出的概念——环形监狱（Panopticon）。他把这种建筑背后的理念称为“全景敞视主义”（Panopticism）。

这种设计有一个目的：在那样一个个被隔断的小笼子中，哪怕没有看守，囚犯们仍会时时感受到自己正处于监视当中。20世纪法国哲学家福柯在《规训与惩罚》中着重分析了环形监狱：“不需要武器、肉体暴力和身体约束的监视系统。那里只有一道凝视的目光。那是一道监察的目光，在它的重压之下，每个人最终都将使之彻底内在化到自己的心中，以至于自己成了自己的监视者，每个人于是就这样越过并针对自己行使着这种监视。”[1]

在米歇尔·福柯（Michel Foucault）看来，边沁的全景监狱就是社会的普遍规训欲望的一种体现。它不需要外在的强制力量，社会已经将某种强制的力量内化到每个人心中了，其目的是培养出健康而驯服的人，与此同时却让灵魂成为肉身的牢笼。更为紧要的是，这种规训发生的场所不只限于监狱或者精神病院。“环形监狱”所代表的“全景敞视

---

1 詹姆斯·米勒：《福柯的生死爱欲》，高毅译，上海：上海人民出版社，2005年，第303页。

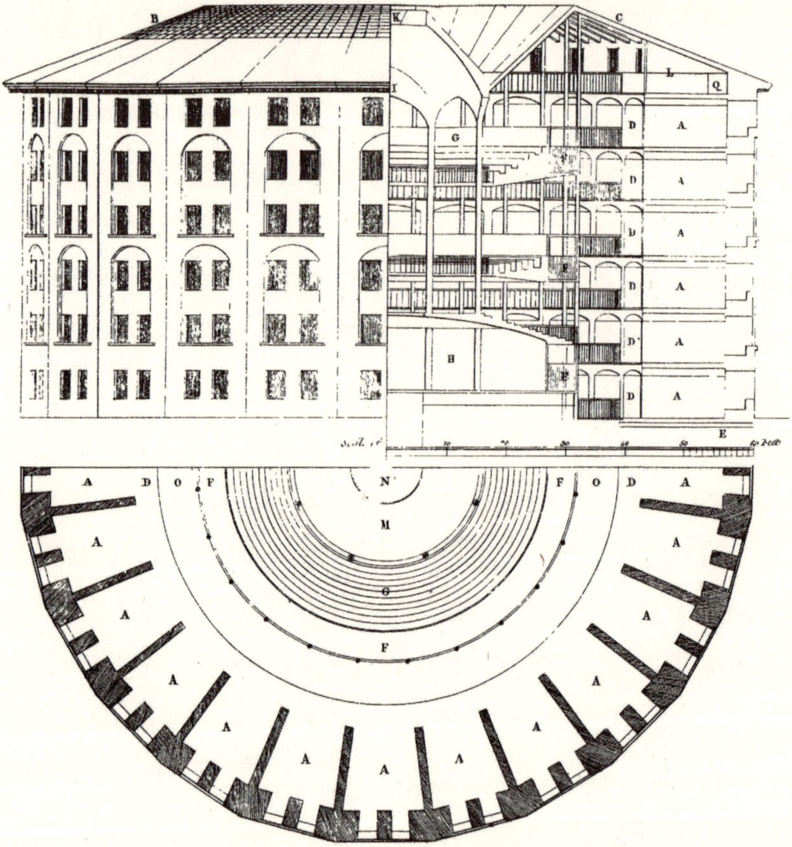

上图：环形监狱

边沁所设计的环形监狱，由威利 · 雷维尔（Willey Reveley）于 1791 年绘制完成。

主义”理念可以让规训蔓延至整个社会：“‘规训’既不会等同于一种体制，也不会等同于一种机构。它是一种权力类型，一种行使权力的轨道……它可以被各种机构或体制接过来使用，如‘专门’机构（19 世纪的罪犯教养院或‘改造所’），或者是把它作为达到某种特殊目的的基本手段的机构（学校、医院），或者是发现可以用它来加强或改组自己内部权力机制的旧权威机构……”[2]

福柯在《规训与惩罚》中提出，现代监狱的发明看似非常人道，却意味着另外一种权力的诞生。从 18 世纪到 19 世纪，法国监狱就发生了一个显著的变化，在废除酷刑和公开处决的同时，发展出一套规训和监视的手段。拿破仑之后的法国监禁着 4 万多名罪犯，这意味着大概每 600 人中就有一个被关在监狱里，大型监狱已然成为了一座城市中的景观——监狱社会诞生了。福柯认为，启蒙时代乌托邦最为典型的监控机构就是监狱，而古典时代的规训和现代意义上的监视之间，又存在极为紧密的联系。

II 何为规训？为何惩罚？

如果大家看到过福柯的照片，一定印象深刻。他有一个大光头，戴着一副黑框眼镜，眼睛炯炯有神。他的招牌动作之一就是用双手修长的手指抱住脑袋。福柯有很多头衔，例如“20 世纪法国的尼采”，但也有人攻击他，说他是“讲台虚无主义者”和“新浪潮的诡辩家”。他自己告诫世人：不要问我是谁。福柯就是一个谜团。

---

2 米歇尔·福柯：《规训与惩罚》，刘北成、杨远婴译，北京：生活·读书·新知三联书店，1999 年，第 241—242 页。

1926 年，福柯出生在法国普瓦蒂埃的一个富有的家庭。父亲是一位受人尊敬的外科医生，母亲也是外科医生的女儿，因此，福柯从小就肩负起子承父业的寄望。他被父母送到一所耶稣会中学读书，接受了良好的教育，成绩优异，之后进入巴黎高等师范学校学习。但福柯注定不会走上父母所期望的“正常”的人生轨道：他是同性恋。在当时的法国社会中，“同性恋”是相对于“正常”的另一个极端。由于性取向的不同带来的压抑，福柯患上了严重的抑郁症，甚至在 22 岁那年试图自杀，后来被迫去看了心理医生。

福柯一直将自己的私人生活隐藏得很深，却将思想的锋芒直接展露在著作之中。他要质疑人们对于所谓“正常人”“健康人”的观念与态度，而他的一生都在展现这样一种反抗——捍卫每个人表达自我、成就个性的自由。要捍卫这种自由，福柯首先要用极为敏锐的洞察力去审视他所处的现代社会。他要引导人们去追问现代社会的合理性。福柯最终没有成为医生，却成为社会的解剖者，时代的诊断者。

1975 年，《规训与惩罚》出版。虽然在此之前，福柯好几本很有影响力的著作已经相继问世，但他依然把《规训与惩罚》称为自己的“第一部著作”。《规训与惩罚》的英译名为 *Discipline and Punish*。Punish 是动词，是“惩罚”的意思；而 discipline 作名词意为“纪律”。为了前后词性匹配，中文译者将书名中的 discipline 翻译为“规训”，凸显其动词意味。

要理解“规训”的概念，首先必须明确使“规训”成为可能的“权力”是什么。在《规训与惩罚》中，福柯所讨论的权力区分为两种：压制性权力（repressive power）和规范化权力（normalizing power）。压制性权力最显而易见的，从宏观层面来说，就有国家机器的立法、司法等政治权力；在生活中，老板对员工拥有的压制性权力，使得老板可以对员工发号施令甚至解雇员工。这种权力最明显的特征就是具有强力，甚至是暴力。在《规训与惩罚》中，福柯着重讨论的“监狱”就是压制性权力得以发挥效用的典型场所。

然而，福柯真正别开生面、发人深省之处在于对规范化权力的讨论。规范化权力要达到的目的就是要使人们的行为符合一定的社会规范。例如，某一产品的生产企业总有相应的质量检测标准，医学领域总有对人体的各项检测指标，各项比赛总有相应的比赛规则。这种权力看起来毫无强力的成分，人们甚至不需要任何外界的助力就会自动去符合这些规范、遵守这些纪律。这也是为什么人们似乎对监控探头的存在并不感到排斥，因为没有它们，人们照样会遵纪守法。

规范化权力是社会中的隐性权力，也有学者建议可以称之为“微权力”（micro-power），它无孔不入、渗透进社会生活的方方面面。这种权力在很大程度上是现代的产物。对这种看起来再合理不过的权力形态，福柯表达了更为深刻的隐忧：在人人都按照规范所要求的方式生活时，人们真的都是独立的、拥有个性的吗？人们真的能自由表达自己吗？“自我”又是在多大程度上被这种社会性的规范化权力所塑造的？

III 因特网的凝视

《规训与惩罚》这本书有一个核心的观点：监视是现代社会控制人的一个主要手段。那么在距离这本书出版将近半个世纪后的今天，社会有变得不同吗？还是说，社会的规训只是换了一身马甲，甚至变得更强而有力了呢？

现今，人们已经成功建立起了一个“摄像头社会”：超市、学校、住宅小区、城市街道，一个全方位无死角的监控网络似乎已被建成。摄像头不仅仅是用来记录某些行为的，更是用来进行监视的。其实没有人知道摄像头是否在正常工作，但是只要有摄像头的地方，人们就有所顾忌。例如，在高速公路上开车看见摄像头，就会不自觉地降低车速。摄像头本身就是监控的一部分。

不过福柯认为，这种摄像头的监控可能会有很大的副作用：当每个人意识到自己被监控的时候，就会形成一种统一的人格，人也会逐渐失去个性，在行为和思想上趋于一致。在这一切背后起作用的依然是人们内心的恐惧：人害怕被摄像头记录下某些行为之后，会被揭露出某些不为人知的地方并受到惩罚。福柯认为，这种规训本质上是反人性的，因为它会压制人的自由和独立思考。人会变得像机器人一样守规矩，但是会逐渐失去个性和活力。

除了摄像头，互联网可能是当下最强大的规训媒介。人在互联网上的一切踪迹都被记录下来，成为大数据中的一串代码：和谁聊天、浏览了哪些网页、网购了哪些商品、地理位置标记在何处等。人们似乎生活在一个信息充分流动的社会当中，但其实这些信息很容易在人们根本毫无察觉的情况下受到操控。我们在享用互联网带来的便利的时候，个人也面临着隐私受到侵犯的危险。

福柯没有使用过互联网，但他的理论依然有效。对于如今的互联网社会，可以借尼采的名言来形容：当你凝视深渊的时候，深渊也在凝视你。

延伸阅读

1.[法] 米歇尔·福柯:《规训与惩罚》，刘北成、杨远婴译，北京：生活·读书·新知三联书店，1999 年。

2.[法] 米歇尔·福柯:《疯癫与文明》，刘北成、杨远婴译，北京：生活·读书·新知三联书店，2003 年。

3.[法] 米歇尔·福柯:《词与物》，莫伟民译，上海：上海三联书店，2001 年。

4.[法] 米歇尔·福柯:《性经验史》，佘碧平译，上海：上海人民出版社，2005 年。

5.[法] 米歇尔·福柯:《权力的眼睛：福柯访谈录》，严锋译，上海：上海人民出版社，2021 年。

6.[法] 迪迪埃·埃里蓬:《米歇尔·福柯传》，谢强、马月译，上海：上海人民出版社，2017 年。

39

哈贝马斯《交往行为理论》

理性只意味着能够发射卫星吗？

阅读挑战

哈贝马斯

对于所有的人尤其是对一位思想家来说，用“具有冷静的头脑和热心”来形容他恐怕是最高的赞美之词了。在当今时代，将这句赞美送给现代德国社会理论家哈贝马斯再合适不过了。

—— 中冈成文《哈贝马斯：交往行为》

引言

+ “理性”似乎是绝对的褒义词，总和科学技术经常联系在一起，与非理性对立。但是仔细想来，理性很难被确切地定义。通常认为理性主要关乎判断、权衡、推理、计划和计算，不论是航天专家把飞船送上火星的壮举，还是法律专家制定出来的精细法条和典章制度，都是理性的体现，但这就是理性的全部了吗？理性精神引领人改善生活，那有没有可能也会对人类社会造成危机呢？

20 世纪德国哲学尤尔根·哈贝马斯在其著作《交往行为理论》（*Theorie des kommunikativen Handelns*）中为理性增添了全新的内容，在他看来，人类的理性绝对不只是把飞船送上火星的能力。

I 人类为什么要登月?

在 20 世纪，人类做出了一件惊天壮举，那就是把人送上了月球；在 21 世纪，人类很有可能会把人送上火星。然而，曾有小朋友写信给科学家问道：地球上还有那么多人吃不饱饭，我们为什么还要花那么多钱去探索太空呢？仔细思考这个问题就会发现，在历史上是政治家设定了一个目标——要把人送上月球，然后才召集各领域的科学家们想方设法为达成这个目标而努力。

按照德国思想家马克斯·韦伯的划分，这样的分工暗示了人类的两种理性。第一种是目标理性，又叫作"工具理性"。简言之，所谓工具理性就是为了实现特定目标而使用的一种工具。例如设计一个火箭，要经过规划轨道并计划日程、考虑各种偶然因素的应对方案后，科学家们最终才能把人送上月球或火星，其中的每一个步骤都需要工具理性的参与。自启蒙时代以来的科学进步也证明，人类对工具理性的运用能力突飞猛进。韦伯所说的第二种理性是"价值理性"。价值理性要回答一个问题：人为什么要做一件事情？例如，为什么要去探索太空？仅凭工具理性是无法回答这样的问题的，因为让所有人吃饱饭和人类探索太空本身就代表了两种完全不同的价值导向。让人们吃饱饭涉及的是人类的基本需求和福利，而探索太空则关于对世界的认识、好奇和人类的未来，涉及的是人对自身处境的基本认识问题。这两种导向切入的角度不同但是并不冲突，或许对太空的探索确实能帮助解决地球上的饥饿问题呢？人类的很多领域都会提供价值理性，例如宗教、道德、传统、审美等。

归纳起来说，价值理性告诉人们应当要做什么，不应当做什么；而工具理性则告诉人们，可以以及如何做到什么。后来，法兰克福学派的学者继承了韦伯对工具理性和价值理性的二分并有所发展。他们看到，在最近的几个世纪里，虽然人类在工具理性方面有了极大的提升，但在价值理性方面却面临巨大的危机。为什么这样说呢？20世纪，人类在科学技术方面的发展首先被运用到军事领域中：“一战”中出现了机关枪、军用飞机、毒气、坦克和潜水艇；“二战”中更是出现了超级杀人武器——原子弹。纳粹德国更是一个极具讽刺的例子，人类的工具理性被发挥到极致而价值理性则丧失殆尽，以至于战后审判纳粹战犯如何能让110万人葬身奥斯维辛时，有人给出了令人毛骨悚然的回答：“在技术上，这是可能的。”至于在道德层面是否正当，几乎没有人去追问。法兰克福学派的学者霍克海默认为，人类的理性好像两条腿，如果这样发展下去，就会一条腿很粗，另一条腿很细——任凭工具理性发展，但是没有价值理性来约束、控制的话，人类的未来极为堪忧。“二战”之后出现的一系列问题，例如冷战中的核军备竞赛、环境污染、全球变暖等，也印证了哲学家们的隐忧。

II 哈贝马斯与《交往行为理论》

法兰克福学派中的尤尔根·哈贝马斯（Jürgen Habermas）是德国在“二战”后国际影响力最大的学者，没有之一。不过要对哈贝马斯进行定位是有点困难的。众所周知，他是德国法兰克福学派第二代的代表人物，受马克思哲学传统的影响，他积极介入社会，认为学术研究的目标不是单纯的描述和理解，而是要批判和改造社会。如今他老人家已经九十多岁高龄了，依然思路清晰地坚守在学术岗位上，十分让人钦佩。一般来说，很多学者都具有冷静的头脑，却缺少革命家、宗教人士等行动派所拥有的热情。能将“沉思生活”和“行动生活”结合起来的学者，法兰克福学派的学者可谓是业内标杆，而哈贝马斯更是其中的佼佼者。

哈贝马斯延续了对人类理性问题的思考，并且想要对以往理性的理解进行修正和补充。他的这些想法集中体现在《交往行为理论》这本书当中。哈贝马斯和西方的大部分哲学家一样，把理性看作人类日常生活和科学活动的最终立足点。他的任务就是要矫正人类现代的"理性病症"：一方面要对理性进行系统的梳理，发现现代社会的问题所在；另一方面，他提出了一个全新的概念——"交往理性"，希望能为这些问题提供一条出路。哈贝马斯说："要在日常实践自身中，在交往理性被压制、被扭曲和被摧毁之处，去发现这种理性的顽强声音。"那么究竟什么才是哈贝马斯所说的交往理性呢？它又如何来治疗现代人的理性病症呢？

想要明白什么是交往行为，首先需要回答另一个社会学问题：人类具有哪些基本的行为类型？哈贝马斯继承了以往一些社会学理论，提出了他对人类行为的基本分类。

第一类是目的性行为。目的性行为就是在一定的情况下，使用有效的手段和恰当的方法以达成某种目的。这和韦伯所说的工具理性高度重合。目的往往非常明确，问题是要找到恰当的手段和方法去达到目的。目的性行为在生活中无处不在，每日出行就是一个典型例子：你要去一个目的地，就要综合考虑、选择最佳的交通方式。

第二类是规范调节性行为。这种行为所涉及的不再是独立的人，而是存在于社会中的人。人是社会群体中的成员，这意味着人的行为具有共同的价值取向。规范就是一个社会群体的共识，大到道德规范，小到生活细节，无所不包。

第三类是戏剧性行为。一个人如果是剧场中的演员，那么出于角色的需要，他要掩盖自己的性格或者情感。人在生活中总要扮演一定的社会角色，每个人都不能向他人完全表现出自己最真实的一面。流行语说

"人生如戏，全靠演技"，也是对这种行为的调侃。

第四类是交往行为（communicative action）。"交往"也可以被翻译为"沟通"，是通过语言建立起来的一种人际关系。交往行为的目标是运用交往理性，在相互谅解的基础上协调人们的计划和行为。哈贝马斯提出交往行为的核心是，在不受强制的前提下人与人之间达成共识。换句话说，一方要说服另外一方，就要接受他的观点或者立场，最终让不同的人克服他们一开始的主观立场，形成主体间性。例如，老板对员工说："你给我倒一杯水来。"其实员工心里并不想给老板端茶倒水，只不过因为老板手里掌握着升职加薪的权力，员工才同意。这就不是一个交往行为，这相当于老板"花钱"购买了员工的服务，这依然是一个目的性行为。但是如果有一个上了年纪的老人告诉小朋友"老吾老以及人之老"，而小朋友听了之后认为应该尊敬老人，所以很乐意地给老人倒了一杯水，那就是一个交往行为了。内心真正接受了一个观点，心悦诚服，才能完成交往行为。

因此，工具理性和交往理性有根本的不同。哈贝马斯认为，工具理性主要是占有，而交往理性主要通过沟通来解决问题，它的基本目标之一就是说服别人接受自己的观点和立场，取得共识。交往行为具有不可替代的功能，既可以沟通思想，获得别人的理解和谅解，更新文化传统，也可以通过语言来调整人与人之间的关系。所以语言是交往行为的核心。交往行为要达成的理想就是所有平等的个体都能"讲道理"，以理服人，真诚交流。

III 生活世界的殖民化

哈贝马斯对交往行为的论述，不仅是一种描述，更是一种对现代社会的批判。他发现，人类生活的世界越来越多地受制于“系统”，其中力量最强大的就是经济体制和官僚政治。这些系统本应为人服务，现代社会却陷入了一个困境——系统控制了“生活世界”。这就是哈贝马斯所说的“生活世界的殖民化”。在这样的状态下，原本需要交往行为的场合都是目的性行为做主导。人们会用金钱和权力强行实现某一目标，而不是通过双方的交往理性共同促成这一目标。所以，哈贝马斯看到，经济和官僚已经严重侵蚀了我们的生活世界，在私人和公共领域都可以看见它们不应该出现的身影。例如在教育领域，多少学生是出于对未来高薪职业的追求，而非自己的旨趣爱好，来选择大学专业的呢？金钱和权力无非通过两种方式来运作——收买和恐吓，而哈贝马斯则寄希望于第三种方法——说服。他是不是太乐观了呢？

延伸阅读

1. [德] 尤尔根·哈贝马斯：《交往行为理论（第一卷）》，曹卫东译，上海：上海人民出版社，2018 年。
2. [德] 斯蒂芬·穆勒-多姆：《于尔根·哈贝马斯：知识分子与公共生活》，刘风译，北京：社会科学文献出版社，2019 年。
3. [德] 尤尔根·哈贝马斯：《公共领域的结构转型》，曹卫东、王晓珏等译，上海：学林出版社，1999 年。

回归内心，发现自我：

我们每个人该如何生活

?

40

苏格拉底《斐多篇》

人需要灵魂干什么？

阅读挑战

苏格拉底

真正的追求哲学，无非是学习死，学习处于死的状态。

—— 苏格拉底《斐多篇》

引言

+ 如果你今天傍晚就要被处死了，那么在仅剩的时间里你想做些什么呢？是好好地与家人告别？还是大快朵颐一顿？哲学家苏格拉底在行将赴死的时候，花了半天的时间从容不迫地论证灵魂不朽的问题。苏格拉底这样做绝不是和宗教信徒一样为了寻求永生不死，而是为了认识真理。苏格拉底终其一生捍卫“爱智慧”的使命，他的死也成为了人类文化历史上浓墨重彩的一笔。那么他所认识的灵魂是什么呢？人为什么需要灵魂呢？

1 苏格拉底的三重面貌

苏格拉底（Socrates）是西方哲学最重要的奠基人之一，是人类文明史上丰碑式的人物。不过他外貌丑陋：鼻子扁平，鼻孔宽大，双眼突出，嘴唇肥厚，大腹便便。苏格拉底最热衷于在广场上和人聊天，向陌生人提古怪的问题，并不停地追问，常常问得对方无言以对，比如“什么是正义”“什么是勇敢”。不过，根据苏格拉底的学生柏拉图的描述，四处向人发问和辩论的苏格拉底是那个时代最好、最聪明和最正直的人。

后世的哲学家总结了苏格拉底的三重面貌。第一个是“电鳐”，一种深海里会放电的鱼。它会瞬间释放力量，让人失去应变能力，就像苏格拉底冷不丁提出的那些问题，经常让人尴尬、震惊、措手不及；第二个是“牛虻”，一种叮咬牲畜的小虫。这是苏格拉底自己使用的一个比喻，他将哲学家比作牛虻，而城邦就像牛羊。哲学家有责任和义务去不断提醒政治共同体，不要自鸣得意、故步自封；第三个是“思想助产士”，这可能是哲学家最理想的状态。他们引导众人追求内心对于真理的渴望。苏格拉底则用一种或残酷、或玩世不恭的方式，帮助人们开发其实早已蕴含在其内心的思想。苏格拉底认为，人们即便没有受过教育，即便如奴隶和儿童，也早已知道了答案，只是自己不知道罢了。学习真理就是个人发现自己的过程。

哲学的原意是“爱智慧”，而爱智慧的人永远不会停止发问和反思。可苏格拉底的良苦用心并没有被当时的雅典人接受。在雅典人眼里，他就像是电鳐和牛虻一样招人嫌恶，这也最终为他自己招来了杀身之祸。公元前 399 年初春，雅典城邦里的三个人麦勒图、赖垦和安匿托士向苏格拉底提出了两项指控：第一项是，苏格拉底拒绝承认雅典城邦所公认的诸神——也就是渎神罪；第二项是，苏格拉底用他危险的思想毒害青年人。对他的刑罚应当是死刑。

按照当时雅典的法律，这个案件应当由 501 人组成的陪审团来进行最后的裁决。审判分为三个阶段：第一段由原告提出讼词；第二段由被告提出自我辩护，之后陪审团就有罪还是无罪进行投票表决；第三段由原告提议合适的刑罚，并说明理由；最后由被告提议其愿意接受的较轻惩罚。

苏格拉底虽然最终被判处死刑，但事实上他本可以逃过此劫。例如，他可以在开审之前就逃跑——这在当时的希腊非常常见；他也可以在辩护的时候说些悔改的话，以获得陪审团的同情；即便被判处有罪，他依然可以缴纳充分的罚款以免除死刑。然而，苏格拉底放弃了上述的所有选择，在陪审团面前依旧慷慨直言，以至于像是在一心求死。在第二次申辩中，苏格拉底拒绝接受罚款，也拒绝让朋友代自己支付罚款，这种拒不认错的执拗激怒了绝大多数的陪审团成员，导致他被判处死刑的悲剧结局。

II 《斐多篇》：哲学就是练习死亡

常言道，人之将死，其言也善。柏拉图的对话录《斐多篇》就是对苏格拉底人生最后一天言行的记载。这一天清晨，斐多和苏格拉底的一些学生一大早就来到了监狱探望老师。苏格拉底就要被行刑了，所有人的心情都很沉重。然而苏格拉底本人不仅没有表现出即将离世的惋惜和悲伤，反而非常坦然、从容地和学生们谈论他对死亡的看法，并说了一句被后世广为传颂的话："哲学就是练习死亡。"面对朋友们的迷惑不解，苏格拉底让大家从关于死亡的定义出发，来思考这个问题。

当时，希腊人对死亡的定义是："死就是灵魂和肉体的分离。"显然，哲学家并不关心物质的享乐和爱情的欢愉，因而苏格拉底认为，真正的哲学家只关心灵魂，哪怕代价是摆脱肉身。苏格拉底说，这世界上存在绝对的善、绝对的美和绝对的正义，然而这些绝对的知识仅凭肉体的感官根本无法察觉。相反，由于肉体会生病，会产生烦恼，会带来欲望，会在人与真理之间设置重重障碍，因此人应该尽可能地摆脱肉体的干扰，使自己能够接触到这些肉体感官无法获得的智慧，而死亡就能够实现灵魂和肉体彻彻底底的分离。最纯粹的灵魂意味着最纯粹的真理，这正是哲学家穷极一生在追求的时刻。所以苏格拉底说，哲学家一直在练习死亡。

如果灵魂会消散，那么灵魂和肉体分离之后便灰飞烟灭，所谓的"追求更纯粹的真理"的说法也就没有意义了。因此苏格拉底还需要论证一个核心命题：灵魂不朽。苏格拉底紧接着抛出了一连串令人眼花缭乱的论证，分别可以被称为相反相生论证、回忆论证和本质论证。

相反相生论证被用来证明，死者的灵魂必定在另一个世界存在。苏格拉底提出，世上的一切事物都相反相生，对立转化。例如，大由小变来，快由慢变来，弱由强变来等。同理，生和死相互对立，也会相互转化，正如大自然的四季轮回。如果只有从生到死而没有从死到生，那么世上一切都将死去，不再有活物生存。

回忆论证被用来证明，灵魂在人出生前就已经存在。这是一段非常奇妙的论证。依照苏格拉底的定义，"回忆"就是恢复人自己的知识。这些知识在人们出生之前就已获得，却在人们出生的一刹那被忘却，后来人们又凭借着对具体事物的感知，恢复了曾经一度拥有的知识。该如何理解这看似匪夷所思的论证呢？苏格拉底所说的“回忆”可能更接近于“联想”，比如在看到家人所拥有的物品时，每个人的心里自然会涌现出家人的形象。更关键的是，人们在用经验感觉去认知具体事物时，脑海中已经存有了绝对的、抽象的概念。例如，当一个人指着眼前一只四条腿的动物说“这是一匹马”的时候，他们其实是在表达，眼前这匹活生生的马让他回忆起了“马”的抽象概念。这些抽象的、绝对的概念还包括真、善、美、正直、神圣等。苏格拉底论证，正是因为人在运用听觉、视觉等感官之前已经具备了“绝对的知识”，才能说某某事物是“相等”的，或者是“美”的。由此可以推出，灵魂在人出生前就已经存在。

然而苏格拉底的学生和朋友仍不罢休。他们认为，即使苏格拉底已经证明了灵魂在人出生之前就已经存在，也不能证明灵魂在脱离肉体之后不会消亡。因此，苏格拉底最后提出了单一本质论证。苏格拉底说，一件东西如果不是复合的，就应该是始终如一、永不改变的，比如“真正的善”“真正的美”，这些绝对的本质都是单一的、独立的，所以也不能被改变；而复合的东西会发生分解，比如肉眼看得到的车马、衣服和肉体等物体就经常发生变化。灵魂是单一的，不可分解的，由以上几点可以进行类比得出，灵魂在人死后应当依然存在。

III 未经审视的生活不值得过

罗马哲学家西塞罗在谈到苏格拉底时曾说：“苏格拉底把哲学从天上拉到地下，把它安置在城市中，引进家家户户，使它成为探究生活和道德、善与恶所必需。”“从天上拉到地下”这个说法非常形象。在苏格拉底之前，古希腊已经有不少哲学家和哲学流派，但他们主要关心的是自然问题，例如自然的本原、流变和恒定的关系等。西方哲学史上第一位哲学家泰勒斯就认为世界的本原是水，大地浮在水上，万事万物都由水形成；米利都学派的阿那克西美尼则认为，万物的本原是气，气凝结为水，水再凝结为土；毕达哥拉斯则认为，万物的本原是数，数字永恒不朽，和谐稳定。总体而言，这些自然哲学家，并不大关心人的内心问题，而苏格拉底与他们完全不同，他对灵魂的讨论具有革命性的意义。在苏格拉底看来，灵魂是“在我们之内的东西”。人正是因为有灵魂，才有聪明和愚蠢、善良和邪恶之分。灵魂而非肉体才是让每个人独一无二的原因。灵魂的意义在于认识善恶并引导一个人的行动，使人避免邪恶，成就善行。也正是因为这样，灵魂成为了道德和思想发展的根基。

不仅如此，灵魂还具有认知的意义。正如苏格拉底在《斐多篇》中所说的那样，人应当照顾自己的灵魂。照顾灵魂就在于对理性思维和理性行为的培养，而现代人熟悉的工具理性并不能被用来理解苏格拉底式的理性。苏格拉底式的理性是对知识的反思和对欲望的节制。如果不能理性地生活，就是对照顾自己的灵魂不负责任。苏格拉底让认识论和伦理学在灵魂概念中相遇了。

人类总喜欢追求一些基本价值，例如真、善、美，而苏格拉底通过灵魂概念，在真和善之间架起了一座桥梁。他还有一个著名的观点：恶行都与无知或者错误有关。在苏格拉底眼中，人干坏事都不是自愿的，而是因为缺乏知识。换言之，道德和知识是统一的。苏格拉底创造了灵魂的概念，并统治欧洲长达两千年。在了解苏格拉底的灵魂概念后，要求秤出灵魂的具体重量的伪科学，和对灵魂做出某种预设的那些特定宗教信仰都可以被抛弃。沿用西塞罗的说法，苏格拉底不仅将哲学从天上拉到了地下，还将哲学从外部世界拉到了内心。

在这个意义上，你愿意审视一下自己的灵魂吗？

延伸阅读

1.[古希腊] 柏拉图:《柏拉图全集》(第一卷),王晓朝译,北京:人民出版社,2015年。

2.[古希腊] 柏拉图:《柏拉图对话录》,水建馥译,北京:商务印书馆,2013年。

3.[古希腊] 埃斯库罗斯、阿里斯托芬、米南德:《古希腊戏剧选》,罗念生译,北京:人民文学出版社,2012年。

4.[古希腊] 阿里斯托芬:《云 马蜂》,罗念生译,上海:上海人民出版社,2010年。

5.[古希腊] 色诺芬:《回忆苏格拉底》,吴永泉译,北京:商务印书馆,1984年。

6.[古希腊] 柏拉图:《游叙弗伦 苏格拉底的申辩 克力同》,严群译,北京:商务印书馆,1999年。

41

马可·奥勒留《沉思录》

乱世之中如何寻求宁静？

阅读挑战

马可·奥勒留

即使一个人能活上三千年，甚至能活上三万年，你仍要记住，人所失去的不是什么别的，只是他正拥有的生活；他正拥有的不是什么别的，而是他正在失去的生活。

——马可·奥勒留《沉思录》

引言

\+ 你是否感觉每天都过得很匆忙、很凌乱？一会儿接到一个电话，一会儿又有一条微信消息需要回复，手头还有一大堆事情等着处理，一天 24 小时待命，全年 365 天无休……如果遇到天气不好、办事的人不配合、少了某些材料而不能完成程序等突发状况，事情就会变成一团没有头绪的毛线，让你恨不得立刻消失或者原地爆炸。

在西方哲学的历史上，有一位皇帝也和我们一样有着上述的烦恼，而他一直在追求人生的宁静。他就是罗马皇帝马可·奥勒留。如果今天大家到意大利罗马旅游，在卡皮托山头还能见到他骑着高头大马的雕像。奥勒留还有一个身份——一位著名的斯多葛学派哲学家。奥勒留在一生戎马生涯的空隙，通过思考来进行自我疗愈，而那些记录下他的思想的文字，后来被结集为著名的《沉思录》。

Ⅰ 专注当下才能获得宁静

公元 161 年，马可·奥勒留（Marcus Aurelius）继承皇位，成为罗马帝国“五贤帝”中最后一位皇帝。五贤帝的文治武功让罗马帝国享受了长达六十多年的和平。当时的罗马帝国疆域空前辽阔，东至美索不达米亚，西至不列颠，南至撒哈拉沙漠，北至黑海北岸，以至于地中海都成为了罗马帝国的内海。

奥勒留虽继承了大好河山，却受任于罗马帝国由盛转衰之时。在奥勒留统治期间，战争不断，尤其帝国边界经常受到外来侵略的威胁。除却人祸，天灾亦是不断。奥勒留就这样在四处奔波中度过了一生，只为守护罗马帝国的疆土。如果有人穿越回去问奥勒留，他人生的最大愿望是什么，他应该不会豪情万丈地回答“愿上天再给我五百年”，更可能无奈地两手一摊道：“我想静静。”

如何“静静”呢？在整部《沉思录》中，奥勒留给出了各式各样宝贵的建议，例如要关注内心的活动，不要执着于身外事或者他人的想法，等等。如果一定要总结出一条关于“获得内心平静”的根本原则，那应该就是“专注当下”。“每个人都只活于当下，而当下是一个无法被分割的点。人生的其他部分要么就是既成的过去，要么就是未定的将来。”

在奥勒留的生活中，战斗的号角不知在哪一天就会吹响。如果人人都纠结于过往的功绩或失败，面对未来又惴惴不安，怎么可能冷静地审视当下的境遇呢？又如何正视自我呢？“活在当下”需要坚定的意志力，不为虚幻的或无意义的事情所困，只遵从至高的理性与道义。正如奥勒留所言：

> 你要像峙立于被不断拍打的巨浪之前的礁石。它巍然不动，驯

服着周围海浪的狂暴。我听到你说，我是如此的不幸，会有此事发生在我的身上，但此言差矣，或许该说，我是如此幸运，未被过去之事所打倒，亦不为将来之事而恐惧。人人皆会遭遇不幸，却不是每个人都能欣然面对，从不妥协，毫无怨言。

对奥勒留来说，人的最终目标是自给自足的，不以物喜，不以己悲。

II 生活中要有一点闲暇

《沉思录》是奥勒留在鞍马劳顿之余写成的，甚至可以说是他战时“每日三省吾身”之后写下的日记。虽然他的个人命运注定被帝国的战乱裹挟，但奥勒留在《沉思录》中告诫自己：“生活中总要有一点闲暇。”

奥勒留所指的闲暇并非现代人那种空闲状态，而是指人内心应该保有的状态，也就是宁静（tranquillity）。“做事不可迟缓，言谈不可杂乱，思想不可游移，灵魂不可完全倾注于自身，或者过分焦躁不安，生活中不可始终忙碌不止。”[1] 宁静（tranquillity）是斯多葛学派的一个核心价值。其目的是让我们的内心变得井然有序，让浮躁的内心回归到平静，做到返璞归真。中国古代那些不愿入世的隐士们常常归隐山林以修身养性，后人会赞誉他们的高风亮节；但如果让奥勒留来评价，他会认为这样的行为甚是庸俗。“因为你随时可以退隐到自己心里去。一个人不能找到一个去处比他自己的灵魂更为清静——尤其是如果他心中自有丘壑，只消凝神一顾，立刻便可获得宁静。”正所谓“大隐住朝市，小隐入丘樊”。奥勒留式的宁静更为彻底，毕竟作为一国之君的他没有归

1 马尔库斯·奥勒利乌斯，《沉思录》，王焕生 译，上海：上海三联书店，2010 年，第 123 页。

隐山林的资格。若想要获得内心的平静，他只能通过对自己的道德品质、个人修养、责任良知、行为习惯等做深刻的反省。问心无愧，方是心安。

III 人是宇宙的匆匆过客

那么，如何获得奥勒留所说的内心的平静呢？奥勒留认为关键在于如何思考，毕竟“生活是否幸福取决于思想的品质”。这绝对不是在鼓吹阿 Q 精神，好像幸福或者平静只是内心自导自演的幻境。奥勒留始终将逻各斯作为指引自己理性活动的最高准则。要获得自己内心的平静，首先要摆正自己在宇宙中的位置，认清宇宙同自己的关系，正如奥勒留所说：“你必须铭记于心的是，整个宇宙的本来面貌是什么，而我自己本身又究竟是什么，这两者有着怎样的联系，我自己在整个宇宙中占到什么样的地位与作用；没人可以阻止你去说出或者做出任何符合自然法则原理的事情，因为你是其中不可分割的一部分。”后人将这个想法称为“宇宙意识”，这是奥勒留和斯多葛主义的一个核心观点。

宇宙意识大致可以总结为三点：

第一，人要认识到自己是宇宙的一部分。斯多葛学派非常强调人和宇宙都服从于逻各斯，因此要顺应自然。“自居于宇宙之法以外的人，便是个流囚；不能用慧眼观察的人，便是个瞎子；依靠别人而不能从自身取得自己生活所需要者，便是个乞丐；只因不满于现实而即自绝于‘宇宙的共同的理性’，便是宇宙的赘瘤。”宇宙意识不仅仅包含人对自然的理解，人格个体也是宇宙本性的组成部分，因此宇宙意识更包含了“人应该如何生活”的伦理认识。

第二，宇宙是没有恶意的。这有一种“天地不仁，以万物为刍狗”的意味。奥勒留说：“宇宙的实体是忠顺和服从的，那支配着它的理性自身，没有任何原因性恶，因为它毫无恶意。”（6:1）人最值得学习的其实是周而复始运动着的天体，它们依自己的轨道运行，平静而稳定。因为始终被最高贵的理性支配，所以不会产生过多的贪念，反而能懂得知足，心怀感恩。“如果你对上天恩赐予你的有限的物质份额心满意足的话，那么你就不会再对有限的生命时间存有遗憾。”

第三，人之于宇宙，只是匆匆过客。一个斯多葛主义者在宇宙中的最终感觉被称为 Homification，其实就是一种安然舒适的感受——既不被过度的欲望所累，也没有被外部的匮乏和坏人扰乱心情。斯多葛主义者对生命中所有的悲喜聚散都能坦然面对。奥勒留就曾说：“属于身体的一切只是一道激流，属于灵魂的只是一个梦幻，生命是一场战争，一个过客的旅居，身后的声名也迅速落入忘川。”他还要“毫不炫耀地接受财富和繁荣，同时又随时准备放弃”。（8:33）

IV “逻各斯”支配万物

斯多葛主义（Stoicism）又译作“斯多亚主义”。其名源于希腊文 Stoa 一词，指回廊或廊柱，一种古希腊的典型建筑形式。在今天的希腊雅典卫城脚下仍然可以看见一片保存完好的回廊，那就是当年斯多葛学派的学者讨论哲学问题的地方。斯多葛学派的历史久远，由西提姆的芝诺于公元前 3 世纪创立。作为古希腊第三大哲学流派，斯多葛学派的地位仅次于柏拉图的雅典学园和亚里士多德的吕克昂学院。

虽然早期希腊化时代的斯多葛主义内部在形而上学方面有点差异，

但他们有一个共识，即相信整个世界是被“逻各斯”（logos）支配和统治的。逻各斯就是基本的法则和规律。斯多葛主义认为，逻各斯是一个贯穿万物的永存不朽的理性，因而自然界的一切发展和变化，不论是创造还是毁灭，都是有规律的、是符合理性的；而人同自然界一样都产生于逻各斯，因此人类社会也被理性所支配。这也就是为什么大多数斯多葛学派学者都相信有命运、天数或天命。

然而，那些斯多葛学派学者并非决定论者，他们依旧相信人的意志能决定自己的行动，人的自主性虽然有限，却难能可贵。所以奥勒留说：“没有任何人能拿走我们的自由意志。”（11:36）人自身是一个小宇宙，而外部世界是一个大宇宙。人生的根本目标在于按照宇宙的规律来生活，或者说就是顺应自然。这是可以做到的，因为小宇宙和大宇宙之间存在关联和互动，都受到逻各斯的支配。在斯多葛主义者看来，健康与死亡、得到与失去都蕴含于宇宙的规律中，而人生的主要追求在于自在自然。用奥勒留的精神导师爱比克泰德的话来说：“谁是斯多葛主义者呢？他即使身在病中、身处险境、奄奄一息、流放异地、恶语缠身，却仍然感到幸福。他渴望与神同心，不会怨天尤人，从不会感到失望，从不会反对他的意愿，从不会感到愤怒和嫉妒。”[1]

---

1 爱比克泰德：《沉思录Ⅱ》，陈思宇译，北京：中央编译出版社，2009 年，第 177 页。

延伸阅读

1.［古罗马］马可·奥勒留:《沉思录》，何怀宏译，北京：中央编译出版社，2008 年。

2.［日］盐野七生:《罗马人的故事 9：贤君的世纪》，计丽屏译，北京：中信出版社，2012 年。

3.［美］威廉·B. 欧文:《像哲学家一样生活：斯多葛哲学的生活艺术》，胡晓阳、芮欣译，上海：上海社会科学院出版社，2018 年。

4.［古罗马］爱比克泰德:《哲学谈话录》，吴欲波译，北京：中国社会科学出版社，2004 年。

5.《罗马帝国：鲜血的统治》（*Roman Empire: Reign of Blood*）第一季第二集，Netflix，纪录片，2016 年。

42

塞内卡《论生命之短暂》

人生苦短夫复何求？

阅读挑战

塞内卡

我们真正活过的生命仅仅是那一小部分。

—— 塞内卡《论生命之短暂》

引言

+ 现代人对时间最深刻的感受可能就是没有时间吧。人们活得无比匆忙，时时刻刻在赶往下一个目的地或者下一个 deadline。甚至很少有人能够停留一秒钟来感受一下岁月匆匆、时光荏苒。人们寄希望于明天，好像可以把期望寄托给无止境的未来，却一次又一次地高估了自己把握时间的能力。无论现代技术可以将人的寿命延长多久，人都会感到没有活够。

如果上天真的再给你五百年，你就会满足吗？

其实不仅现代人思考过这个问题，早在古罗马时代的斯多葛学派哲学家塞内卡也思考过。在《论生命之短暂》一书中，塞内卡给出了一个与众不同的回答。

| 你活过的是时间还是生命？

卢修斯·塞内卡（Lucius Seneca）是古罗马著名的哲学家、政治家、剧作家，他还担任过暴君尼禄的私人教师和顾问。他的一生时运不济，既见过世间的荣华富贵，又经历过各种各样的危机坎坷。古罗马的另一位暴君皇帝卡里古拉曾因妒忌塞内卡无与伦比的口才，而逼迫他自杀，塞内卡因当时身染沉疴才得以逃过一劫。公元 41 年，由于涉及宫廷阴谋案件，塞内卡被皇帝克劳狄以与卡里古拉姐姐通奸的罪名流放到科西嘉岛，并没收了所有的财产。

正是在流放期间，塞内卡写下《论生命之短暂》（*On the Shortness of Life*）。当时他已经 53 岁，感觉自己时日无多。流放岁月虽然是塞内卡整个人生的低谷，却也是他思维最为清晰和活跃的时光。在逆境之中，斯多葛主义哲学成为了他的精神支柱。塞内卡那时写下的诸多书信放在今天依旧有教化人心的力量："这个世界上没有流放地，因为对于人类来说没有什么地方是异国他乡，从地球表面的任何一个点遥望苍穹，神的领地与人之间的距离都是相等的。"

《论生命之短暂》就是塞内卡写给友人保里努斯的一封书信，信中充满了箴言，最直接地体现了塞内卡当时的所思所想。流放中的塞内卡对世事无常深有体会。在《论生命之短暂》的开头，塞内卡就开门见山地说："除了极少数人之外，其余人都还没来得及开始生活，便寿数已尽。"自然在很大程度上是公平的，因为她给了每个人充分实现自我的机会，但是大多数人在捍卫财产时锱铢必较，面对时间却出手阔绰。塞内卡做出了一个有意思的区分："我们真正活过的那段生命仅仅是一小部分，其余部分不能算生命，仅仅是时间而已。"他区分了时间和生命，就像区分生存和生活——人如果没有真正活过，其实也就只是随着时间机械地呼吸罢了。所谓“真正的活”，在塞内卡眼中就是不沉溺于欲望，不受他人掌控，聆听自己的心声。他看到，许多人想方设法让自己自顾不暇，这“并非因为你指望别人的陪伴，而是不能容忍自己做自己的陪伴”。他们劳动着肉身，灵魂却空洞无物。哪怕尊贵如奥古斯都和西塞罗，拥有的无穷权力也换不来片刻属于自己的闲暇和自由，“在太平盛世时他不得安宁，在灾祸临头时他无法忍受”。

难道塞内卡要所有人都放弃自己的职业，放弃对他人的责任，只为自己而活吗？其实，塞内卡是在强调一种现象，那就是人们往往会出于各式各样的原因，把想做的、对自己有意义的事放到未来，可往往计划赶不上变化，结果常常事与愿违。塞内卡说，拖延是对生命最大的浪费，因为它夺走了到来的一天，寄希望于未来而放弃现在。这种拖延不单是指拖延某项任务，更是指拖延对自己灵魂的充实，同自己心灵的对话，以至于惶惶不可终日，不懂自己究竟想要什么。塞内卡告诫所有人，马上开始生活——就在当下，就在此刻！因为“将自己的时间为己所用的人，总是把每一天安排得像是最后一天的人，他们既不渴望又不惧怕明天的到来”。

II 何谓“活在当下”？

塞内卡把生命分为过去、现在和将来。这个划分充满了斯多葛学派的人生智慧，和现代人理解的时间有点不同，塞内卡将之视为三种对人有不同意义的哲学概念。现在是短暂的，将来是不确定的，过去是已定形的。任何人都无法改变过去，但是塞内卡认为，过去虽然不能被改变，但依然是有价值的。如果不能回首过去，人就会变得贪得无厌、妄自尊大、急功近利、见利忘义，成为巧取豪夺、穷奢极欲之徒。很多人并没有意识到现在的存在，因为它稍纵即逝，所以塞内卡认为，杂务缠身的人可能过于关注现在，而没有机会来审视过去，甚至看不到危险，就好像一匹马被套上了马轭，不能回头看，也不能兼顾左右，只能一心向前；远离杂务的人一定拥有充实的生命，没有挥霍，没有虚掷，没有任命运摆布，没有漫不经心地丢失，没有无度施舍而浪费，没有多余，无论末日何时到来，理智的人都会义无反顾地迎接死神的降临。这样的人才真正是“活在当下”。

是什么妨碍了人们活在当下呢？塞内卡非常清醒地意识到罗马上流社会中日益靡费的生活方式。尼禄自己就是一个“派对动物”，大晚上不休息却饮酒狂欢。虽然自奥古斯都以降的文人们以“惜时”为主题写下了不少作品，贵族们却依然我行我素。塞内卡对于人生苦短的关切，不啻是自己人生经历的缘故，还因为当时日渐崩坏的风气。塞内卡告诫人们：不要遗忘过去，不要忽视现在，也不要恐惧未来。与其挥霍光阴，不如学会和自己独处，像哲学家们那样，在思想中获得真正的自由。

III “我可以抗拒一切，诱惑除外”

塞内卡在流放岁月中写给母亲的书信《致赫尔维亚的告慰书》也值得一读。在科西嘉流放的几年里，塞内卡的物质生活匮乏，但他始终保持着一个基本信念：万物皆备于我。这让人不禁想起“一箪食，一瓢饮”却不改其乐的颜回。塞内卡认为，只需要极少的东西就能达成人生的终极目标，因为作为一位斯多葛主义者，达到至善境界凭借的是思想，而非身外之物。“幸福生活不需要什么优良的装备，这是自然的本意。每一个人都能使自己幸福，外部的东西并不重要，顺境和逆境都没有多大的影响。”人无论走到哪里，都面对相同的自然秩序，人的肉身可以被流放，美德却一直跟随，因此人无论走到哪里，宇宙本性和个人德行这两种最宝贵的东西都将一直陪伴在侧。

英伦才子阿兰·德波顿也非常欣赏塞内卡的一段话：“我从来没有信任过命运女神。我把她赐予我的一切——金钱，官位，权势——都搁置在一个地方，可以让她随时拿回去而不干扰我。我同它们之间保持很宽的距离，这样，她只是把它们取走，而不是从我身上强行剥走。”但正是因为塞内卡的文字显示出他对名誉、财富的无比淡泊，才让人们看不懂他回到罗马后的所作所为：住着豪华的别墅，由奴隶伺候生活起居，喜好用象牙和珍贵木材制成的家具，在外放贷敛财。他可以自我辩护称，自己享受富贵但从不在意，但终究难以服众。如果王尔德见到了塞内卡，估计会把那句经典的嘲讽赠送给他：“我可以抗拒一切，诱惑除外。”

塞内卡自己并没有能够坚持自己提出的原则。斯多葛主义的最高境界就是让人成为超脱于红尘之上的圣贤，但塞内卡终究只是一介凡人，没有经受住金钱与权力的诱惑。他一方面利用职权在各处放贷，积累了大量的财富——他在不列颠的放贷行为，甚至引发了当地的暴乱；另一方面，他身为帝王师，却无力阻止甚至纵容暴君伤天害理。后世对他的评价亦是褒贬不一，他的文字与他的经历所呈现出来的仿佛是截然不同的两个人，以至于有学者说，并不存在单一的塞内卡，而是有许许多多的塞内卡。他的多重面相令人费解，也引人琢磨。

公元 65 年 4 月的一天，罗马军队的一位百人队长带着皇帝尼禄的命令，来到了在罗马郊外塞内卡的别墅。几小时前，尼禄颁布了旨意，要求塞内卡自我了断。当百夫长宣读了命令后，塞内卡的家人、学生和奴仆顿时哭成一片。塞内卡却展现出了一个斯多葛主义者的从容：

“你们的哲学哪里去了！你们处变不惊的精神哪儿去了！”因为他的全部家产都将被皇帝没收，所以他对众人说：“我不能回报你们给我的服务，只好把我能够留给你们的最好的东西留给你们——我的生活方式（image of life）。”

延伸阅读

1.［古罗马］塞内加：《论生命之短暂》，周殊平、胡晓哲译，中国对外翻译出版社，2010 年。

2.［古罗马］塔西佗：《塔西佗〈编年史〉》，王以铸、崔妙因译，北京：商务印书馆，1981 年。

3.［古罗马］塞涅卡：《哲学的治疗：塞涅卡伦理文选之二》，吴欲波译，北京：中国社会科学出版社，2007 年。

4.［古罗马］塞涅卡：《强者的温柔：塞涅卡伦理文选》，包利民译，北京：中国社会科学出版社，2005 年。

5.［古罗马］塞涅卡：《道德和政治论文集》，袁瑜琤译，北京：北京大学出版社，2010 年。

43

培根《新工具》

如何避免生活中各种假象？

阅读挑战

培根

我们若不服从自然，我们就不能支配自然。

—— 培根《新工具》

引言

+ 你家里有没有这样的长辈?

他们热衷于某个电视频道的电视购物，经常听信一些夸大其词的广告，买了一大堆吃也吃不完、又没有什么效果的保健品。他们热衷于传播“谣言”，经常在自己的朋友圈和微信群里转发一些似是而非的养生秘笈或者“科学真理”。尽管那些保健品和假消息早在几年前就已经被辟谣，只不过今天又被转发了一遍，让他们恰好看到而已，但无论你怎么费力劝说，甚至拿出辟谣新闻，他们还是更愿意相信自己的经验和判断。

其实不要忙着嘲笑这些长辈，将来你自己有没有可能也变成这样的长辈呢？这些长辈又是犯了什么错误呢？如果不知道他们犯错的原因，那么你自己终有一天甚至就是现在也会犯同样的错误。

那些长辈相信的谣言和虚假宣传，在哲学看来都属于假象。文艺复兴时代的英国哲学家弗朗西斯·培根就曾经在其名著《新工具》(*Novum Organum*)中，总结了人类最容易陷入的四种假象。

Ⅰ 《新工具》和四假象

15 世纪至 16 世纪的大航海时代，欧洲人率先发现了新大陆，随之而来的是对地理乃至人类自身的不断更新的理解，以及丰富的原料和惊人的财富。以往的很多知识被彻底颠覆。最为典型的例子就是哥白尼提出了日心说，进而否定了流行近千年的托勒密的地心说。当时的欧洲人正急着步入一个新时代，他们也不再认为人类知识的高峰属于过去的时代。正是在这样的时代大背景之下，英国哲学家弗朗西斯·培根（Francis Bacon）写下了《新工具》。

培根认为"我们这个时代在学问方面远远超过希腊和罗马时代"。与此同时，他也提出了自己的质疑："千百年来的一切学问，是否曾经做出了一个小小发明而使我们增加了福利呢？工匠的勤劳使发明出来的东西得到了小小的改进；有时在试验中的机会使我们碰到某种新东西；但学者的一切争论都未曾揭示出一个前人所不知的自然界的现象。"培根还担心，人们会和前人一样陷入假象而不能自拔，一直沉溺其中几百年。于是，培根在《新工具》第一卷第 39 节开始，提出了人类容易误入歧途的四种假象。

第一种是种族假象，又被译为族类假象。这种假象根植在"人的感官是事物的尺度"这句话当中。例如，人只能看见可见光频谱之内的色彩，其实还有红外和紫外等波段的光是人的肉眼看不到的，更不用说 X 光了。某些海鸥的雏鸟会寻找父母喙部的一个红点来要食物，而动物学家发现，用一根画了红点的木棍放在雏鸟面前，它们也会去啄食。雏鸟其实无法分辨父母和木棍，它只是依据本能对红点做出反应。那么人会不会也是这样呢？于是培根认为，人的感官只能触及事物的表象，而且人的情感还会妨碍人们对事物的理解，不能揭示事物本真的面目。不过，培根对克服这一假象持比较乐观的态度，他认为随着科学的发展，人能够找到自然安排的真实意图，来取代人类有限而片面的看法。

第二种是洞穴假象。这个假象来源于古希腊哲学家柏拉图《理想国》中的洞穴隐喻。洞穴是洞穴人从小生活的地方，他们一辈子没有离开过洞穴，自然就认为他们在洞穴里看到的一切就是最为真实的，甚至洞穴就是世界的全部。洞穴假象意味着一些错误的观念其实源自人们从小生活的环境。哪怕接受过良好教育，一个人的限度、局限和偏见也是不可避免的。所以培根说："人的精神、各有不同，变化多端，容易扰乱，好像完全是受机会支配。"人可以说完全是环境的产物，所谓井底之蛙就是洞穴假象的例证。甚至可以说，井底之蛙还算幸运，它至少看见了井口外的天空，知道还存在井之外的世界。

第三种是市场假象。这种假象就是引言中那些长辈们经常陷入的假象了。这种假象来自人们使用的语言。培根认为，语言虽是人们交流思想的媒介和工具，却也可以是空洞而虚假的，而且这些迷惑性的语言反而会得到大部分人的推崇。很多时候，人们并不能直接判断一件事情的真假，却会人云亦云，随波逐流。因此培根认为，追求真理的人绝不能根据支持者的数量来判断真假。例如，有些微信公众号为了浏览量，加上某某专家、某某院士说过什么来吸引眼球，而绝大多数读者根本无从验证那些话的真假。

第四种是剧场假象，表述的是人们头脑中的教条，或者不经反思就被接受下来的某些所谓的原理和公理。培根说，以往哲学中一些体系都不过是舞台上的戏剧而已，它们通过虚构的布景打造出一些虚幻的世界，而所有的一切只不过是作者们用文字和想象力创造出来的假象。例如，很多人坚信"一切事物都有两面"，这句话粗粗想来似乎并没有什么问题，然而莫比乌斯环的存在说明这句话是片面的。

培根要求人们彻底地抛弃各种假象，他说："文明人和野蛮人之间的区别，几乎是神与人之间的区别。而这个区别不是从土壤来的，也不是从气候来的，也不是从种族来的，而是从学术来的。"培根提出四个假象只是他哲学工作的第一步：质疑现有知识的来源和建构。他发现作为知识来源的感官材料可能是不可靠的，人类的经验是有限的，因此他要推翻先前的学术研究方法，提供一套新的体系，破除人们的偏见，探求事物真实的面貌。

II 不要总是做蚂蚁和蜘蛛

培根在《新工具》里提出，获得知识的两个基本方法是归纳和实验。亚里士多德就已经区分了归纳和演绎两种获得知识的途径：归纳就是从个别上升到一般，而演绎恰恰相反，是从一般推演到个别，例如逻辑、几何和代数都是演绎的方法。

按照培根自己的说法，归纳就好像蚂蚁的工作，只从外部采集，而演绎就好像是蜘蛛的工作，只在内部理清线索再向外"吐丝"。演绎中有一个潜在的危险——人可能会跟随一个错误的前提而推导出一个同样错误的结论。培根同时也认识到单纯的枚举归纳亦具有极大的局限性，他要寻找出所观察到的特殊事物中作为基础的本质。

培根在《新工具》中进行了对热的研究。他的研究顺序很有趣：首先收集大量关于热的例子，从太阳到火焰再到摩擦生热，还有动物产生的热等，这一步就是进行简单的罗列；其次罗列另一个表格，所罗列出的事物同先前的相似，但唯独不具有热量，例如月亮的光和太阳的光都是从天上来的，但是太阳光是热的，而月亮光几乎没有任何热度，这就是一个“否定的实例”；再次排列出一个热的程度的变异表，也就是要比较什么比什么更热；最后进行排除，也就是归纳。他设想“一个事物的形式应该在事物本身必定在其中被发现的每一个以及所有的例证中被发现”，在对“热”的研究中，培根就归纳出，热的本质不是光而是运动。

III 什么样的知识才是力量？

比起归纳，培根更推崇的是“实验”。现在所说的实验是专门的研究者进行的验证性工作，而在培根的时代，实验的含义更为广泛，甚至包括一切劳动过程，如与农业和手工业有关的技艺。培根所谓的实验就是指人干涉或控制自然的一切行为。培根的目标并不是要重复亚里士多德的逻辑学和形而上学，而是要推动人们的认识，甚至要产生新的发明创造。古典哲学家如亚里士多德，只想安安静静地观察世界，而培根则想要驾驭自然和世界。他说要在物体上添加一种或多种新的属性，才是人类的能力和工作的目的。例如，让小麦产出更多的麦穗，或者制造一种比铁轻但更为坚硬且不会生锈的金属。

驾驭或者支配世界的看法也会有副作用。知识能祛除愚昧，也会带来狂妄。1626 年 3 月底，培根坐车路过海格特地区。当时天气还很冷，他为了研究用雪防腐的可能性，毅然下车买了一只鸡，并亲自用雪填满了鸡肚子。正是这样一个追求新知识的实验让培根患上了伤寒，且病情在短短几天之内迅速恶化。1626 年 4 月 9 日，培根在复活节礼拜日的早晨去世，享年 65 岁。一个如此讲求经验和实验的人，因为研究如何让母鸡不腐烂而着凉病死，也算是死得其所了。

延伸阅读

1.[英] 培根:《新工具》,许宝骙译,北京:商务印书馆,1984 年。

2.[英] 培根:《培根论说文集》,水天同译,北京:商务印书馆,2001 年。

3.[英] 弗朗西斯・培根:《英王亨利七世本纪》,王宪生译,北京:北京时代华文书局,2016 年。

4.[美] 威尔・杜兰特:《哲学的故事》第三章:弗朗西斯・培根,蒋剑峰、张程程译,北京:新星出版社,2013 年。

44

伏尔泰《哲学通信》

如何告别愚昧、野蛮和迷信？

阅读挑战

伏尔泰

一个专制主总有些好的时刻，一个专制主的集体则从来没有好的时刻。

—— 伏尔泰《哲学辞典》

引言

+ 每天打开电视、看看手机，都会遇到一些让人沮丧或者耸人听闻的事件。这个时候，人们往往会下意识地问自己：未来会变好吗？人类还有救吗？很多瞬间，人们会陷入悲观。但是只要回望一下历史就会发现，在过去的三百年里，人类是在不断改善的，而这都要归功于一些先知先觉者的努力。

18 世纪的欧洲发生了一场震动世界的思想解放运动——启蒙运动。走在这场席卷世界的运动前面的是法国巴黎的一小群知识分子。他们通过撰写百科全书、在街头巷尾流传的小册子和在巴黎剧场里演出的剧目，开始了潜移默化的思想解放。在这群人中最为著名的是伏尔泰和卢梭。正如后来拿破仑所说，法国自从有了伏尔泰和卢梭，才真正开始去思想，而“一个国家一旦开始思想，那就不可能阻止它了”。伏尔泰正是 18 世纪法国的精神领袖。大文豪雨果曾经如此评价他：“说明伏尔泰其人，就等于说明了整个 18 世纪的特点。”

伏尔泰的所作所为，其实可以归结为两个字——解放。“解放”这个词在这里是广义的，它可以被运用在历史上各种让人热血沸腾的时刻：从专制暴政中解放，从教权统治中解放，从奴隶制中解放，从种族隔离中解放，从父权社会中解放……因为在他看来，虽然一些人不可救药，但是人类整体还有救，而这需要一些人做出不懈的努力。

I 伏尔泰与巴士底狱的“缘分”

伏尔泰（Voltaire）其实并不是这位哲学家的原名。伏尔泰的原名叫弗朗索瓦·马利·阿鲁埃（François-Marie Arouet）。1717 年，因为创作的讽刺诗《幼主》影射法国宫廷荒淫糜烂的生活，甚至暗示“法国终将灭亡”，弗朗索瓦被关进巴士底狱 11 个月。正是在狱中，他创作了第一部剧本《俄狄浦斯》，并首次使用了“伏尔泰”这个笔名。1718 年，《俄狄浦斯》在巴黎首演，出乎意料地大获成功，连续上演了 45 场，而且场场爆满，甚至打破了巴黎剧院的演出纪录。

伏尔泰的锋芒毕露终究会招惹祸端。1725 年 12 月，伏尔泰在歌剧院里和罗昂公爵的儿子罗昂骑士相遇。身为贵族的罗昂自然看不起第三等级出身的伏尔泰。于是他走到伏尔泰面前，挑衅地问：“伏尔泰先生，阿鲁埃先生，你的姓氏究竟是什么？”伏尔泰不卑不亢地回应道：“骑士先生，我虽然没有一个显赫的姓氏，但我知道怎样使它显赫起来。”几天之后，伏尔泰在一个朋友家里吃饭，突然仆人进来通报称，有人在门外等他，却被罗昂骑士派来的打手痛打了一顿。多次积怨让伏尔泰在几个月之后提出要和罗昂进行决斗。罗昂一边假装答应，另一边却派人向国王打小报告。于是在 1726 年 3 月 28 日，伏尔泰第二次被关进巴士底狱。为了防止强势的贵族进一步迫害自己，伏尔泰主动提出流亡英国。在英国的三年里，伏尔泰写成了《哲学通信》一书，而这次出走也意味着伏尔泰正式向法国专制制度开火。

《哲学通信》是伏尔泰在英国的观感和心得的总结，因此又被称为《英国通信》。1733 年，该书首先在英国出版，法文版于 1734 年问世。全书由 25 封信组成，涉及的主题有宗教信仰、议会、商业、学科和文学等方面。伏尔泰在英国期间还结识了不少一流的文化人，俨然成为了英国思想文化的传播者。苹果掉到牛顿脑袋上的故事就是伏尔泰听牛顿的妹妹说起后，记录在《哲学通信》中的，如今全世界的人们第一次认识牛顿这个人物，可能都是从这只苹果开始的。1727 年 3 月，他还参加了牛顿的葬礼。

18 世纪的法国人一直认为自己才是欧洲文化的高地，而伏尔泰就是要打破同胞头脑中的那种自鸣得意，告诉他们真正的文明是什么样的。他关注英国的思想状况，并针对性地揭露当时法国的问题和落后之处，批判法国思想的保守和僵化。1734 年，一位出版商拿到了《哲学通信》的书稿，未经伏尔泰同意就刊印出版了。一年之内，这本书竟再版 10 次，且次次很快就销售一空。这让法国当局非常震惊，高等法院下令逮捕出版商，焚烧存书，通缉作者。不久该书转移到了荷兰出版，伏尔泰害怕再次被捕，于是逃之夭夭，和夏特勒侯爵夫人隐匿在一个庄园里。介于如此大的影响力，有学者把伏尔泰的《哲学通信》称为“投向旧制度的第一发炮弹”。

II 怀着深情去爱人类

《哲学通信》导言的作者勒内·波墨总结了这本书的核心观点：人类不再是等待被屠宰的动物，相反可以安排好自己的集体生活，让每个人能够根据天性而享受幸福。整本《哲学通信》中最为哲学的部分是第 25 封信——关于帕斯卡的《思想录》，其内容正是关于伏尔泰批评帕斯卡对人类过于悲观、消极的否定性看法。

伏尔泰并不是盲目地相信人类本性是完美的，恰恰相反，他承认人就是矛盾与冲突的集合体，但正是这种不完美才是人类最真实的状态。人类的难能可贵之处在于人既有行动的激情，又有掌控行动的理性。帕斯卡认为，人生下来就是自私自利的，但伏尔泰并不认为这是人的固有缺陷。如果人们没有自爱，社会便不会形成和存在；正是由于人们有自爱，人们才会爱别人。

或许是对人类本性过于悲观，帕斯卡始终在抬头仰望着上帝："如果有上帝，那就应当只爱上帝，而不应去爱人类。"伏尔泰拒绝这种对眼前实在的人漠不关心的态度："想分散一个人的注意力，不让他想关于人类命运的事，那是错误的。因为不管他的思想关注到什么事物，他关注的事物必然是与人类命运有关的。"他说："应当爱人类，而且是怀着深情去爱。应当爱自己的祖国，爱自己的妻子，爱自己的父亲，爱自己的孩子。"

和帕斯卡相比，伏尔泰身上洋溢着启蒙时代的那种自信。他坚定地认为，人不能安于现状，或者单纯地等待宗教意义上的来世救赎，而是要放眼此世，努力改善现有的境遇，使人们能生活得更好。

III 《老实人》和对莱布尼茨的批评

伏尔泰的启蒙思想也体现在他的一部小说《老实人》中。1753 年，柏林科学院宣布了一个征文题目：关于蒲伯和莱布尼茨的乐观主义。《老实人》就是伏尔泰对这次征文交出的答卷，而他仅用 3 天就完成了这部小说。

与在《哲学通信》中展现出的自信与乐观不同，虽然《老实人》的笔调充满幽默，但内核是深刻的悲观，甚至有一下将人打入虚无深渊的危险。伏尔泰塑造的几个主要角色几乎都是人畜无害的"好人"，却在一个动荡的时代中流离失所，饱受摧残。书中的主人公尖锐地嘲讽人类悲哀的命运："几百次想自杀，却始终丢不下人生。这个可笑的弱点，大概就是我们的致命伤：时时刻刻要扔掉的枷锁，偏偏要继续背下去，一面痛恨自己的生命，一面又死抓不放，把咬你的毒蛇搂在怀里抚摩，直到它吃掉你的心肝为止：这不是愚不可及是什么？”好人不一定有好报，这是伏尔泰通过《老实人》作出的悲哀的断言。他在自己的另一本小说《天真汉》里写道：“历史只不过是一幅罪恶与灾难的图景。”

伏尔泰为什么要通过《老实人》这部小说来否定“好人有好报”这个说法呢？伏尔泰曾经和一名支持莱布尼茨乐观主义思想的青年通信，这名青年认为现存世界是可能世界中最好的一个。伏尔泰在信中写道：“先生，我乐于听说你写了一本小书反对我。你太抬举我了。当你证明，不论以诗，或别的什么形式，在这个一切可能世界中最好的世界里，何以竟有那么多的人抹脖子时，那时我会分外感激你。我恭候你的辩驳，你的诗或你的辱骂；我从内心深处确确实实告诉你，对这个问题我们两人谁都一无所知。”

1755 年 11 月，伏尔泰听说了里斯本大地震的消息。按照历史考证，当时地震等级约有 9 级，是有历史记录以来最强的地震。地震发生的那一天恰好是万圣节，教堂里挤满了虔诚的信徒，因此死伤极为惨重，当天就有 3 万多人丧命，整座城市的四分之三被毁。伏尔泰当即写了一首诗来表达他的愤怒。上帝如何能忍心，把灾祸降临在无辜的甚至是虔诚的信徒身上呢？因此，伏尔泰绝对不会认为，现有世界是可能世界中最好的。他只相信，这个世界可以变得“更好”，而要实现这一点不是单纯依靠相信上帝可以达到的。

1778 年 5 月 30 日，伏尔泰与世长辞。临死前，他拒绝向教会派来的神父忏悔。他在遗嘱中说：“当我离开人间时，我热爱上帝，热爱我的朋友，也不嫉恨我的敌人，但憎恶迷信。”1791 年，伏尔泰的灵柩被移入先贤祠的时候，沿途有六十万巴黎市民送葬。灵车上写着："他是人类心灵的引擎，他是我们自由的航灯。"

延伸阅读

1. [法] 伏尔泰：《哲学书简》，阎素伟译，北京：商务印书馆，2016 年。
2. [法] 伏尔泰：《路易十四时代》，吴模信等译，北京：商务印书馆，1996 年。
3. [法] 伏尔泰：《风俗论》，梁守锵译，北京：商务印书馆，1994 年。
4. [法] 安德烈 · 莫洛亚：《伏尔泰传》，傅雷译，上海：上海译文出版社，2019 年。

45

帕斯卡《思想录》

为什么说人是会思想的芦苇？

阅读挑战

帕斯卡

思想形成人的伟大。人不过是一根苇草，是自然界最脆弱的东西；但他是一根能思想的苇草。因此，我们全部的尊严就在于思想。

—— 帕斯卡《思想录》

引言

\+ 人对于宇宙来说究竟算什么？你在仰望星空的时候，有没有想过这样的问题：

那些肉眼可见的星星已经存在了亿万年之久，它们在各自的星系，按照亘古不变的轨道运行着。相比之下，人是那么微不足道！一个人能够活到 100 岁已经算是长寿，但这在宇宙面前简直连沧海一粟都算不上……

然而，就是在这样一个无比渺小的生物体中，或者更加准确地说，在人类大脑那一千多克的蛋白质中，开始观察和思考起一百多亿年的宇宙。似乎至今为止，人类都还没有发现其他生物可以和人一样思考宇宙。

人经常会提出一些和自己生存没有直接关系的问题——人为何在此？人和真空、物质、能量有什么不同？人的存在对宇宙意味着什么？人和一粒灰尘、大千世界的根本差异在哪里呢？

在历代哲学家当中，法国哲学家帕斯卡用最简练的语言回答了上述问题：人是能思想的芦苇。

Ⅰ 人因为思想而伟大

先说一个冷笑话。一群科学家在天堂里玩躲猫猫。爱因斯坦眼疾手快地捉住了牛顿："抓到你了，艾萨克！"可是牛顿却说爱因斯坦抓错了人，原来他正站在一块一平方米的地板上，于是牛顿得意地宣布："你抓到的是帕斯卡（压强单位）。"

帕斯卡（Pascal）的科学家身份可能更为人所知，但大多数人不知道的是，他同时还是一位哲学家、教育家。帕斯卡毕生思考的一个核心问题就是人类全体在宇宙和世界中的地位。

帕斯卡认为，人和动物是不同的。动物行为背后的推动力是纯粹的自然需要，它们并不知其所以然，因此都是在盲目地、不自觉地重复一些自然设定而已。但是，人是可以积累前人的经验的，是具有无限可能性的，毕竟积累没有止境。现代人比古人高明一些，并不是因为现代人比古人聪明多少，而是因为现代人有了古人积累的经验和知识。这一点可能是人类所特有的，也是人类历史的结果。

帕斯卡认为，人要学习古人，但是不能盲目崇拜古人，学习古人的目的是超越他们，"他们留给我们的知识，可以作为我们自己知识的垫脚石"。实际上，帕斯卡在这里已经提出了一种"进步"的观念。"进步"对现代人而言是十分平常的一个词汇，在帕斯卡的年代却是一个非常新颖的观念。

帕斯卡有一句名言："人是能思想的芦苇。"很难想象人会没有思想，没有思想的人与一块石头或者一头牲畜无异，恰恰是思想成就了人的伟大。因此，帕斯卡说：

> 人只不过是一根苇草，是自然界最脆弱的东西；但他是一根能

思想的苇草。用不着整个宇宙都拿起武器来才能毁灭；一口气、一滴水就足以致他于死命了。然而，纵使宇宙毁灭了他，人却仍然要比致他于死命的东西高贵得多；因为他知道自己要死亡，以及宇宙对他所具有的优势，而宇宙对此却是一无所知。因而，我们的全部尊严就在于思想。正是由于它，而不是由于我们所无法填充的空间和时间，我们才必须提高自己。因此，我们要努力好好地思想。

……

我应该追求自己的尊严，绝不是求之于空间，而是求之于自己思想的规定。我占有多少土地都不会有用；由于空间，宇宙便囊括了我并吞没了我，有如一个质点；由于思想，我却囊括了宇宙。

不会思考，人也就否定了自己的规定性，抛弃了自己的尊严。帕斯卡的话放在今天，都振聋发聩。

II 人为何既伟大又悲惨？

帕斯卡的人生有两个看似有点矛盾的维度，一个是科学研究，另一个是宗教信仰。一般研究帕斯卡传记的专家都认为帕斯卡一生中有三次“皈依”的经历，其中当数第二次最具有传奇色彩。从 1648 年到 1654 年，帕斯卡在巴黎度过了一段平和的“世俗的时光”，但是一次意外打破了这份平静。1654 年 11 月 23 日，帕斯卡的马车遭遇事故，两匹马都坠落塞纳河而死，而帕斯卡本人却奇迹般地生还。这件事引发了他非常激烈的内心体验。

当天午夜时分，帕斯卡独自在卧室，反复阅读《圣经·新约·约翰福音》中的第十七章——耶稣被捕前为自己进行的祷告。他逐渐陷入一种心智在燃烧一般的心醉神迷的状态。在他绝望的生命的真空中突然出现了一种神秘力量将他填满，在那一刻他似乎瞥见了他一直向往的上帝，内心一下透亮。他知道了自己必须做什么，必将成为什么。这时，他就近抓起手边一张纸，飞快地、热烈地写下涌到他头脑中的句子："亚伯拉罕的上帝，以撒的上帝，雅各的上帝，不是哲学家和学者的上帝。"这句话十分耐人寻味。帕斯卡没有把这一夜的经历告诉过任何人，甚至是他最亲密的妹妹。在他逝世八年后，这张纸和一个羊皮纸抄本被发现缝在他上衣的衬里中。后人习惯把这个夜晚叫作"火之夜"。虽然经历了让自己危在旦夕的一劫，但也正是在那一夜，帕斯卡的生命之火真正被点燃了。

1655 年年初，帕斯卡进入妹妹曾经待过的波尔罗亚尔修道院，过起了一种苦修的生活。他将自己的余生奉献给宇宙和人生的真理。1658 年，帕斯卡开始写作《思想录》。该书的内容主要受到三个源泉的启发：第一个自然是《圣经》，第二个是教父哲学家奥古斯丁的著作，第三个是法国作家蒙田的散文。帕斯卡本来想写一本关于信仰的书，但在写作《思想录》的时候，他的立场是一个具有高度文化修养的怀疑论者。帕斯卡虽然具有强烈的宗教情感，但是《思想录》并不是武断的信仰宣言，而是要揭示出普遍的人性以及人因此面临的困境。这本书充分展现了人的两面性：既是伟大的，又是悲惨的。

在帕斯卡笔下，人是充满矛盾的综合体，人具有明显的相反性——人是天然地轻信的，又是不信的；畏缩的，又是鲁莽的。人还分享了一种普遍的状况——变化无常、无聊和不安。无聊的时候，人就会没有激情，无所事事，没有消遣，也无所用心。这个时候，人十分容易就能体会到灵魂深处的空洞和虚无，并马上陷入阴沉、悲哀、烦恼和绝望的情绪中。所以帕斯卡说："一点点小事就可以安慰我们，而一点点小事同样可以刺痛我们。"

在帕斯卡笔下，人永远在两个端点之间挣扎，用数学家的话来说，就是无穷小和无穷大之间的一个中项。人对于无穷而言就是虚无，对于虚无而言就是全体。人就是全体和虚无之间的一个中项，又永远无法触碰到这两个极端。帕斯卡说，人既不是天使，也不是禽兽，但不幸之处就在于，想表现得像天使却呈现为禽兽。帕斯卡又提出，人的伟大就在于认识到自己的可悲；人最大的卑鄙就在于追求光荣，然而这一点本身又是人的优异性的最大标志。

或许就是因为如此矛盾，如此复杂，人才容易陷入诸多的烦扰与痛苦。

III 帕斯卡的赌注

人看自己往往糊里糊涂，看不清楚，对待外物却精于计算，哪怕对待信仰也是如此。在《思想录》里，帕斯卡提出了一个关于信仰的著名说法，即"帕斯卡的赌注"。

在帕斯卡以前，上帝论证的关键问题是上帝是否存在，而帕斯卡则要用最为理性的方式来论证相信上帝与否对个人而言意味着什么，以及人是否应该相信上帝。帕斯卡的赌注表面上是在探讨信仰，实际却涉及了概率论和决定理论。

帕斯卡认为，人很难通过理性判断上帝是否存在，因此必须要下赌注，也就是一定要在两种可能性之间做出选择；上帝存在或不存在又是两种可能的事实，于是两种选择与两种事实排列组合，就会产生如下四种可能性：

1. 赌上帝存在，而上帝的确存在。在这种情况下，人的收益是最大的——可以上天堂。

2. 赌上帝存在，而上帝并不存在。在这种情况下，人没有什么损失，也没有什么好处。

3. 赌上帝不存在，而上帝是存在的。在这种情况下，人的损失是最大的——会下地狱。

4. 赌上帝不存在，而上帝恰好是不存在的。这种情况下，人没有什么损失，也没有什么好处。

基于这四种可能性，帕斯卡建议，如果人是理性的，就应该趋善避恶，最好还是要相信上帝是存在的。帕斯卡的这种分析非常接近于现代人的成本-回报分析。因此，有人批评帕斯卡说，如果对于信仰都能采取这样的成本-回报分析的话，那么信仰本身就是不虔诚的。毕竟信仰不是俄罗斯轮盘赌啊！但帕斯卡的这番论述的确已经包含了概率论的基本想法。也有人认为不能把帕斯卡的赌注混淆为对上帝的证明。法国哲学家伏尔泰一针见血地指出，相信上帝所获得的好处并不能证明上帝的存在。

延伸阅读

1.[法] 帕斯卡尔:《思想录：论宗教和其他主题的思想》，何兆武译，北京：商务印书馆，1985 年。

2.[法] 帕斯卡:《致外省人信札》，晏可佳、姚蓓琴译，北京：商务印书馆，2012 年。

3.[意] 罗伯托 · 罗西里尼:《布莱兹 · 帕斯卡尔》(*Blaise Pascal*)，电视电影，1972 年。

46

康德《实践理性批判》

可以用酷刑折磨恐怖分子吗？

阅读挑战

康德

有两种东西，我对它们的思考越是深沉和持久，它们在我心灵中唤起的惊奇和敬畏就会日新月异，不断增长，这就是我头上的星空和心中的道德律令。

—— 康德《实践理性批判》

引言

+ 假设有一个恐怖分子在城市的某个角落藏了一枚核弹，而距离引爆只剩下 24 小时。此时你抓到了恐怖分子，那么你是否赞同用严刑拷打的手段，让他说出核弹的下落呢？

假设这个恐怖分子的态度十分强硬，死活不肯招供，那么你会对他的妻子甚至是孩子动用酷刑吗？

核弹一旦爆炸，城市里会有数百万人死伤。按照功利主义的观点，此时应不惜一切代价，必须要让他招供。几百万市民和一家三口孰轻孰重是显而易见的。但是恐怖分子的妻儿又何尝不是无辜的呢？难道只要是为了某个合理的目的，生命权就能被轻易剥夺吗？

德国哲学家伊曼努尔·康德如果在场，一定会否决这一提议。他认为不得对任何人动用酷刑。“什么样的人是道德的”和“什么样的行为是道德的”完全是两回事。假设有人把雷锋所有的经历都复制了一遍，也做了很多好人好事，你或许会以为他是个高尚的人；但他告诉你，他这么做只是为了图一个美名，你还会觉得他是个有道德的人吗？所以康德在《实践理性批判》中提出了一种截然不同的道德评判标准。

I 道德不能总讲“如果”

“奠基”在德语中叫作 Grundlegung，以往翻译为“基础”或者“原理”。康德想为道德形而上学提供一个基础，因此将自己的一本书命名为《道德形而上学的奠基》。这本书完成于 1785 年，是在 1781 年出版的《纯粹理性批判》和 1788 年出版的《实践理性批判》之间的一个小册子，可以被看作康德整个道德哲学的基础。

形而上学在康德哲学体系中被分为两个部分：自然的形而上学和道德的形而上学。前者是纯粹理性的思辨，后者则是纯粹理性运动的实践；前者为人类形成对世界的知识，后者成为人类道德和政治的指引。反过来，理论理性和实践理性又是同一个理性运用于不同领域的结果，且理论理性从属于实践理性。康德所说的实践的含义，主要就是指“道德”。道德是一种规范，这意味着人不能随心所欲，道德行为也绝对不是为了任何其他感性的现实目的，比如获得荣誉感、满足感等。康德伦理学的原则就是，真正的道德行为应该是“为道德而道德，为义务而义务”。

因此，康德在《道德形而上学的奠基》（以下简称《奠基》）中首先区分了两种命令：假言命令和定言命令。“命令”二字很好理解，因为道德规范通常表现为命令（imperative），即祈使句的形式。例如，“不得杀人”“不得撒谎”“不得偷盗”，等等。那么“假言”和“定言”又是什么意思呢？

假言命令的形式是“如果……，那么……”。例如，如果不会长胖，那么就吃这块蛋糕。假言命令都由“如果”开始，说明它是有条件的，或者说是按情况而定的。定言命令的形式是“你应当……”，说明它是没有条件的，是不可以讨价还价的，不论发生何种情况都应该如此行事，所以定言命令又被称为“绝对命令”。康德认为，要作为道德的最高原则就必须是绝对命令，而不是假言命令。比较一下两种命令作为道德规范的效果：

定言命令：绝对不能在红灯时过马路。

假言命令：如果没有车经过，就可以在红灯时过马路。

社会若想建立良好的交通秩序，那一定是定言命令的效果更好，否则除了在“没有车”的情景外，大家会找各种各样的理由乱穿马路，“不得在红灯时穿马路”就会变成一句空话。

其实，在以往几乎所有的宗教和哲学中都有定言命令。例如，《论语》中有“己所不欲勿施于人”，基督教《十诫》中有“汝不得杀人，不得偷窃”，等等。但是，康德的道德哲学并非基于宗教而是基于理性，也就是要运用人类的理性为道德奠基。

II 为什么说“人是目的而非手段”

康德认为，理性的实践运用必须保持逻辑一贯性。在《奠基》中他把道德原则的准则表达为一句话：“要只按照你同时也能够愿意它成为一条普遍法则的那个准则（maxim）而行动。”后来人们把康德的这句话称为“可普遍化原则”。把这句拗口的话简单“翻译”一下就是：在做一件事情之前要设想一下，自己是否可以接受世界上每一个人都和你做一样的事情。例如，当你即将说出一句谎话的时候，请先想一想，如果每个人都撒谎是否可行。你如果要允许自己撒谎，也要允许其他人对你撒谎。康德认为这显然是无法接受的。再比如，“借钱不还”是否可以呢？按照康德的思路，首先想象一下每个人都借钱不还会是怎样？那显然世界上就不会再有人愿意借钱给别人了。由此，康德推导出了绝对命令的第一条派生法则："要这样行动，就好像你的行为的准则应当通过你的意志成为普遍的自然法则似的。"个人的每一个选择实际上都要为整个人类立法，把自己的行为准则上升为普遍的自然法则。这是不是很崇高呢？

康德的第二个派生命令是："你要如此行动，即无论是你的人格中的人性，还是其他任何一个人的人格中的人性，你在任何时候都同时当作目的，绝不仅仅当作手段来使用。"这条命令也被叫作"人性"原则，又被简化为一句名言："人是目的，而非手段。"

不能把人当作手段，也就不能利用别人来获取自己的利益，不能把他人当作实现某种目的的工具，哪怕这个目的非常崇高，做任何行动都要把人视为目的本身。一言以蔽之，要"把人当人"。这是非常不容易做到的。回到引言中的问题，康德的立场是清楚无误的：不得拷问任何人。当拷问恐怖分子获得核弹的下落时，恐怖分子就被当作一种工具和手段，而不是目的。这看似是为了拯救数百万人的性命，其实在对他人施以酷刑的时候，是以正义之名行残酷之事。

III 自由就是自律

康德给所有人下了一个定言命令：要使你的行为的准则，永远成为普遍的法则。这样一个道德律的前提是什么？它又是如何可能的？康德的答案是"自由"或者"自由意志"。

为什么康德把自由作为道德前提呢？康德自己在《实践理性批判》的导言中就说，自由是整个思辨理性体系大厦的拱心石。康德认同休谟的"二分"，认为"应该"和"是"之间存在截然的差异。自然界中没有"应该"一说。例如，一只老虎吃掉一只兔子，这是受到本能和欲望的支配，是十分自然的，并不能被视为不道德的。然而人是不同的，人会违背自己的自然本能，做舍身为人的事情，因为人们认为这是他们应该做的，这么做是好的。

因此，如果在泰坦尼克号上，一个人让不让救生衣，甚至让给谁，其实也存在截然的差异。如果他为了自保而拒绝将救生衣让给其他老幼妇孺，这一行为是可以被理解的，但一定不会被视为道德的，它只是符合人的自然本能罢了。如果父母把救生衣让给自己的小孩，情况就不同了。支持“自私的基因”理论的人会说这依循了自然规律，父母只不过是为了把自己的基因延续下去而已；情境伦理学（situation ethics）的学者则会说这就是道德的，是出于父母对孩子的爱；康德或许会同意这是很崇高的行为，但是把救生衣让给完全不认识且不是自己的孩子的人，就是完全利他的行为，也更符合利他的普遍原则。

人可以部分地不受自然规律的支配，那时才会有道德出现。人有选择的自由，这是道德的根基。假设人的一切都是被外部力量所支配的，那就没有道德可言了。

康德的道德哲学立场被称为义务论（deontology）。希腊文中 deon 的意思是“义务”，也就是具有约束力的东西。义务，是康德道德哲学最为核心的观念。在康德看来，义务就是“出于对道德尊重而行动的强制性”。换句话说，一种行为如果是道德的，人们就必须这样做。义务论中的一个重要概念是自主性，也被译为自律。康德提出人要为自己立法，这意味着人既是立法者，又是服从法律的臣民。一个理性的存在者“只服从由他自身制定的同时也是普遍的法则”。一个人服从道德法则，并不是因为它来自某个神灵或某个权威，也不是因为权力的胁迫，而恰恰是因为法则是他自己确立的。也正是因为这样，人在享有自由的同时，也担负不可推卸的道德责任。

延伸阅读

1.[德] 康德:《实践理性批判》，李秋零译，北京：中国人民大学出版社，2011 年。

2.[德] 伊曼努尔 · 康德:《永久和平论》，何兆武译，上海：上海人民出版社，2005 年。

3.[德] 康德:《单纯理性限度内的宗教》，李秋零译，北京：商务印书馆，2012 年。

47

萨特《存在主义是一种人道主义》

为何自由是人的宿命？

阅读挑战

萨特

人是自由的，人就是自由。

—— 萨特《存在主义是一种人道主义》

引言

+ 假设你是一个法国人，恰好生活在被纳粹占领的时期。你的哥哥已在战争中阵亡，因此你对纳粹充满了仇恨，想要为哥哥复仇，并光复法国。但是如果你去参加地下抵抗，家中正重病缠身的母亲就没有人照顾了。你将会如何选择呢？

这样“忠孝难两全”的故事中其实包含了深刻的哲学问题：可以进行选择，意味着在这样的情形中你是自由的，但是这样的自由并不意味着随心所欲，而是必须承担自己选择的一切后果。也就是说，这种选择要比你在超市货架前选择一瓶矿泉水或者一罐可乐的后果要重大得多——随便你怎么选，都会遇到无法承受的后果。这才是人生的现实。

这种两难是法国哲学家让-保罗·萨特在其名著《存在主义是一种人道主义》（*L'Existentialisme est un humanisme*）中提出的。他想让人们看到，自由并非随心所欲，而是人的宿命。这才是人的真相——存在先于本质。

I 存在先于本质：你为何不同于一颗花椰菜？

让–保罗·萨特（Jean-Paul Sartre）在《什么是文学》中写道："问题不在于选择时代，而是在时代中自我选择。"第二次世界大战对萨特而言是一个重要的人生转折点。他参战后被俘，在战俘营里被关了九个月。在这期间，他阅读大量哲学著作，意识到选择是人无法回避的责任。

1945 年 10 月 28 日，萨特给"捍卫俱乐部"做了一次演讲，这次演讲的内容后来成为了《存在主义是一种人道主义》的底稿。萨特在这本书的开头言明，这篇文章的写作目的就是为存在主义进行辩护。那么"存在主义"（existentialism）是什么呢？萨特在《存在主义是一种人道主义》中给出了这样一种定义："存在主义是一种使人生成为可能的学说。"

萨特在开篇就提出：存在主义的信念就是"存在先于本质"（Existence comes before essence）。如何理解这句话呢？萨特举了这样一个例子：一样工具是本质先于存在的，因为它被制造出来之前，它的功用和被使用的目的都已经明确了。正如工匠在制造一把裁纸刀之前，他的脑海中已经有了一些设想。所以，物的本质是已经被预先设定的。人们几乎不会制造出一样东西，却不知道用它来干什么。在基督徒眼中，人是由上帝所造的，而上帝造人就如同工匠制作裁纸刀。上帝已经为人设定的某种固定不变的性质就是"人性"。

萨特不接受这种看法。他不认为人类与生俱来就有固定的特性或者本质。不仅如此，萨特还认为，人"首先是一个把自己推向未来的东西，并且感觉到自己在这样做。人确实是一个拥有主观生命的规划，而不是一种苔藓或者一种真菌，或者一颗花椰菜。在把自己投向未来之前，什么都不存在”。人是在世界上涌现出来的，人需要给自己下定义，不同的选择和行动会造就人不同的特性。所以人只有在企图成为什么的时候，才获得了存在。这就是“存在先于本质”的含义。

存在主义要求恢复人的主体性，存在主义者反对把人当作一个现成的、固定不变的物来对待，用萨特自己的话来说：“在人的所在之处寻找人，在人的工作中，在家里，在街上。”

II 被迫自由是人的宿命

萨特在《存在主义是一种人道主义》中说：“人是自由的，人就是自由。”这并不意味着人可以为所欲为，而是要求人为自己的一切行为负责，“当我们说人对自己负责时，我们并不是指他仅仅对自己的个性负责，而是对所有人负责”。萨特的这番话也体现出康德道德哲学对他的影响。存在主义者不相信有什么可以为一个人指明方向，也没有什么可以代替人自己做出选择。可以说，人是被逼着自由的。除了自己承担一切，人别无选择。

萨特在书中谈及了自己的一个学生，也就是遇到了本篇开头处提到的两难的人。“二战”期间，这个学生的哥哥在战争中阵亡了，因此想为哥哥报仇，但是他不能离开自己的母亲。因为他的母亲完全为他而活，他一旦离开，母亲也将失去生活下去的勇气和意义。报国抗战还是陪伴母亲？这确实是一道难以抉择的选择题。更关键的是，没有人可以帮助他做出选择。这个故事也包含了萨特对康德的批评。按照康德伦理学的要求，永远不要把另一个人当作手段，而要把人当作目的。萨特根据康德的理论来看这个学生的处境后发现，这个学生如果选择和母亲在一起，就是把母亲当作一个目的，那么战场上为他、为法兰西而战斗的人就间接地被当作了手段；他如果选择去战斗，那么就不得不牺牲母亲，把母亲当作成全自己的手段。所以，康德伦理学在现实的具体场景中往往会展示出矛盾。萨特当时只给了那个年轻学生一个很简单的回答："你是自由的，所以你选择吧！"这个回答是残酷的，却也是诚实的。因为人要决定如何成为自己，所以才会感受到那种选择的重担和痛苦。"人不是别的什么，而只是自己造就的那样"，存在先于本质，意味着人是否定性，同时也是开放性。萨特在这篇短文中想要提出，存在主义不是绝望、孤独和无助的哲学，而是可以为人的选择和行动提供基础的哲学。

III 英雄承担责任，懦夫选择自欺

萨特的哲学是他文学的骨架，而萨特的文学则是哲学的化身。比如在小说《恶心》中，萨特就借主人公洛根丁之口，真切地刻画出人在意识到自己肩负着人生的重担却注定孤立无援时，内心的极度焦虑与恐慌："我惊骇地望着这些不稳定的东西，再过一小时，再过一分钟，这些东西也许会坍倒下来……因此一切，一切都可能发生……一种真正的恐慌攫住了我……我苦恼地一再问自己：到哪里去呢？到哪里去呢？一切都可能发生。"

针对这种恐慌，在1943年出版的《存在与虚无》中，萨特提出了"处境中的自由"的概念和三个基本论点：无限自由、无限责任、虚假信念。

首先，人是"被判定为自由的"。这种自由不是抽象的，而是在特定的"处境下的自由"。有五种特定的处境：位置、过去、周围、邻人和死亡。人们必须面对一些已经确定的事实，而那些事实为个人的自由

提供了前提和限制。人们不能改变过去的事情，但可以改变过去事情的意义。

其次，“人具有无限责任”。这意味着人们要对自己所选择的生活方式负责，还要对生活在其中的世界负责。人在具体的处境中进行自由的选择，意味着人的行动总是处在普遍的同他人的关系中。所以人的行动不能是任意随性的，而是时刻要对他人负责。这不是大而无当的道德说教，而是从严格的无神论立场推演出的必然结果。人没有上帝的关照，所以必须独自承受存在的重担。

最后，人具有“虚假信念”，或者说人很会“自欺”。有些人在面对绝对自由和无限责任的时候，会通过自我欺骗来尝试躲避自由和责任。自欺的人不会否定自我，把自己包裹起来，躲在自己建立起来的假象当中，不愿意走出来。萨特在《存在主义是一种人道主义》中提到这样一类人：他们不进行自由选择，而是由其外在环境、由既成事实而确定自身。萨特把这类人叫作“懦夫”。还有一些人则是忘记了自己赋予生活的意义，萨特称他们为“坏蛋”。他举了一个例子：有一次在餐厅里吃饭时，萨特遇到了一名服务生。这个服务生费力讨好客人，好像他生来就是一个服务生，而不是一个人。他对客人阿谀奉承，卑躬屈膝，而且动作敏捷。萨特不禁在想，这样一个人可以成为一个街头音乐家，或者一个山区的牧羊人。但是在那一刻，他只是一个过度奉承的服务生。

和懦夫相反的是英雄。什么样的人可以被称为英雄呢？萨特在戏剧《苍蝇》里刻画了一个他心中的英雄形象。在这部以希腊为背景的剧中，俄瑞斯忒斯为父亲阿伽门农王复仇，杀死了自己的母亲。阿尔戈的人们非常愤怒，想要把他千刀万剐，于是俄瑞斯忒斯对阿尔戈的人们说道：“你们看着我，阿尔戈人，你们明白了，我的罪过由我担当；我面对这太阳承认我的罪过，它是我生存的理由和我的骄傲，你们不能惩罚我，也不能可怜我，因为，我使你们害怕。”在俄瑞斯忒斯身上可以看到，人不是由他的出生决定的，而是由他接受的和主动选择的东西来决定的。“存在主义者说，是懦夫把自己变成懦夫，是英雄把自己变成英雄；而且这种可能性是永远存在的，即懦夫振作起来，不再成为懦夫，而英雄也可以不再成为英雄”，转变的关键只在于四个字：承担责任。

延伸阅读

1.［法］让-保罗·萨特：《存在主义是一种人道主义》，周煦良、汤永宽译，上海：上海译文出版社，2012 年。

2.［美］威廉·巴雷特：《非理性的人》，段德智译，上海：上海译文出版社，2012 年。

3.［法］萨特：《萨特文集》，施康强等译，北京：人民文学出版社，2005 年。

4.［法］让-保罗·萨特：《存在与虚无》，陈宣良等译，杜小真校，北京：生活·读书·新知三联书店，2007 年。

5.［美］W. 考夫曼编著：《存在主义：从陀思妥也夫斯基到萨特》，陈鼓应、孟祥森译，北京：商务印书馆，1987 年。

48

加缪《西西弗神话》

生活为何如此荒谬?

阅读挑战

加缪

真正严肃的哲学问题只有一个：自杀。

—— 加缪《西西弗神话》

引言

\+ 你有没有体验过这样一种感觉：一大早醒来，匆匆洗漱之后，还来不及吃早饭，就不得不冲出家门，三步并作两步赶到地铁站。周围的人和你一样睡眼惺忪，急着赶路。地铁车厢里大家都沉默不语，低头看着自己的手机。这个时候你突然意识到，好像记不清这一刻究竟是哪一天，似乎昨天、前天、上周的每一天都是这样的，而且在可预见的未来每一天都还将是这样的。人生仿佛就是一场周而复始的循环。

著名的法国作家罗曼·罗兰曾经在《米开朗琪罗传》里说过："世上只有一种英雄主义，就是在认清生活真相之后，依然热爱生活。"很多人非常喜欢引用这句话来自我勉励。但是你有没有问过，生活中的循环有意义吗？生活的真相到底是怎样的呢？如果生活的真相就是无意义，你又将如何热爱它？还是说，生活根本上就是荒谬的？甚至可以问，生活的荒谬有意义吗？又该如何面对生活中的荒诞呢？ 20 世纪法国哲学家阿尔贝·加缪就追问过这些问题，他在《西西弗神话》（*Le Mythe de Sisyphe*）中赋予了生活的荒谬一种特殊的价值。

Ⅰ “荒谬英雄”西西弗

《西西弗神话》出版于1942年。西西弗又译为“西西弗斯”，是古希腊神话中的一个英雄。他因为触犯了众神而遭到了惩罚：要把一块巨石推上山顶，然而每次石头被推到山顶后，就会滚下山去。西西弗被困在这个无意义的死循环里，永无止境地推石头。诸神认为再也没有比进行这种无效而无望的劳动更为严厉的惩罚了。西西弗的生命就在这样一项无效而无望的劳作当中慢慢消耗殆尽。他的一生仿佛是很多现代人的写照。

阿尔贝·加缪（Albert Camus）细致地描绘出西西弗的内心体验：他搬动巨石，滚动它，并把它推到山顶；他的面颊紧贴在巨石上，整张脸因痛苦而扭曲，肩膀落满了尘土，胳膊完全僵直，双手和双脚坚实却又布满泥土。经过被渺渺的空间和永恒的时间限制着的努力之后，西西弗到达了目的地。于是他独自站在山顶看着巨石在几秒钟内又向着下面的世界滚去，而他又将开始新一轮的征程。没有迟疑，西西弗又向山下走去。这是一个绝望的悲剧，加缪却从中看出了另一层意义。他称西西弗是一个“荒谬英雄”。

西西弗之所以是悲剧的，是因为他完全清楚自己的处境。但是，加缪话锋一转又说道：

> 西西弗无声的全部快乐就在于：他的命运是属于他的。他的岩石是他的事情。同样，当荒谬的人深思他的痛苦时，他就使一切偶像哑然失声……荒谬的人知道，他是自己生活的主人。
>
> ……
>
> 我把西西弗留在山脚下！我们总是看到他身上的重负。而

西西弗告诉我们，最高的虔诚是否认诸神并且搬掉石头。他也认为自己是幸福的。这个从此没有主宰的世界对他来讲既不是荒漠，也不是沃土。这块巨石上的每一颗粒，这黑黝黝的高山上的每一矿砂唯有对西西弗才形成一个世界。他爬上山顶所要进行的斗争本身就足以使一个人心里感到充实。应该认为西西弗是幸福的。

这不是阿Q的精神胜利法，也不是无条件妥协后的自我安慰。这是一场对荒诞的、偶然的和虚无的命运持续不断的抗争，是一种明知不可为而为之的悲壮。

加缪看到，荒谬恰恰是现代人生活的特征之一。他说："我触摸到的、反抗我的东西，就是我们理解的东西，我渴望绝对与统一，世界不可能归结为一种理性和合乎常理的东西。这两件事情是确定无疑的。我还知道，我不可能把这两者调和起来。"所以荒谬是难以驯服的。那么人在毫无希望的条件下，又该如何生活?

加缪提出，要与荒谬共存，首先就要正视它并反抗它，反抗才赋予生命以价值。然而，他对"反抗"的理解也非常独特："反抗就是人不断地自我面呈。它不是向往，而是无希望地存在着。这种反抗实际上不过是确信命运是一种彻底的惨败，而不是应与命运相随的屈从。"加缪所谓的"反抗"带有两面性：一方面它是绝对悲观的，因为前方并没有希望；另一方面，这又是悲观中的彻底的倔强，"死亡和荒谬是唯一合理的自由原则"。尽管如此，加缪还是坚持"拥抱当下的光明，不寄希望于空渺的乌托邦，振奋昂扬，因为生存就是对荒诞最有力的反抗"。所以，有人把加缪的《西西弗神话》称为"含着微笑的悲歌"。

II 遭遇荒谬：生活没有“为什么”

《西西弗神话》的副标题就是“论荒谬”。加缪在第二章中把荒谬称为一堵墙。他说：“起床，乘电车，在办公室或工厂工作四小时，午饭，又乘电车，四小时工作，吃饭，睡觉；星期一、二、三、四、五、六，总是一个节奏，在绝大部分时间里很容易沿循这条道路。一旦某一天，‘为什么’的问题被提出来，一切就从这带点惊奇味道的厌倦开始了。”很多人可能都问过自己为什么要如此工作？为什么要如此生活？为什么自己会遭遇某些事？但常常得不到解答。荒谬就是生命中翻涌而起的无意义感，而加缪给很多人当头一棒：人活着的任何深刻理由都是不存在的，人的日常行为是无意义的，人遭受的痛苦也是没有用的，“世界的这种封闭无隙和陌生，这就是荒谬”。

更让人绝望的是，理性在荒谬面前毫无作用。加缪说：“合乎逻辑是很容易的，但是从头到底都合乎逻辑是不可能的。”理性能让人们按部就班地完成工作，却无法解答“意义”层面上的问题。

1960 年 1 月 4 日，加缪搭乘一个出版界朋友开的车返回巴黎。途中车偏离公路，直接撞向一棵大树，整辆车的前半部彻底变形。加缪当场死亡，年仅 47 岁。事后，人们在加缪的口袋里发现了一张没有使用的火车票。事实上，加缪在出发前本想乘火车返回巴黎，却在最后时刻临时决定搭乘朋友的车。这不禁让人感叹命运的荒谬，而更荒谬的是加缪生前经常说：“没有什么比车祸更为荒谬的了。”

III 自杀是唯一严肃的哲学问题

《西西弗神话》的第一句话就是一个生死之问：唯一严肃的哲学问

题就是自杀。突然下这样一个断言看似有些唐突，其实加缪要问的是，如果生命没有意义，人能否凭意愿结束自己的生命？这是发自灵魂深处的质问。

苏格拉底在《斐多篇》中的名言“未经审视的生活不值得过”似乎告诉了人们，人不能浑浑噩噩度日，要不断反思生活自身。追问存在的意义和生活的目的也是人的本能，但是反思并不意味着能获得一个令人满意的答案。步入现代社会之后，人们越来越觉得生活没有预先的意义和目的。尼采大呼一声“上帝已死”，上帝渐渐退出了生活的中心，已经没有一个绝对的权威能够给予人生活的方向，一切意义和价值都需要人依靠自己的力量去建构。这是极为艰辛与痛苦的。加缪和大多数存在主义哲学家都看到了这一点。

当加缪说自杀是唯一严肃的哲学问题时，绝对不是鼓励自杀行为。他曾说：“没有希望并不等同于绝望，清醒也不导致顺从，人应该认识到他的唯一的财富是生命，而生命既是必然要消逝的，同时也是可以尽量加以开发的，人应该而且能够在这个世界中获得生存的勇气，甚至幸福。”生命诚可贵，加缪提出自杀问题是要人们直面生活中无处不在的荒谬感。

加缪认为在面对荒谬的时候，一个人有三种可能：第一种可能是自杀，终结自己的生命。自杀可以消解荒谬，但它把荒谬一同带入死亡之中。这种做法是懦夫式，并不是一种真正的反抗。第二种可能是在宗教中寻求一个超越的世界。加缪将这种做法称为“哲学的自杀”。因为用超验的解释来应对荒谬，意味着要放弃理性。这样做在加缪看来也是一种自我毁灭的行为，并不是克服荒谬的好方法。在这个意义上，加缪明显不同于存在主义先驱克尔凯郭尔，而更加接近萨特所说的无神论的存在主义立场。第三种可能就是接受荒谬。这种可能在加缪看来是唯一本真和有效的解决方案。“接受”在这里的意思不是逆来顺受，而是人要主动地拥抱荒谬并赋予荒谬意义和价值。加缪要讨论的全部问题就是，人是否可以义无反顾地生活。诚如他自己所言：

> 活着，带着世界赋予我们的裂痕去生活，去用残损的手掌抚平彼此的创痕，固执地迎向幸福。因为没有一种命运是对人的惩罚，而只要竭尽全力就应该是幸福的，拥抱当下的光明，不寄希望于空渺的乌托邦，振奋昂扬，因为生存本身就是对荒诞最有力的反抗。

延伸阅读

1.[法] 加缪：《西西弗神话》，沈志明译，上海：上海译文出版社，2010 年。

2.[法] 奥利维·托德：《加缪传》，黄晞耘、何立、龚觅译，北京：商务印书馆，2010 年。

3.[美] 罗伯特·泽拉塔斯基：《阿尔贝·加缪：一个生命的要素》，王兴亮译，贾晓光校，桂林：漓江出版社，2016 年。

4.[法] 加缪：《加缪全集（小说卷）》，柳鸣九译，上海：上海译文出版社，2010 年。

49

海德格尔《存在与时间》

人为何要思索“存在”？

阅读挑战

海德格尔

常人到处都在场，但却是这样：凡是此在挺身而出来决断之处，常人却也总已经溜走了。然而因为常人预定了一切判断与决定，他就从每一个此在身上把责任拿走了。

—— 海德格尔《存在与时间》

引言

+ “To be or not to be? That is a question.”这是莎士比亚的知名剧作《哈姆雷特》中的一句经典台词，一般被译为“生存还是毁灭，那是一个问题”。这种翻译方式似乎已经约定俗成，却只是一种文学上的转译。从哲学的角度来看，to be 被翻译为“存在”更为妥帖。而在汉语中的“是”“在”“存在”都难以涵盖英语中 be（德语中 sein）的全部意义。对 being/Sein 的追问，被西方哲学看作所有一切问题的根本。

纵观西方哲学史，20 世纪德国哲学家马丁·海德格尔在其代表作《存在与时间》（德语：*Sein und Zeit*；英语：*Being and Time*）中对存在问题的发问，可以说是前无古人。如果把哲学风格类比为音乐流派，黑格尔是伟大的交响乐作曲家，尼采是重金属摇滚的主唱，那么海德格尔呢？他绝对是电子音乐中的新世纪之王。

I “存在”为何成为一个问题?

《存在与时间》出版于 1927 年。这本书毫无疑问是 20 世纪最难读的德语哲学著作。这倒不是因为马丁·海德格尔（Martin Heidegger）的思想有多么天马行空，而是因为他创造了很多词语的全新用法。所以有人说，海德格尔写的都是诗，而不是传统的哲学。

海德格尔开篇就点明自己写这本书的根本目的，就是讨论存在的意义。“存在”的德语是 Sein，是中性的，加上冠词就是 das Sein。“存在”的英文是 being，也就是动词 be 的名词化形式。中国的学者在翻译《存在与时间》的时候，因为汉语中不存在 Sein 和 being 的对应词，提出了很多完全不一样的翻译。有人认为存在应该翻译为“是”，有人认为应该翻译为“在”。为什么会有那么多不同的翻译呢?

英语中 be 在具体使用时，根据时态和人称会有各种变化，例如，I am，you are，he was，they were。在中文里，“是”后边一定要接一个词，例如“我是某某某”“这个苹果是红色的”等。也就是说，在语法上，中文里的“是”只能做系动词，而英语和德语里的 be 和 sein 可以单独做谓语。“I am”之后可以不加任何词，就表示“我是”或者“我存在”。西方人发现，不论主语和宾语怎么变，“be”这个词一直都出现在那里。这个“是”或者“存在”意味着什么? 在西方哲学的历史中，所谓的本体论的终极问题就是在讨论这个“存在”。

II 存在与存在者

在西方历史上有不少哲学家讨论过存在问题。但是，海德格尔从一开始就和别人的谈法很不一样。他总结了三种以往对存在问题的看法:

第一种看法认为，存在是最普遍的概念，但这也意味着，存在是哲学史上讨论最不清楚的概念；第二种看法认为，存在是无法定义的；第三种看法认为，存在是自明的概念，因为在进行任何讨论的时候都要涉及存在的概念，所以就不用对它进行更进一步的思考了。

海德格尔对“存在”（Sein）和“存在者”（das Seinende）作了重要的区分。人们每天都会接触很多特殊的存在者，如一只杯子、一辆车、一棵树、一片云等，但是存在本身并不只是某一类的抽象的共性，也不是存在者的一种属性。存在本身不是任何特殊的存在者。由此，对存在的讨论仿佛陷入了一种困境：一方面不能离开存在者来谈存在；另一方面，如果从任何具体的存在者来谈存在，都没法彻底地把握存在。所以，海德格尔的思路就是以人这种特殊的存在者作为一个切入点来谈存在。在《存在与时间》里，海德格尔把人称为“此在”，德语是 Dasein。“Da”在德语里是一个很常用的词，意思是这里或者那里，“Dasein”就是在那里、在这里的存在。

为什么要以人——也就是此在——作为切入点来谈存在呢？海德格尔认为，人不同于其他任何存在者，人对存在是有所领悟的。换句话说，人是在他自己的存在中和存在本身打交道的。人恰恰是因为对存在有所领悟才成为了人，人才得以存在。与动物不同，人的特殊性在于，人会追问存在，也就是提出关于存在的问题。所以海德格尔说，人这个存在者可以在自身的存在中显示自己。现代人的根本问题就在于遗忘了存在。人们只会研究一个又一个具体的存在者，研究他们运动的模式和具体的样态，却忘了背后真正的基础，也就是存在本身。哈姆雷特提出的对存在的终极追问，也很少出现在人们日常的思考之中。

III 被抛的“在世存在”

海德格尔在《存在与时间》中对“此在”做出了根本规定，那就是“在世存在”。晚年的海德格尔在接受采访的时候提到，思想的事业来自“在世存在”这个简单的事实。“在世存在”的德语是 In-der-welt-sein，按照字面意思解释就是在世界中的存在。海德格尔认为，人生活在世界上——就是这个再简单不过的事实，支配着一切存在者的意义。

海德格尔创造了很多新词汇来代替传统哲学中的概念，以用来更贴切地传达自己的哲学思想。例如，他不用“主体”来指代人，也没有将“人”与“意识”拆分开来，而是用此在（Dasein）一词将人与存在和对存在的意识牢牢捆绑在了一起。值得注意的是，“此在”不是固定的，也不是已经完成了的，而是有待实现的。“有待实现”在德语中是 zu sein，也就是哈姆雷特的灵魂拷问“to be”。海德格尔还说，人不仅存在而且不得不存在，“此在”被赋予了存在的使命。这就是人的生存（Existenz）。“Existenz”一词的词源意思是“站出来”，体会一下，是不是蕴含了一种人不得不直面存在的勇气？

人不得不存在，也就不得不为自己的存在做出一系列的选择，为自己的选择承担一系列的责任与后果。用海德格尔自己的话来说就是，“此在”总是作为它的可能性而存在。人在诸多的抉择之中实现了诸多的可能。“此在”进行选择会有两个结果。一个是实现其本真状态（Eigentlickheit）。概括地说，本真就是忠于自己，成为自己，做自己的事情。海德格尔认为，只有本真的此在才是真正的此在。另一种结果就是人服从预先给予自己的选择，这样就实现了他的非本真性（Uneigentlichkeit）。非本真性的结果就是“常人”（das Man），这颇有《伤仲永》里所说的“泯然众人矣”的感觉。常人是没有个性的，大家做什么他就做什么，因此“常人”是没有面目的、人云亦云的、随波逐流的。

“此在”是被抛进世界的（德语：Geworfenheit，英语：throwness）。这是一种非常生动的表述。“被抛”并不是指被遗弃，而是强调一种“身不由己”。被抛的物体的初始状态并不由自身决定，而人的存在之于人而言也是一种“身不由己”。“被抛”意味着人的出生是不由得自己选择的。人们从来没有机会主动选择自己的父母、家庭、先天的身体条件，但是如何存在在这个世界上是可以有所选择的。海德格尔用筹划（Entwurf）一词来表示“此在”能够主动地应对自己的处境。“被抛”与“筹划”和“本真”与“非本真”之间是有关联的。海德格尔把非本真的存在称为“沉沦”（Verfall）。沉沦有两重含义：第一，“此在”将自己理解为具有一定性质的实体；第二，“此在”进入了一个公众的世界，而不是一个自己的、私人的世界。在第一重意义上的“沉沦”强调的是作为个体的人自我束缚，画地为牢。在第二重意义上，人作为“群居动物”如果不能保有一个私人的世界，如果不能明确地知道自己欲求什么，厌恶什么，想成就什么，就会沉溺于闲谈、好奇和两可（得过且过）之中。

Ⅳ “向死而生”：花些时间待在坟地里

海德格尔说，此在是先于自身的。这意味着“此在”时刻要面对各种各样的可能性。然而，在各种各样的可能性中，有一种终极的可能性就是死亡。死亡就是一把随时可能掉下来的达摩克利斯之剑，终结一切的可能。所以，在《存在与时间》里，海德格尔把死亡叫作一种“悬欠”状态，所有人都欠着一死。虽然万事万物的寿数都有一定的时限，但是只有人类明白死亡的意义，人类也就永远处在对死亡的焦虑、恐惧之中。海德格尔有时并不直接使用死亡这个词，而更多地使用虚无（德语：Nichts；英语：nothing）。相比起“死亡”这一必然的事实，海德格尔更关心的是“此在”对于“死亡”这一可能性的理解。

人们是如此地害怕生命的终结，然而没有死亡，生活也将失去意义。人们对生活的所有理解，人们对自身行动的每一项抉择，难道不都是建立在“终有一死”的前提之上的吗？如果人能够永垂不朽，有无穷无尽的时间做想要做的事情，也就不存在心愿、期许、希望，人会不会因此陷入虚无呢？在 1961 年的一次讲座中，有人问海德格尔：“如何认识存在呢？”他的回答很简单，花更多的时间待在坟地里。海德格尔认为，恰恰是因为“此在”有死亡，所以意义问题才会出现。因为此在是极为脆弱的，所以如何做出选择、如何审慎地对待生活就显得格外重要。换句话说，人们越是清楚地意识到虚无的可能性，越会导向自己本真的存在。所谓“向死而生”，只有无限接近死亡，才能深切体会生的意义。

延伸阅读

1. [德] 马丁 · 海德格尔：《存在与时间》，陈嘉映、王庆节译，北京：商务印书馆，2016 年。
2. [德] 海德格尔：《在通向语言的途中》，孙周兴译，北京：商务印书馆，2004 年。
3. [德] 马丁 · 海德格尔：《林中路》，孙周兴译，北京：商务印书馆，2015 年。
4. [英] 迈克尔 · 英伍德：《海德格尔》，刘华文译，上海：译林出版社，2009 年。
5. 陈嘉映：《海德格尔哲学概论》，北京：商务印书馆，2014 年。

50

伽达默尔《真理与方法》

理解真的万岁吗？

阅读挑战

伽达默尔

理解从来就不是一种对于某个给定的“对象”的主观行为，而是属于效果历史，这就是说，理解是属于被理解东西的存在。

—— 伽达默尔《真理与方法》

引言

+ 卢浮宫的镇馆之宝之一就是举世皆知的《蒙娜丽莎的微笑》。因为有名，这幅画在历史上被再度创作过很多次。例如，马塞尔·杜尚就给蒙娜丽莎加上了各式各样的小胡子；超现实主义大师达利把蒙娜丽莎的脸换成了自己的脸，同样画上了自己标志性的小胡子；安迪·沃霍尔用波普艺术的方式印刷了很多蒙娜丽莎；甚至有人根据自己独到的幽默感将蒙娜丽莎的脸换成憨豆先生的，手里还拿着自己心爱的布偶熊……这些蒙娜丽莎还是蒙娜丽莎吗？对艺术作品的解读是属于原作者呢？还是后来的再创作者呢？还是广大的观众呢？这里涉及一个哲学根本问题——理解。

理解问题是无处不在的。当你在阅读的时候，该如何去理解这本书的内容呢？是不是把所有字词的意思弄明白就足够了？在谈论人与人之间关系的时候，人们总是说一句口号“理解万岁”。理解真的万岁吗？这种理解又是如何达成的呢？放眼人类千万年的文明变迁，今人该如何理解过去，历史与传统又如何帮助今人理解当下呢？

20 世纪的德国哲学家伽达默尔终其一生，都致力于处理“理解”的难题。伽达默尔耕耘的领域在哲学中叫作解释学，其代表作就是1960年出版的《真理与方法》(*Wahrheit und Methode*)。

I 解释学：赫尔墨斯的使命

有人把当代西方哲学划分为三大传统：马克思主义、分析和语言哲学以及现象学-存在主义及解释学传统。第三个传统的开创者是三位德国哲学家胡塞尔、海德格尔和伽达默尔（Gadamer）。这两对师徒好像在参加一场哲学接力赛，后者从前者手中接过真理的接力棒。在介绍伽达默尔的哲学解释学（philosophical hermeneutics）之前，首先有必要说明一下，什么是解释学。

解释学（Hermeneutics），又叫作诠释学。英语词根来源于古希腊语 hermes，就是古希腊神话中的信使赫尔墨斯。看过赫尔墨斯画像或者雕塑的人都会知道，他有两条大长腿，腿上还长着翅膀。赫尔墨斯代表着古希腊世界的速度。在现代西方一些国家的邮局外面，依然可以看见赫尔墨斯的雕像。赫尔墨斯的任务是将奥林匹斯山上诸神的话传递给人间的凡夫俗子。不过因为神的语言和人的语言不一样，所以赫尔墨斯不仅仅是一名信使，他还要负责把神的话语翻译和解释给人听。从赫尔墨斯这个名字衍化而来的“解释”一词就意味着要把一种陌生的、不理解的东西，翻译为可理解的东西。古希腊人把阿波罗神庙中的解说叫作“hermeneus”，把对神谕、荷马的诗歌、梦境、占卜的解释叫作“解释术”。伽达默尔认为解释的核心工作就是“转换”，“解释学的动作总是这样从一个世界到另一个世界的转换，从神的世界转换到人的世界，从一个陌生的语言世界转换到另一个自己的语言世界”。

虽然“解释学”这个词直到 17 世纪才出现，不过在西方历史上，解释学的工作一直都存在，并且成为了一门专门的学科。中世纪的时候，人们为了解释《圣经》，发展出了专门的释经学。除了宗教经典，对法律条文、文学作品也有相对应的、专门的解释学。

II 解释学的“哥白尼革命”

到了 19 世纪，解释学已经发展成了一种专门的理论。在伽达默尔之前，有三位哲学家对解释学做出过卓越的贡献，分别是施莱尔马赫、狄尔泰和海德格尔。按照当代著名哲学家、解释学家保罗·利科的说法，他们三人实现了解释学领域中的两次“哥白尼革命”。

解释学的第一次“哥白尼革命”起于施莱尔马赫对“理解”一词的发问。施莱尔马赫是一位牧师，也是 19 世纪著名的神学家、哲学家，被誉为“现代神学之父”。施莱尔马赫虽然成日里与《圣经》打交道，但他并不执着于建构一套专门的释经学，反而对人在阅读、说话、倾听时如何做到“理解”的问题更为关心。要理解文字的内容，首先要弄清楚语法和字词的含义，但仅仅如此完全不够。施莱尔马赫并没有把“理解”当作一个机械的过程，而是把它看作一种“理解的艺术”。它是人与人之间的对话，需要借助一定的感性作用，例如直觉和顿悟。对施莱尔马赫而言，理解的过程不仅仅关乎语法，也关乎心理——要把这段文字作者的心理过程重新经历一遍。从具体的解释学传统到理解文字的普遍要求，这是施莱尔马赫的创见。

狄尔泰追随着施莱尔马赫的脚步，他关心的不仅仅是对文字的理解，更要为整个人文社会科学奠定一个方法论的基础。当时，学术界有一种科学至上主义或实证主义的倾向，希望将自然科学研究的方法迁移到人文社科上，然而自然科学和人文科学所处理的对象是完全不同的。狄尔泰认为，自然科学是从外部来说明世界，而人文科学却是从内部来理解精神活动。所有的人文科学反映的都是人对生活的实在经验，人精神生活的动力机制关乎所有复杂的认知、感觉、意志问题。除了应对自己的生命之流，人还要处理同他人的互动和交往，这依赖于人的理解，绝非纯粹的因果关系或者其他机械的范畴就能解决，而这种理解非扎根于生活本身而不可得。“生活是活生生的经验”，这一观点总结了狄尔泰生命哲学的核心。

施莱尔马赫与狄尔泰将解释学的境界提升到了一个新高度，可它依旧还是一种方法论。直到在海德格尔那里，解释学转变为一种本体论，这就是解释学的第二次“哥白尼革命”。在《存在与时间》中，海德格尔要追问的根本问题是“存在”。海德格尔认为，人也就是“此在”，是一种语言性的存在，只有通过语言，世界才向人们呈现出来，所以语言是解释学的根本问题，理解和解释也就成为了“此在”的生存论结构——它们的意义不仅仅是作为一种技艺和工具，更是人存在的全部真相。顺着海德格尔的解释学路径，伽达默尔发展出了他的“哲学解释学”。

III 如何突破自己的局限：视域融合

伽达默尔在《真理与方法》的开始就写道：“解释学问题从其历史起源开始，就超出了现代科学方法论概念所设置的界限。理解文本和解释文本不仅仅是科学深为关切的事情，而且也显然属于人类的整个世界经验。”伽达默尔认为，人类社会生活的最终形态是语言共同体，任何东西都不能离开这种共同体。伽达默尔的哲学解释学不是一种类似语言学的特殊科学，也不是一种专业的技艺，它和人们通常所讲的“理论”不一样。理论是带有沉思性质的，而伽达默尔的解释学是一种带有高度实践技巧的实践活动。因为“语言是存在之家”，是一切活动的中介，是“一切思想的使节”，所以解释一旦消失，所有思想活动就都无法进行了。解释学不仅要面对文本，还要处理历史、艺术品、文化等一切关乎人类社会经验和生活实践的内容。解释成为了根本的人的生存活动。

在伽达默尔看来，他所处的时代所面对的危机之根本，不是政治或经济危机，而是一种“近代主观形而上学”的危机。这种危机最为致命的表现就是“相对主义”，即认为没有什么好坏对错。相对主义在历史问题中的表现，在当时的欧洲被称为“历史主义”。该主义认为一切都是在历史中出现和形成的，所以不要苛责历史。在这种看法的支配下，人们很快就会陷入虚无。为了克服这种相对主义，伽达默尔在《真理与方法》的第二部中，提出了解释学的一个关键概念——视域融合（Horizontverschmelzung）。

“视域”（德语：Horizont；英语：horizon），也就是“地平线”。它既是视力的全部范围，同时也意味着人的全部局限性。在伽达默尔看来，这种局限性是历史地形成的。借用海德格尔的经典表述，人是被“抛”入世界的，也就是说，人只有被抛入了一定的视域中，才能理解这一视域中的全部事物。近代以来的认识论却认为人们可以克服一切成见，从视域中抽身出来。然而人始终在视域之中，根本无法彻底抛开视域来进行认识，人最多只能从一个视域转换到另一个视域。视域的存在意味着任何人都是带有“成见”（德语：Vormeinung/Vorurteil；英语：prejudice）的。这种成见不是贬义的偏见，而是说人根本上是属于一种传统的。人无法抛弃传统，就像无法抛开地平线一样——不论走到哪里，地平线都将拓展至此，所以伽达默尔说：“视域是我们活动于其中并且与我们一起活动的东西。”

“理解”根据伽达默尔的定义就是“一些被误认为是独自存在的视域的融合过程”。这就是视域融合。人虽不可摆脱视域，但视域并不是固定不变的，而是具有一定的开放性，这在艺术领域中屡见不鲜。本章开头提到的对蒙娜丽莎的再创作就是这样一个视域融合的过程。“原作党”们一定不会接受二次创作后的成果，但如果尝试着将学院派的视域和当代艺术的视域融合起来，或许就能发现学院派审美并不代表着绝对的标准，当代艺术家的创作也有其意义。总之，伽达默尔的视域融合要求人在意识到传统的影响时，始终对新的经验保持开放。由于直接承接了存在主义与现象学的传统，伽达默尔的解释学看似晦涩难懂，但它的本质是实践性的，它鼓励人们去理解过去，审视现在，面向未来。

延伸阅读

1.[德]伽达默尔：《真理与方法》，洪汉鼎译，上海：上海译文出版社，2004年。

2.[德]伽达默尔：《科学时代的理性》，薛华等译，北京：国际文化出版公司，1988年。

3.[德]伽达默尔：《哲学解释学》，夏镇平译，上海：上海译文出版社，2005年。

4.[德]伽达默尔：《哲学生涯：我的回顾》，陈春文译，北京：商务印书馆，2003年。

5.[加拿大]让·格朗丹：《哲学解释学导论》，何卫平译，北京：商务印书馆，2009年。

6.[美]理查德·帕尔默：《诠释学》，潘德荣译，北京：商务印书馆，2012年。

7.章启群：《伽达默尔传》，石家庄：河北人民出版社，1998年。

8.高宣扬：《解释学简论》，香港：三联书店，1988年。